GEHEIM-
GESELLSCHAFTEN

Freimaurer, Illuminaten
und andere Bünde

Caroline Klima

GEHEIM-
GESELLSCHAFTEN

Freimaurer, Illuminaten
und andere Bünde

tosa

Bildnachweis

Wir waren bemüht, sämtliche Copyright-Inhaber ausfindig zu machen. Sollten wir unbeabsichtigt bestehende Rechte verletzt haben, bitten wir die Betroffenen, sich mit dem Verlag in Verbindung zu setzen.

Picture alliance: akg 182; akg-images 44, 49, 62, 68, 70, 115, 116, 140, 144; AP Photo 151; APA/picturedesk.com 167; arkivi 113; CPA Media 181; dpa 145, 155–157; dpa-Bildarchiv 55, 91; dpa/dpaweb 170; epa-Bildfunk 93; Godong 15, 86; Heritage Images 145; IMAGNO 148; KEYSTONE 173; Leemage 13, 50, 89, 133; Mary Evans Picture Library 71, 180; Pacific Press Agency 174, 176; picture alliance/Alessia Giuliani/CPP/ROPI 92; picture alliance/ROPI 90; United Archives 52; ZUMA Press 179;

Shutterstock: 360b 39, 81, 127; Albert Lozano 88; Alexey Fedorenko 52; Alfredo Cerra 33; anekoho 27; ANGELO VIANELLO 9; AnitaPonne Cover, 5 ; Anteromite 39, 43; AR Images 10; BasPhoto 19, 22; BirthofaNation 187; Bucchi Francesco 104; canadastock 166; Claudio Giovanni Colombo 53; cosma 158; Dario Vuksanovic 120; DayOwl 11; Diego Barbieri 18, 23; Dmytro Vietrov 34; Eunicka Sopotnicka 35; Everett Collection 10/Everett Historical 95, 98, 110, 111, 160, 180, 184–186, 188, 189; F. JIMENEZ MECA 119; francesco de marco 22; fritz16 30; Garibaldi 165; Georgios Kollidas 135; Gil C 140, 155; GongTo 76; gornostay 38; GTS Productions 21; Gurgen Bakhshetyan 177; Holygrail 57; Homo Cosmicos 24; IgorGolovniov 144; Imran's Photography 95, 118; ixpert 164; James J. Flanigan 165; javarman 5, 11, 19, 38, 39, 95, 98, 122, 131; Josep Curto 128; jsp 18, 24; Karasev Victor 72; KarSol Cover, 5, 130; Katja Gerasimova 96; Kiselev Andrey Valerevich 34; Kushch Dmitry 176; kyrien 59; Lefteris Papaulakis 18, 29; leoks 66; LeopoldGratz 146; Marco Prati 141, 159; marekuliasz 94; Marinerock 19, 27; MicroOne 5–7, 12, 14, 19, 20, 22, 26, 28, 30, 32, 36, 39, 44, 46, 50, 52, 54, 56, 58, 60, 64, 66, 68, 70, 74, 78, 82, 84, 88, 90, 92, 95, 100, 141–143, 148, 152, 156, 161, 162, 164, 166, 168, 170, 172, 174, 176, 178, 182, 184, 186, 188, 190 ; Marish 5–7, 10, 12–15, 17, 18, 20–38, 42–47, 49–76, 79–87, 89–92, 94, 98, 100–103, 105, 107, 109, 111, 113, 115, 117, 119, 121, 123, 125, 127–129, 131, 133, 135, 137, 139–144, 146–165, 167, 168, 170, 171–184, 186, 187, 188, 190, 189, 191; Marzolino 137; Miguel Azevedo e Castro 158; Mike Focus 80; mikute 13; Millitarist 163; MSSA Cover, 5, 102; Nataliia Budianska 160, 172; Nattee Chalermtiragool 160, 169; Neirfy 46; Nejron Photo 40; Nicku 115; Nightman 1965 48; Nomad Soul 41; Olesya SOL 54; Ollyy 146; OmaPhoto 99; Opachevsky Irina 29; OPIS Zagreb 43; pandapaw 27; Paolo Querci 172; Pawel Pajor 140, 149; Peter Moulton 125; Photographee.eu 38, 77; Pressmaster 142; printalot 94, 109; Renata Sedmakova 38, 73; rudall30 150; Russell Charles Taze 1911 76; Ryan Jorgensen - Jorgo 2–3 ; Sauniere 75; Schurz 118; Slava Gerj 33; Stefano Carocci Ph 113; STILLFX 161, 183; SueC 162; thomas koch 26; Valery Shanin 19, 36; Valery Sidelnykov 8; Vera Petruk 10–12; violetkaipa 154; Vladimir Korostyshevskiy 44; Weredragon 32; Ysbrand Cosijn 171; YURALAITS ALBERT 170; Zvonimir Atletic 39, 51;

INHALT

VORWORT

Geheimgesellschaften – allein das Wort reicht schon aus, um bei vielen Menschen die buntesten Fantasien auszulösen. Die Palette der Spekulationen reicht von okkulten Kreisen mit höchst geheimnisvollen Ritualen über finstere Mächte, die aus dem Verborgenen heraus die Welt regieren, bis hin zu Außerirdischen, die Einfluss auf das Geschehen in unseren vier Wänden nehmen. Den Absurditäten sind keine Grenzen gesetzt, denn bei Geheimgesellschaften können wir alle mitreden. Zu diesem Thema weiß jeder ein bisschen etwas beizutragen, denn irgendwelche Gerüchte hat schon jeder mal gehört oder gelesen, vor allem im Internet.

Doch kann man über Geheimgesellschaften überhaupt ein Buch schreiben? Ist das nicht eigentlich ein Widerspruch in sich? Eine Geheimgesellschaft, über die man ein Buch schreiben kann, ist im Grunde keine richtige Geheimgesellschaft mehr, könnte man meinen. Doch wie wir sehen werden, ist das Kriterium, dass niemand von der Existenz einer bestimmten Gruppierung weiß, nicht das einzige Kennzeichen, das eine Gesellschaft als „geheim" klassifizieren kann. Von manchen Geheimgesellschaften berichtet sogar die Presse – und trotzdem sind sie weder öffentlich noch jedem zugänglich.

Unsere Informationen verdanken wir in der Regel Verrätern. Weder noch so ausgeklügelte Aufnahmeverfahren, strenge Einweihungsrituale oder drastische Strafandrohungen konnten bislang verhindern, dass es immer wieder Renegaten gab und gibt, durch die Geheimnisse aus dem inneren Kreis nach außen getragen werden.

Aber bereits Machiavelli – jener scharfsinnige und moralisch in jeder Hinsicht abgebrühte Macht-Theoretiker der Renaissance – meinte, dass jede Verschwörung entdeckt werden muss, wenn die Zahl der Mitverschwörer drei oder vier übersteigt. Das Gleiche dürfte sinngemäß für Geheimgesellschaften gelten.

In diesem Buch werden wir natürlich den „Klassikern" romantisch verklärter Sehnsüchte, etwa den Tempelrittern oder der Prieuré de Sion, ebenso begegnen wie der traditionellen Zuflucht der Gesellschaft überdrüssiger Menschen, den Sekten wie etwa der Scientology-Kirche, sowie den „Standard-Verdächtigen" aller Verschwörungstheorien, den Illuminaten und den Freimaurern.

Um deren Ursprünge zu verstehen, werden auch die Ursprünge der Geheimbünde im Abendland beleuchtet, die antiken Mysterienkulte, da hier die Wurzeln aller späteren Entwicklungen liegen. Selten wird in der Geschichte etwas völlig Neues erfunden und gerade Geheimbünde neigen dazu, ihre Selbstdarstellung durch die Rückführung auf eine möglichst alte und ehrwürdige Vergangenheit zu erhöhen.

Außerdem werden in diesem Buch auch politische Geheimgesellschaften dargestellt, nicht nur historische, sondern ebenso aktuelle wie Skull & Bones oder die „Bilderberger". Natürlich führt die Verbindung der Schlagworte „Politik" und „geheim" zwangsläufig zum Thema „Verschwörung" – und vielleicht kann hier ein wenig mehr Klarheit darüber geschaffen werden, wer denn in der Welt von heute eigentlich das Sagen hat.

Nicht fehlen dürfen in einem solchen Kompendium natürlich auch Geheimgesellschaften, die ganz deutlich und bewusst außerhalb der bestehenden Gesetze arbeiten und allein deshalb schon im Verborgenen agieren, wie die Mafia und der Ku-Klux-Klan.

Wir wünschen Ihnen nun viel Vergnügen und aufschlussreiche Erkenntnisse beim Lesen … Und wer weiß, vielleicht hatte Alfred Hitchcock ja doch recht, als er sagte: „Und noch etwas: Sie werden beobachtet!"

NICCOLÒ MACCHIAVELLI

▲ Der florentinische Philosoph Niccolò Macchiavelli widmete bereits in seinem Werk *Discorsi* (1513 1519) den Verschwörungen ein Kapitel.

Geheimgesellschaften sind vielleicht sogar älter als die Schrift. Sie haben die Geschichte der Menschheit geprägt, seit es Geschichtsschreibung gibt und vermutlich auch schon vorher, als die Menschheit noch keine Schrift kannte. Sie gehören zu unserer Kultur ebenso wie all die öffentlichen Vereinigungen und Errungenschaften.

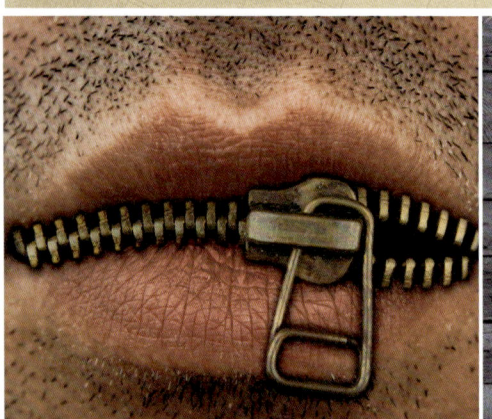

EINLEITUNG

✳ Wozu Geheimgesellschaften?

Doch wieso gründen Leute Geheimgesellschaften? Menschen schließen sich für gewöhnlich zusammen, weil sie ein gemeinsames Anliegen, Interesse oder Ziel haben: Briefmarken sammeln oder Fische fangen zum Beispiel. Im Unterschied zu landläufigen Hobbyvereinen sehen Geheimgesellschaften für ihre Vereinigungen jedoch die Notwendigkeit, gewisse Dinge für sich zu behalten: wer ihre Mitglieder sind zum Beispiel und/oder was sie bei ihren Treffen tun; manche Geheimgesellschaften verbergen überhaupt ihre Existenz.

Dafür haben sie aus ihrer Sicht gute Gründe. Häufig sind das Leben im Allgemeinen, die Gesellschaft im Besonderen oder die politische Lage im Speziellen nicht so, wie man sich das wünscht. In ihrer geheimen Runde können die Mitglieder einer Geheimgesellschaft eine Gegenwelt zur aktuellen (unvollkommenen) Gegenwart erschaffen und sich ungestört ihren Sehnsüchten und Träumen hingeben. Noch dazu können sie das, was sie als Ideal anstreben, auch gleich mal im kleinen Rahmen ausprobieren. Und sie müssen niemandem Rechenschaft über das ablegen, was sie tun, wenn sie unter sich sind – außer sich selbst.

IN GEHEIMEN RUNDEN KÖNNEN MITGLIEDER GEGENWELTEN ZUR UNGELIEBTEN GEGENWART ERSCHAFFEN.

Allein schon durch diese Merkmale üben manche Geheimgesellschaften eine unglaublich große Anziehungskraft aus. Die gemeinsame Heimlichkeit und die gemeinsamen Sehnsüchte schweißen die Mitglieder enger zusammen; sie bekommen Verantwortung füreinander. Außerdem werden sie zu etwas Besonderem gegenüber denen, die nicht dazu gehören: Sie werden zu „Auserwählten", wie sich besonders deutlich an den Sekten zeigt, und als Gesamtes zu einer „verschworenen" Gemeinschaft.

MITGLIEDER VON GEHEIMGESELLSCHAFTEN BETRACHTEN SICH ALS „AUSERWÄHLT".

✳ Geheimgesellschaft = Verschwörung?

Von hier ist es allerdings nur noch ein kleiner Schritt bis zum Verdacht einer „Verschwörung", und das ist genau der Punkt, an dem die Beschäftigung mit Geheimgesellschaften so spannend wird. Ein „innerer Kreis" von Eingeweihten schafft ganz zwangsläufig ein „Außen", eine Gruppe von Nichteingeweihten, die sich nicht selten ausgeschlossen fühlen. Menschen scheinen es prinzipiell nicht zu mögen, wenn man etwas vor ihnen verbirgt – vielleicht gibt es ja

DRAUSSEN STEHEN SCHAFFT MISSTRAUEN.

Bevölkerung latent vorhandene Voreingenommenheit gegenüber Geheimgesellschaften ist wieder um eine Facette reicher.

Natürlich haben viele Geheimgesellschaften Ziele oder Anliegen, die den gesellschaftlichen Normen in irgendeiner Weise entgegenstehen bzw. sozial oder politisch nicht akzeptiert sind. So stellten die aufklärerischen Ideen der Freimaurer, wie etwa religiöse oder politische Toleranz, im 18. und 19. Jahrhundert eine ernsthafte Gefährdung für die herrschenden Königshäuser in England, Frankreich und Deutschland dar. Eine öffentliche Diskussion darüber hätte die Brüder direkt in den Kerker oder gar aufs Schafott gebracht.

GEHEIMGESELLSCHAFTEN HABEN OFT REVOLUTIONÄRE ANLIEGEN.

Trotzdem oder genau deshalb hatten Geheimgesellschaften und Geheimbünde ohne Zweifel Einfluss auf den Verlauf der Geschichte. Nicht immer war dieser offen einsichtig, nicht immer bis ins Letzte bestätigt, sondern eher an den Handlungen von Einzelpersonen festzumachen denn an der ganzen Geheimgesellschaft – und dennoch war er vorhanden. Die meisten Historiker stimmen zum Beispiel darin überein, dass die Freimaurer einen beträchtlichen Anteil am Auslöser für den amerikanischen Unabhängigkeitskrieg hatten: Denn merkwürdigerweise traf sich just am Tag der „Boston Tea Party"

EINIGE HISTORISCHE EREIGNISSE WURDEN VON GEHEIMGESELLSCHAFTEN AUSGELÖST.

▼ Während der *Boston Tea Party* waren auch Freimaurer zugegen.

so etwas wie eine „angeborene Geheimgesellschaftsparanoia"?

Wenn man keinen Einblick in etwas hat – wer weiß, was die da hinter verschlossenen Türen alles aushecken? –, beginnt man in vielen Fällen, Vermutungen anzustellen, die schnell zu Gerüchten werden und im Lauf der Zeit gerne ein Eigenleben annehmen. Die Themen „Verschwörungen", „Verschwörungstheorien" und „Verschwörungsglauben" gehören also zu den Geheimgesellschaften dazu wie die Butter zum Brot.

Wie einfach es ist, von einem latenten Vorurteil und einem bestehenden Verschwörungsglauben zu einer ausgewachsenen Verschwörungstheorie zu gelangen, zeigt der deutsche Publizist Thomas Grüter. Er erläutert auf höchst amüsante Weise, wie man einer geschlossenen Gruppe von Personen unlautere Machenschaften unterstellt und diese Unterstellungen mittels halb wissenschaftlicher Verbrämungen nährt und verbreitet, bis sie von der Bevölkerung wiederum geglaubt werden und deren Vorurteil bekräftigen.

Unzählige Beispiele für die Richtigkeit seiner Thesen finden wir tagtäglich im Internet, der Lieblingsspielwiese aller Verschwörungstheoretiker. Ohne großen Aufwand ist es dort jedenfalls nicht mehr möglich, Wahrheit von Gerücht zu trennen – und die ohnehin in der

HALB WISSENSCHAFTLICHE BEHAUPTUNGEN BESTÄRKEN BESTEHENDE VORURTEILE UND VERSCHWÖRUNGSGLAUBEN.

▲ Die Illuminaten hatten vermutlich keinen Einfluss auf die Französische Revolution.

eher kurz und bündig. Mit der Aufnahme ist jedoch stets ein Geheimhaltungsschwur verbunden und es gilt im Allgemeinen die Regel: einmal dabei, immer dabei. Wer den Schwur bricht und Geheimnisse wie Namen, Ziele oder Ähnliches verrät, dem drohen nicht selten strenge Strafen. Das reicht von beruflichen und sozialen Nachteilen bis hin zum Tod – manche politischen oder gar kriminellen Geheimgesellschaften verstehen hier keinen Spaß.

ABGRENZUNG: Die Mitglieder einer Geheimgesellschaft verstehen sich in den allermeisten Fällen als Auserwählte, als Elite oder als in anderer Weise besondere Menschen. Die Außenstehenden werden meist als minderwertig, nicht erleuchtet oder einfach nur als völlig gewöhnlich erachtet. Doch wer dem erlauchten Kreis angehören möchte, der muss sich nicht nur an gewisse Regeln halten, für den gelten dann auch ganz besondere Gesetze oder Verheißungen. Die Zeugen Jehovas zum Beispiel leben nach sehr strengen Regeln im Alltag, dafür haben sie die Aussicht, dereinst zu den Auserwählten zu gehören, die nach dem Ende der Welt an der Seite Christi stehen werden. Wer bei Skull & Bones aufgenommen wird, kann sicher sein, dass er sich im Laufe seiner Karriere nicht mit kleinen Bank-Filialleitern herumschlagen muss, sondern dass er in einer Liga spielen wird, die einige

die nächstgelegene Freimaurerloge in einem nahen Gasthaus, aus dem kurz darauf maskierte Männer in Richtung Hafen marschierten, die dann, nachdem der englische Tee im Hafenbecken gelandet war, laut singend wieder in den Gasthof zurückkehrten.

Ein Großteil der den Geheimgesellschaften zugeschriebenen Taten ist allerdings nicht oder zumindest nicht ausschließlich von ihnen begangen worden und manches sogar an den Haaren herbeigezogen. Die Illuminaten zum Beispiel werden bis heute immer wieder für den Ausbruch der Französischen Revolution verantwortlich gemacht – und das, obwohl in den neun Jahren ihres kurzen Bestehens kein einziger Franzose Mitglied der „Erleuchteten" war.

WAREN DIE ILLUMINATEN VERANTWORTLICH FÜR DIE FRANZÖSISCHE REVOLUTION?

MITGLIEDER VON GEHEIMGESELLSCHAFTEN VERSTEHEN SICH ZUMEIST ALS AUSERWÄHLTE.

Etagen weiter oben angesiedelt ist. Jeder Freimaurer hat Zugang zu allen von seiner Loge anerkannten Logen in aller Welt, was oft einer Eintrittskarte in die erlesensten gesellschaftlichen Kreise gleichkommt.

Dadurch gewinnen Geheimgesellschaften natürlich ein hohes Maß an Anziehungskraft. Egal, ob durch spirituelle Verheißungen oder durch handfeste materielle Vorteile: Der Zauber des Auserwählt-Seins wirkt. Otto Normalverbraucher wird durch seine Mitgliedschaft in einer Geheimgesellschaft zu jemand Besonderem – wie durch Magie. Und Karlchen Außenstehend hat das Nachsehen.

✳ Merkmale

So sehr sie sich auch im Einzelnen unterscheiden mögen, so haben doch alle Geheimgesellschaften einige Merkmale gemeinsam:

AUFNAHME: Man kann einem Geheimbund nicht beitreten; wenn man für geeignet erachtet wird, wird man aufgenommen. Wie das vor sich geht, ist von Vereinigung zu Vereinigung verschieden. Manche veranstalten große Initiationsrituale, bei manchen hält man sich

EINEM GEHEIMBUND KANN MAN NICHT BEITRETEN, MAN MUSS AUFGENOMMEN WERDEN.

AUSERWÄHLT-SEIN WIRKT ANZIEHEND.

RITUALE: In jeder Geheimgesellschaft entwickeln sich gewisse Umgangsformen, die nur den Eingeweihten bekannt sind. Dazu gehört auch die Tendenz, sich selbst eine möglichst weit in die Vergangenheit zurückreichende Tradition zu geben und aus den zahlreichen Mythen und Mythologien der Welt zu schöpfen. Einige Gesellschaften entwickeln ein reichhaltiges Brauchtum an Zeremonien und Ritualen, andere eigene sprachliche Kürzel und Bezeichnungen bis hin zu eigenen Kalendern, wieder andere beschränken sich beim „esoterischen Überbau" auf das absolut Notwendige, zum Beispiel auf geheime Erkennungszeichen, welche die Kontaktaufnahme zu „Kollegen" auch in der Außenwelt ermöglichen.

GEHEIME RITUALE SCHAFFEN VERBUNDENHEIT.

GEHEIMNIS: In jeder Geheimgesellschaft gibt es zumindest ein großes, zu hütendes Geheimnis – sonst bräuchte sie nicht geheim zu sein. Schon seit Urzeiten gab es geheimes Wissen, das in abgeschlossenen Zirkeln weitergegeben wurde. Waren es früher häufig Priesterinnen und Priester, so gründeten bald auch Philosophen und später Adelige ihre Vereinigungen zum Schutz ihrer großen Weisheiten. Nicht immer handelt es sich beim großen Geheimnis allerdings um spirituelles Wissen, es kann auch um philosophisches oder naturwissenschaftliches Wissen gehen. Manche Geheimgesellschaften wie etwa Skull & Bones sind sogar höchst profan orientiert: Sie tradieren „Herrschaftswissen", das ihren Mitgliedern vermittelt, wie sie möglichst schnell möglichst weit in ihrer Karriere nach oben gelangen.

NICHT JEDES GEHEIMWISSEN IST SPIRITUELLER ART.

Manche Geheimgesellschaften vermitteln auch eine Art von Wissen, das sich nicht allein durch die Vermittlung erschließt: Es muss erlebt werden.

Es ist nicht unbedingt nötig, dass die Existenz einer Vereinigung geheim ist, um sie zur Geheimgesellschaft zu machen. Von manchen Gesellschaften sind sogar ihre Mitglieder und Treffpunkte bekannt – und trotzdem sind die betreffenden Gesellschaften „geheim", weil weder über ihr Wirken noch über ihre Absicht Klarheit in der Öffentlichkeit besteht. Und sie sind strengstens bemüht, diesen Umstand aufrechtzuerhalten.

✳ Arten von Geheimgesellschaften

Um in der großen Vielfalt den Überblick zu behalten, teile ich die Geheimgesellschaften in vier Gruppen ein, je nachdem, welche Themen, Ziele und Methoden sie ins Zentrum ihrer Tätigkeit stellen.

Religiöse Geheimgesellschaften

Bei ihnen steht die Beschäftigung mit einer Gottheit oder göttlichen Instanz im Mittelpunkt. Hier sind antike Mysterienkulte, die stets einer oder mehreren Gottheiten galten, ebenso anzutreffen wie die christlichen Tempelritter (die streng genommen kein Geheimbund waren, aufgrund der zahlreichen Geheimnisse, die sie umgeben, jedoch als solcher

BEI OPUS DEI ODER DEN TEMPELRITTERN STEHEN RELIGIÖSE THEMEN IM MITTELPUNKT.

▼ Opus-Dei-Feierlichkeit in Paris

behandelt werden können), das katholische Opus Dei und Sekten aller Art.

Philosophische Geheimgesellschaften

Sie richten ihr Hauptaugenmerk auf die Entwicklung des Menschen und seiner Persönlichkeit. Angestrebt wird eine Veränderung der Gesellschaft durch die Veränderung des Einzelnen. Dabei werden auch spirituelle Aspekte

miteinbezogen. Hierunter wurden die antiken Pythagoräer ebenso eingeordnet wie die Freimaurer und die Illuminaten.

Politische Geheimgesellschaften

Ihnen geht es darum, politischen oder wirtschaftlichen Einfluss zu erlangen, allerdings nicht nur, um weltanschauliche Ziele durchzusetzen, sondern manchmal eben auch einfach nur wirtschaftliche Interessen. Ebenfalls in dieser Gruppe befinden sich Organisationen,

DIE RITUALE DER FREIMAURER DREHEN SICH UM PHILOSOPHISCHE THEMEN.

◀ Freimaurersymbol vor dem George Washington Masonic National Memorial in Alexandria, USA.

Geheimdienstnetz Gladio (wobei dieses bereits hart an der Grenze zur nächsten Kategorie entlangschrammt).

Kriminelle Geheimgesellschaften

Sie sind als jenseits der Gesetze angelegte Verbrechenssyndikate ohnehin klassische Fälle für Geheimhaltung. Gerade die sizilianische Mafia ist jedoch ein Paradefall für eine kriminelle Geheimgesellschaft, denn sie begann als Geheimgesellschaft und zeigt bis heute wesentliche Merkmale einer solchen. Ansonsten ist bei weitem nicht alles Mafia, was heute als Mafia bezeichnet wird. Darüber hinaus findet sich in dieser Gruppe auch der Ku-Klux-Klan, der zwar mit höchst politischen Motiven gegründet wurde, von Anfang an jedoch kriminelle Methoden zur Durchsetzung seiner Ziele anwendete. Andererseits bedienen sich auch Geheimgesellschaften, die in „nicht-kriminelle" Kategorien eingeordnet wurden, bei mancher Gelegenheit krimineller Methoden, vor allem dann, wenn es um den Schutz ihrer Intimsphäre geht.

BEREICHERUNG UND UNBEDINGTE LOYALITÄT SIND DIE FIXPUNKTE IN KRIMINELLEN GEHEIMGESELLSCHAFTEN.

Natürlich sind die Grenzen nach allen Richtungen hin fließend und vor allem in der alltäglichen Praxis tun sich unzählige Fragen auf: Ist die Mafia ein Geheimbund oder eine Verbrecherorganisation? Ist das Opus Dei im Grunde nur ganz einfach ein christlicher Orden? Kann man die Freimaurer heute überhaupt noch als Geheimgesellschaft betrachten?

Doch Geheimgesellschaften sind etwas Lebendiges, das sich entwickeln und verändern kann, wenn es die Umstände, die historische Situation oder der Wille der Mitglieder erforderlich machen. So etwas lässt sich natürlich nur unzureichend in ein Schema pressen – die Erscheinungsformen sind ebenso vielfältig wie die vorhandene Literatur. So bleibt nur, den vorhandenen Phänomenen nachzuspüren, um Fragen wie die obigen zu beantworten.

DIE GRENZEN SIND NACH ALLEN RICHTUNGEN HIN FLIESSEND.

die von Regierungen bzw. deren Geheimdiensten ins Leben gerufen wurden, um Aufträge auszuführen, mit denen die Regierung selbst nicht in Verbindung gebracht werden möchte. In diese Kategorie fallen elitäre Studentenverbindungen wie Skull & Bones oder der politische „Tausch- und Kontaktverein" Club 45 ebenso wie die internationale Bilderberg-Konferenz und das

ELITÄRE STUDENTEN-VEREINIGUNGEN UND GEHEIME REGIERUNGS-STELLEN VERFOLGEN POLITISCHE ZIELE.

ANFÄNGE UND

VORLÄUFER

Wie einleitend dargestellt, entsteht eine Geheimgesellschaft, wenn ein bestimmtes Wissen existiert, das nicht allgemein, sondern nur einer bestimmten Gruppe Eingeweihter bekannt sein soll. Über diese Gruppe kann oder sollte auch kaum mehr als ihre Existenz bekannt sein. Das geheime Wissen muss natürlich den Eingeweihten einen Vorteil gegenüber den „Unwissenden" bringen; meist geht es dabei um Macht oder zumindest um Ansehen, auch wenn dies häufig mit hohen ethischen Grundsätzen kaschiert wird.

Religiös ausgerichtete Bünde, Orden und Priesterschaften halten häufig ihre Existenz nicht geheim, sehr wohl allerdings das gehütete Wissen. Meist handelt es sich bei ihren Mitgliedern um Menschen, die sich besonderes Wissen über Ursprung, Wesen und Ritual einer Religion durch intensives Studium angeeignet haben. Im Altertum war aufgrund fehlender Breitenkommunikation der Zugang zu diesem Wissen nur wenigen Auserwählten meist aus höheren sozialen Schichten gewährt; eine größere Verbreitung war kaum erwünscht, weil offiziell dem einfachen, ungebildeten Menschen die Voraussetzungen zur Würdigung einer religiösen Offenbarung fehlten.

GEHEIMGESELL-SCHAFTEN ENTSTEHEN ZUM SCHUTZ VON GEHEIMEM WISSEN.

Das vertiefte Wissen über das Göttliche war in der allgemeinen Anschauung des Altertums zwangsläufig mit einer erhöhten Vertrautheit mit der Gottheit verknüpft, was folgerichtig mit einem gewissen Einfluss auf die der Gottheit zugeordneten Naturgewalten gleichgesetzt wurde. Das damit verbundene Ansehen brachte zwangsläufig eine erhöhte Machtposition mit sich, die auch akribisch verteidigt wurde und schließlich sogar zur Erblichkeit der Mitgliedschaft z. B. in der Priesterkaste führen konnte.

Dabei sollte nicht übersehen werden, dass vieles, was dem Durchschnittsmenschen in jener Zeit als übernatürlich oder sogar als magisch vorkam, seinen Ursprung in der Kenntnis der Mathematik und vor allem in ihrer damals vornehmsten Anwendungsform, der Astronomie, bei den Priestern und Naturphilosophen hatte, deren Kenntnisse auf diesen Gebieten uns heute noch große Achtung abnötigen. Dass z. B. Thales von Milet um 600 v. Chr. aufgrund seiner mathematisch-astronomischen

ANTIKE „MAGIE" BERUHTE OFT AUF ASTRONOMISCHEN BERECHNUNGEN.

Kenntnisse eine Sonnenfinsternis vorausberechnen konnte und durch Weitergabe dieser Information an einen Feldherrn eine Schlacht entschied, unterstreicht den Wert des Wissens zu jener Zeit.

Natürlich gab es auch damals schon Menschen, welche die Philosophen im weiteren Sinne als wirklichkeitsfremde Wesen belächelten, die nicht in der Lage wären, wirtschaftlichen Wohlstand zu erreichen. Thales wies das Gegenteil nach, als er wiederum mit Hilfe der Astronomie voraussehen konnte, dass in einem bestimmten Jahr die Olivenernte sehr reich ausfallen werde. Also kaufte er frühzeitig mit Hilfe von Krediten viele Pressen auf, die er zur Ernte mit beträchtlichem Gewinn veräußerte.

DIE ASTRONOMIE MACHTE THALES VON MILET REICH.

Das Ansehen der geschlossenen Priesterkasten im Mittelmeerraum sowie der Druiden in Westeuropa basierte auch auf ihren erstaunlichen Kenntnissen in der Heilkunst. Ob allerdings Hippokrates einem Bund oder einer Kaste angehörte, ist nicht bekannt. Dass jedoch die bedeutende hellenistische Schule der antiken Medizin, die sich rund 300 Jahre später in Alexandrien entwickelte, eine eigene Kaste bildete, ist als sehr wahrscheinlich anzunehmen.

Im Unterschied zu etlichen nicht auf der Basis der Religion oder des Priestertums entstandenen Geheimbünden oder Bruderschaften, z. B. den Hetairien Athens, standen Priester und „Weise" im Allgemeinen nicht im Gegensatz zu den Herrschenden. Ihr vermeintlich göttlicher Rat war meist hoch geschätzt und sie selbst entsprechend respektiert.

ÄGYPTEN

Im Gegensatz zu der lebhaften, hoch aktiven Götterwelt der Griechen ist das Gottesbild der alten Ägypter eher statisch, soweit die Überlieferung überhaupt einen Schluss darüber zulässt; lediglich die Entstehung der Tiersymbolik deutet auf eine gewisse Entwicklung hin. Wichtiger war offenbar die „werkhellige" Überlieferung des Glaubens, die von der Priesterschaft streng gehütet wurde; Veränderungen konnten sich nur gegen große Widerstände durchsetzen.

DIE ÄGYPTISCHEN GÖTTER WAREN STATISCH UND ENTWICKELTEN SICH KAUM WEITER.

Als wichtiges Merkmal der ägyptischen Religion darf man den Glauben an eine materielle Wiederauferstehung nach dem Tode ansehen, dem wir zahlreiche Gräber mit wertvollen Einblicken in das Leben und den Totenkult der Ägypter verdanken.

Die Priesterschaft bildete die höchste Kaste im Staat. Neben der Kontrolle über Ausübung und Erhalt des Religionskultes überwachten die Priester die Entwicklung und Pflege der Wissenschaften und der Kunst und

PRIESTER WAREN FÜR DIE PFLEGE DES KULTS UND DER WISSENSCHAFT VERANTWORTLICH.

förderten nachhaltig die Heilkunde und Juristerei. Die gesamte kulturelle Entwicklung, die Entstehung von Sittengesetzen sowie der Schrift ging auf ihr Wirken zurück.

Das religiöse Zeremoniell, die Kulthandlungen, die Rechtsnormen sowie das gesamte damalige Wissen über die Natur wurden in einer Art Enzyklopädie aus 42 Büchern zusammengetragen; leider sind sie uns nicht erhalten.

✳ Magie und Astronomie

Trotz dieser uns außergewöhnlich erscheinenden Sonderstellung der Priesterkaste entwickelte sich keine Priesterherrschaft, wie wir sie heute in einigen Gebieten des Islam finden. Die Priesterkaste gab sich vielmehr mit ihrer Sonderstellung im Staate zufrieden. Sie wirkte bei allen wichtigen Anlässen tonangebend mit und stand selbst beim Pharao in höchstem Ansehen. Das Hauptinteresse der Priesterschaft bestand vielmehr in der Pflege von Wissenschaft und Kunst und ganz besonders in ihrer vornehmsten Aufgabe, der Himmelsbeobachtung.

DIE PRIESTERKASTE STAND BEIM PHARAO IN HÖCHSTEM ANSEHEN.

▶ Ägyptische Priester
auf einem Mauerrelief
des Tempels des Ram-
ses II. von Abydos

Jedes Heiligtum des Landes stand unter der Leitung eines Oberpriesters, der eine ganze Mannschaft von Untergebenen, vom Propheten über den Einbalsamierer bis zum Tierpfleger, leitete. Die wichtigste Funktion in einem solchen Team dürfte dem Propheten zugefallen sein, der den Beginn der jährlichen Nilüberschwemmung ankündigen musste und den höchsten Stand des Wassers sowie das Ende des Hochwassers vorauszusehen hatte. Möglich war dies nur durch gründliche astronomische Kenntnisse, die neben dem intensiven Studium der Überlieferungen ausgiebige Himmelsbeobachtungen voraussetzten.

Die Festlegung des Jahres auf zunächst 360, später verfeinert 365 Tage ist nur eine der Erkenntnisse, die daraus resultierten. Als sich herausstellte, dass auch dieser Wert noch der geringfügigen Korrektur auf 365,25 Tage bedurfte, widersetzte sich die Priesterschaft einer Angleichung, vielleicht um ihr frühes Wissen über das Schaltjahr nicht preisgeben zu müssen.

Der Studienschwerpunkt Astronomie zeitigte auch Nebenwirkungen. Während Astrologie und Wahrsagekunst als selbstverständliche und durchaus geachtete Ableger der Astronomie zum täglichen Leben gehörten, beeindruckten die unteren Priester ihre Umwelt mit Magie und Zauberei oder mit perfekt ausgeführten Kunststücken. Den Ruf als Land der Magie hat sich Ägypten bis in die Neuzeit bewahrt; jeder große Zauberer des 18. Jahrhunderts hatte sein Handwerk angeblich am Nil gelernt.

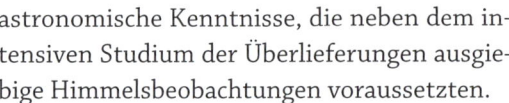

◀ Der ägyptische Totengott Anubis überwachte das Abwägen der Seelen vor dem Totengericht.

✳ Bewahrer des Geheimwissens

Die Priesterkaste führte ein strenges, spartanisches Leben in Enthaltsamkeit und Introvertiertheit. Während die Polygamie in der Bevölkerung die übliche Gesellschaftsform bildete, lebte der Priester monogam und stets darauf bedacht, durch vorbildlich tugendhaftes Verhalten das Ansehen und die Machtposition seines Standes in der Öffentlichkeit zu erhalten.

Die priesterliche Gemeinschaft lebte in Tempelnähe unter dem Oberpriester, dessen Hauptaufgabe darin bestand, die Einhaltung von Kultform, Ritual und Brauchtum streng zu überwachen. Da der Eintritt in den Priesterstand jedem jungen Ägypter offen stand, soweit er die geistigen Voraussetzungen zum Erlernen der Wissenschaften etc. mitbrachte,

DAS PRIESTERAMT WURDE ERBLICH.

verwundert es zunächst, dass das Priesteramt irgendwann erblich wurde. Doch anscheinend wirkte sich ein frühzeitiges Engagement der Eltern für die Ausbildung ihrer Kinder immer schon positiv aus – unter diesem Gesichtspunkt wird diese Entwicklung verständlich.

Die Geheimhaltung des Wissens spielte in der Priesterkaste eine wichtige Rolle. Sie wurde nicht zuletzt dadurch gewährleistet, dass innerhalb der Priesterschaft ein hierarchisches Gefüge bestand, wobei jeder Stufe nur ein bestimmter Wissensgrad zugeordnet war. Der Zugang zum Allerheiligsten des Tempels und damit wohl auch dem höchsten Grade der Erkenntnis des Göttlichen war nur dem Oberpriester und dem Pharao gewährt.

ZUGANG ZUM HÖCHSTEN GÖTTLICHEN WISSEN ERLANGTEN NUR OBERPRIESTER UND PHARAO.

Über den Inhalt der Geheimlehren der Priesterschaft ist relativ wenig überliefert. Wahrscheinlich beinhalteten sie in erster Linie religiöse und philosophische

◄ Auf diesem Papyrus-Bild sitzt der Sonnengott Re-Harakleti neben der Göttin des Okzidents, Amentiti.

Doktrinen. Zwar waren die griechischen Schriftsteller, denen wir die meisten Informationen über die ägyptischen Priester verdanken, eingeweiht, aber gleichzeitig zu strengstem Stillschweigen verpflichtet. Aus den spärlichen Andeutungen darf man ableiten, dass die Mysterien der Priester die Zusammenfassung der religiösen Elemente zu einem einheitlichen Gesamtbild, einer Religion, zum Inhalt gehabt haben – im Gegensatz zur gängigen Volksreligion mit Zauberei und Dämonenglaube. Demnach hatte die Priesterschaft als geheime Ordensgesellschaft die Aufgabe, die Lokalgötter (gleichbedeutend mit den Naturkräften) zu vereinigen, die Naturkräfte in ihrer Kausalität zu erfassen und schließlich die Göttergestalten als verschiedene Erscheinungsformen eines einzigen Wesens zu betrachten. In dieser frühen Form des Monotheismus bildete der Sonnengott die Zentralfigur.

Leider wissen wir nicht viel über die Geheimnisse der ägyptischen Priesterkaste. Die knappen Äußerungen der griechischen Berichterstatter deuten lediglich darauf hin, dass man die Jünger nachdrücklich auf den trügerischen Schein der Mythen hinwies und versuchte, ihnen die Bedeutung der Götterwelt rational zu erklären.

BABYLON

E s liegt nahe, Euphrat und Tigris für die frühe Entwicklung einer Zivilisation im alten Mesopotamien die gleiche Bedeutung zuzumessen wie dem Nil für die Entwicklung Ägyptens. Als erstes Siedlungsland der Semiten nach der Sintflut kommt dem Zweistromland eine hohe kulturhistorische Bedeutung zu. Darüber hinaus verdanken wir dem glücklichen Umstand, dass Berosos, ein Priester des Bel am Tempel zu Babylon, die Geschichte Mesopotamiens sorgfältig aufzeichnete, ein relativ klares Bild über die wechselvolle Geschichte des Landes sowie über das Leben und Wissen seiner Bewohner.

EUPHRAT UND TIGRIS HATTEN FÜR MESOPOTAMIEN DEN GLEICHEN HOHEN STELLENWERT WIE DER NIL FÜR ÄGYPTEN.

❋ Die ersten Astronomen

Wir müssen davon ausgehen, dass die Babylonier den Ägyptern in der Himmelskunde überlegen waren. Ihre Vorstellungen über unser Planetensystem waren so weit gediehen, dass sie nicht nur die fünf sonnennächsten Planeten kannten, sondern auch Sonnen- und Mondfinsternisse aufgrund

DIE BABYLONIER KONNTEN SONNEN- UND MONDFINSTERNISSE VORAUSBERECHNEN.

ihrer ausgeprägten numerisch-mathematischen Veranlagung vorausberechnen konnten; bei den Ägyptern und vor allem den Griechen stand die Geometrie viel stärker im Vordergrund. Nicht minder bedeutsam waren die babylonischen Beiträge zur Entwicklung der Zivilisation, verdanken wir ihnen doch die Schaffung des ersten Münzsystems sowie die Einführung der Maße und Gewichte.

Das erste Bildungszentrum, besonders für Astronomie, finden wir nicht in Babylon, sondern bei den Chaldäern in Sippara am Euphrat, die ungefähr 750 v. Chr. die Herrschaft in Babylon übernahmen. Ungefähr 1000 Jahre früher hatte sich der berühmte alt-babylonische Herrscher Hammurabi

◄ Ausschnitt aus der Stele, auf welcher der *Codex Hammurabi*, eines der frühesten juristischen Regelwerke der Welt, eingraviert wurde

durch seine frühbabylonische Gesetzessammlung in der Geschichte verewigt. Diese war in einen 2,5 m hohen obelisk-artigen Pfeiler aus Diorit gemeißelt und ihre Kunde verbreitete sich bald über alle Länder des Mittelmeerraumes und beeinflusste selbst die römische Gesetzgebung.

✳ Sonne, Mond und – Geister!

Die Religion der Babylonier zeigte im Gegensatz zur ägyptischen Religion keinerlei Ansätze in Richtung Monotheismus. Die wichtigsten Gottheiten waren der Göttervater und Herr der Finsternis und des Sternenhimmels sowie der Sonnen- und der Mondgott. Ihnen standen fünf durch die damals bekannten Planeten versinnbildlichte Götter zur Seite. Zusammen mit vier weiteren, die wichtigsten Naturgewalten verkörpernden Göttern bildeten sie ein Zwölfgöttersystem, welches die oberste Rangstufe in der göttlichen Hierarchie Babylons bildete.

Die Priester Babylons bildeten eine sehr geschlossene Kaste, in der die Mitglieder durch eine intensive Schulung auf ihre Tätigkeit vorbereitet wurden. Wie in Ägypten war das Priesteramt erblich. Die wichtigsten Kenntnisse über ihren Orden und seine Geheimlehren verdanken wir der Tontafelbibliothek, die der Assyrer-König Assurbanipal um 650 v. Chr. in Ninive anlegte, indem er alte Urkunden aus verschiedenen Bibliotheken mehrfach auf Tontafeln in Keilschrift kopieren ließ. Rund 200 dieser Tafeln sind erhalten; die meisten von ihnen befassen sich allerdings mit magisch-astrologischen Fragen.

DER ASSYRER-KÖNIG ASSUR-BANIPAL LIESS EINE TONTAFEL-BIBLIOTHEK ANLEGEN.

So war beispielsweise die älteste Religion des Landes, die der Sumerer, in erster Linie eine Geisterverehrung und zwangsläufig vorgetäuschte Geisterbeschwörung. Um 2000 v. Chr. wurde die alte sumerische Geisterreligion in die babylonische Gesamtreligion aufgenommen und gleichzeitig wurden die sumerischen Priester der babylonischen Priesterkaste einverleibt.

Letztere war eine geschlossene Körperschaft mit einer festen Ordenssatzung. Die Zugehörigkeit zu dieser Kaste war erblich; die Ausbildung zum Priester bestand jedoch aus einer langen, harten Schulung. Magier und Geisterbeschwörer bildeten die unterste Stufe der Priesterkaste.

Die Geisterbeschwörungen resultierten im Wesentlichen aus intensiven Beobachtungen der Naturgewalten, deren Wechselspiel man als ständigen Kampf zwischen den guten und den bösen Geistern deutete. Da man auch die Götter als den Naturgewalten unterworfene Wesen ansah, erschien es fast logisch, sich diese mittels Formeln oder geweihter Worte dienstbar zu machen, eine Vorstellung, die von den Priestern mit ihrem speziellen Wissen gründlich ausgenutzt wurde.

Das geheime magische Religionswerk der babylonischen Zauberpriester bestand offenbar aus drei Büchern, von denen das erste Anleitungen enthielt, wie man die bösen Geister mittels Beschwörungen fernhalten bzw. vertreiben konnte. Im zweiten Buch finden wir vor allem Krankheitsbeschwörungen, die daraus resultierten, dass man Krankheiten grundsätzlich als das Werk von Dämonen ansah, die es durch die Beschwörungen zu bannen galt.

GEGEN KRANKHEITEN HALF NICHT DER ARZT, SONDERN EIN ZAUBERER.

Somit war auch nicht verwunderlich, dass es in Babylon keine Ärzte, sondern nur Zauberer gab, die Krankheiten mit ihren Sprüchen oder in besonderen Fällen mit Zaubertränken entgegentraten, die manchmal auf Grund zufällig zugesetzter Wirkstoffe auch halfen. Das dritte Buch enthielt nur Hymnen und Bußpsalmen unverständlichen Inhalts, welche die Götter im Sinne des Bittstellers mobilisieren sollten.

In vielen Zauberformeln ist die Rede vom Talisman, der Geister und Götter am Überschreiten bestimmter Grenzen hindern, die bösen Geister zurückdrängen und den guten Gott mit dem Geiste der Erde herbeirufen konnte. Der Zauberstab als ein Urquell der Macht spielte hierbei eine besondere Rolle.

IN DER ÄLTESTEN BABYLONISCHEN RELIGION WURDEN GEISTER VEREHRT UND BESCHWOREN.

Als wirksam gegen Dämonen und Krankheiten galt auch das Amulett, welches man damals schon um den Hals trug.

Die Magie der babylonischen Priester fand bald auch bei den Medern (im Wesentlichen die heutigen Kurden) und Persern offene Ohren. Die Verbreitung erfolgte in der ihr eigenen Sprache des Altsumerischen, die inzwischen weitgehend verschwunden war und damit der Magie etwas besonders Geheimnisvolles verlieh.

✳ Die Gesetze des Himmels

Als die sumerische Magie in die babylonische Religion eingegliedert wurde, hatten sich in der semitischen Religion Babylons schon seriösere Richtungen gebildet, die sich in erster Linie an der Himmelsbeobachtung, d. h. der Astronomie, orientierten. Wie schon erwähnt, entwickelte sich diese Wissenschaft zu einer beachtlichen Reife. Neben der Voraussage von Sonnen- und Mondfinsternissen war man in der Lage, die Mittagslinie zu ziehen sowie die Tagesstunde aus dem Sonnenstand exakt abzulesen.

Die intensive Himmelsbeobachtung führte zur Annahme einer unabänderlichen Naturnotwendigkeit allen Geschehens, der auch das Geschick des einzelnen Menschen unterworfen sein musste. Damit sah man im gründlichen Studium der Astronomie und ihrer Gesetze einen Schlüssel zur Ergründung der menschlichen

▼ Ansicht von Babylon (im Jahr 2011)

Zukunft, sodass die Entwicklung der Astrologie nur folgerichtig erscheint. An nützlicheren Dingen, die uns aus der babylonisch-semitischen Religion erhalten geblieben sind, darf man die Einteilung der Zeit in die sieben Wochentage nennen. Der Wochenbeginn (Samstag) war dem Gottvater und Herrn des Sternenhimmels gewidmet, der Sonntag der Sonne, der Montag dem Mond und die restlichen Tage den vier damals bekannten Planeten. Diese Sieben-Tage-Woche hat sich merkwürdigerweise bei allen Kulturvölkern durchgesetzt.

Die astronomischen Gesetzmäßigkeiten, die man aus den zahlreichen, meist sehr sorgfältigen Aufzeichnungen ablesen konnte, forderten natürlich dazu heraus, das Geschick des Menschen mit den astronomischen Abläufen in Verbindung zu bringen. Die daraus abgeleiteten Regeln wurden bald zu lebensbeherrschenden Weisheiten aufgewertet, was die Priesterkaste weidlich ausnutzte. „Keine Aktion, wenn die Sterne nicht gut stehen!", wurde zu einem wichtigen Gebot des täglichen Lebens. Parallel dazu entwickelte sich die Kunst, den Vogelflug zu deuten, sowie der Ansatz, aus Farbe und Form der Eingeweide von Opfertieren die Zukunft des Einzelnen vorherzusagen.

Die babylonische Wahrsagekunst verbreitete sich rasch über Kleinasien in den Mittelmeerraum bis Karthago. In diesen Gebieten entstanden in den folgenden Jahrhunderten methodische Erweiterungen. So wurden gewisse Formen von Bäumen und Pflanzen, vor allem aber der Traum des Menschen für die Vorhersage seiner Zukunft bedeutsam. Trotz aller Verbreitung blieben im alten Babylon die Grundgesetze der Magie und Astrologie stets streng gehütete Geheimnisse des Priesterordens.

HELLAS
UND
ROM

Im Gegensatz zum Gottesbild der Ägypter und Babylonier verkörperten die Götter des antiken Griechenlands personifizierte Naturmächte, denen die Wesensmerkmale des Menschen, seine sittlich-geistigen Eigenschaften zugeordnet wurden. Das Bild wandelte sich insofern, als die Götter sich zunehmend zu Helfern und Beschützern des Menschen entwickelten, wobei die Götterwelt sich immer stärker personifizierte. Homer hatte mit seinen unsterblichen Dichtungen an dieser Entwicklung erheblichen Anteil. Seine Götter waren weniger von tiefem Ernst und Unnahbarkeit geprägt, als vielmehr von ähnlichen Gemütsregungen, wie sie dem Menschen innewohnen. Mit anderen Worten: Die Griechen hatten Götter, die zu lachen vermochten!

DIE GÖTTER DER GRIECHEN KONNTEN LACHEN.

✳ Die Kunst des Orakels

Die Vielfalt der griechischen Götterwelt führte dazu, dass sich keine Religionsgemeinschaft im heutigen Sinne ausbildete, es gab keine „Kirche", sondern nur Lokalkulte, die aber alle unter staatlichem Schutz und ebensolcher Pflege standen.

Als Organe des Kultus fungierten Priester, jedoch ohne zunftmäßige Zusammengehörigkeit. Den Dienst an einem Gott versah der Priester; den Göttinnen dienten Priesterinnen. Diese Ämter waren zum Teil erblich, es gab aber auch Wahlbeamte als Priester oder solche, die ihr Amt als Meistbietender gekauft hatten. Der Wirkungskreis eines Priesters war durch den Aufenthaltsort der jeweiligen Gottheit begrenzt, d.h. im Wesentlichen durch dessen Aufenthaltsbereich. In der frühen Phase der Entwicklung der Götterverehrung bildeten einfache Höhlen oder bestimmte Haine diese Aufenthaltsorte, die man bald durch Statuen ausschmückte, wobei Mischgestalten aus Tier und Mensch wie die berühmten Kentauren oder auch die Satyrn sehr beliebt waren.

Später entstanden nur noch kunstvolle Abbilder menschlicher Gestalten zur Veranschaulichung der Gottheit, die dann mehr und mehr in kunstvollen Tempeln mit dem obligaten Altar untergebracht wurden. Auf dem Altar wurde alles geopfert, was lieb und teuer war; in der Frühzeit sogar Menschen, wie uns Homer in seiner Ilias berichtet.

DIENST AN GÖTTERN WURDE VON PRIESTERN, AN GÖTTINNEN VON PRIESTERINNEN VERSEHEN.

GÖTTER WURDEN IN MENSCHLICHER GESTALT DARGESTELLT.

Neben dem Opfer spielte das Gebet die Hauptrolle eines Gottesdienstes. Dabei war es nicht unüblich, über einen Missetäter Verderben herabzubeschwören. Daneben spielte die Weissagekunst der Priester eine wichtige Rolle, die schon zur Frühzeit weit entwickelt war. Das Beschauen der Gedärme der Opfertiere, die Deutung des Vogelfluges und die Auslegung der Träume waren für die Weissager die Hauptquellen der Erkenntnis.

den tieferen Sinn der Mysterienkulte fehlt uns leider, weil es dem Eingeweihten bei Todesstrafe untersagt war, geheimes Wissen oder Berichte über Kulthandlungen nach außen zu tragen.

✳ Der Mysterienkult von Eleusis

Den Höhepunkt der Entwicklung bildete die Entstehung der Orakel, von denen das Orakel von Delphi das bekannteste war. Ursprünglich der Erdmutter Gaia zugeordnet, wurde es später Apollo, dem Gott des Lichtes, der Sittlichkeit und der Künste unterstellt. Die Klugheit der Priesterinnen des Orakels spielte eine wichtige Rolle bei der Entwicklung Griechenlands zum humanitären Kulturstaat. Das Orakel wurde erst 391 n. Chr. durch den christlichen Kaiser Theodosius geschlossen.

Der älteste und wohl auch bedeutendste religiöse Mysterienkult, die Eleusinischen Mysterien, wurde zweimal im Jahre festlich begangen, einmal zum Ende des Winters im Februar, besonders aber im Herbst um den 20. September, dem Zeitpunkt, an dem die Ernte eingebracht war; das herbstliche Fest dauerte zwei Wochen. Der Zeitpunkt weist auf den Ursprung des Kultes in der Demetersage hin.

✳ Spannende Mysterien

Die Entwicklung der offiziellen religiösen Kulthandlungen zur bildhaft-ästhetischen Verehrung der Götter war den überwiegend rational ausgerichteten Griechen als religiöse Zeremonie offenbar nicht ausreichend. Insbesondere erschien die Vorstellung vom Jenseits mit seinem trostlosen Bild von der Unterwelt des Hades den meisten Griechen sehr unbefriedigend. Somit überrascht es nicht, dass die sich um 600 v. Chr. von Thrakien und Phrygien ausbreitenden Mysterienkulte überall angenommen wurden.

Diese Kulte sind alle auf das Jenseits ausgerichtet, kennen Sünde, Buße und Reinigung und entsprechen voll dem Bedürfnis nach Mystifizierung. Auch kann man eine Tendenz zur Förderung der Frömmigkeit in den Mysterienkulten erkennen. Genaueres Wissen über

Demnach hatte Hades, der finstere Herrscher der Unterwelt, Persephone, die Tochter der Demeter, geraubt, worauf Demeter sie verzweifelt suchte. Auf ihrer langen, erfolglosen Suche hielt sie am Blumenbrunnen von Eleusis inne, wo man sie gastfreundlich aufnahm, bewirtete und durch Fröhlichkeit etwas aufheiterte. Nachdem der Weltenherrscher Zeus verfügt hatte, dass Persephone die Sommerhälfte des Jahres bei ihrer Mutter in der Oberwelt und nur die dunkle Winterzeit bei Hades zu verbringen hatte, lehrte Demeter die Eleusinier aus Dankbarkeit für die erwiesene Gastfreundschaft den Ackerbau.

Die tiefe Bedeutung dieser Sage, die den jährlichen Wechsel von Wachsen, Blühen, Gedeihen und Vergehen symbolisiert und den Wechsel der Urbevölkerung vom Viehzüchter und Jäger zum Ackerbautreibenden erklärt, ist naheliegend. Ebenso naheliegend ist die spätere Einbeziehung von Dionysos, der als Gott der Fruchtbarkeit und der Ekstase galt, in den Kult. Seine Vereinigung mit Persephone dürfte die Vereinigung der Menschheit mit der Gottheit

▲ Panoramablick über
die Ausgrabungsstätte
in Eleusis

symbolisieren, was dem obersten Ziel der Mysterien entsprach.

Bald entstanden an der Stelle des Brunnens ein Tempel und eine Einweihungsstätte, deren Reste heute noch in Form ihrer Grundmauern zu sehen sind. Die Stätte wurde später durch eine Prachtallee mit Athen verbunden.

Die Zulassung zu den Mysterien setzte eine Anmeldung über einen Eingeweihten bei den Kultbeamten voraus. Der Antragsteller wurde im Falle seiner Aufnahme nach einer persönlichen Überprüfung vom so genannten Mystagogen in den Vorschriften und Ordensregeln unterwiesen. Nur Hellenen konnten aufgenommen werden, vorausgesetzt, sie hatten keine Blutschuld auf sich geladen und sich auch keiner anderen schweren Verfehlung schuldig gemacht. Verdienten Fremden stand die Aufnahme erst offen, wenn sie das Bürgerrecht in Athen erworben hatten.

WER ZU DEN MYSTERIEN ZUGELASSEN WURDE, WURDE ZUVOR EINGEHEND ÜBERPRÜFT.

Am ersten Tage versammelten sich alle Festteilnehmer in Athen, wo ihnen die Zulassung zum Fest mitgeteilt wurde und wo man sie zu einer rituellen Reinigung ans Meer schickte. Am 20. September setzten sich die Teilnehmer in einem großen Zuge festlich geschmückt auf der Prachtallee nach Eleusis in Bewegung, brachten eine Dionysos-Statue zum Tempel der Demeter und Persephone und feierten die nächsten Tage fröhlich und ausgelassen.

Nur die beiden letzten Tage gehörten ausschließlich den eigentlichen Mysterien, zu denen nur die voll Eingeweihten, die so genannten Mysten, zugelassen waren. Nach einem bestimmten, in seiner Bedeutung unklaren Ritual wurde in den abgeschlossenen Räumen des Haupttempels die Hauptfeier eröffnet, bei welcher der Schauende zunächst mit zahllosen magisch-mystischen Zeichen, Figuren und Gestalten konfrontiert wurde, bis man das Allerheiligste durch Senken eines großen Vorhanges enthüllte. Vor dem Altar standen die Priester in bedeutungsvollem Ornat und aus dem Hintergrund erklangen die rhythmischen Chöre der Sänger und Musiker. Der Oberpriester zeigte dem Andächtigen die heiligen Dinge des Tempels, im Wesentlichen alte Götterbilder und teure Reliquien, und berichtete, was dem Eingeweihten an Wissen darüber zustand. Darauf folgten nachahmende

DIE EIGENTLICHEN MYSTERIEN WAREN NUR DEN SO GENANNTEN „MYSTEN" ZUGÄNGLICH.

▼ Entführung der Persephone durch Hades, Relief auf einem Sarkophag, Archäologisches Museum Ashkelon

► Amphitheater in Samothrake, Griechenland

Darstellungen, lebende Bilder und Aufführungen, welche die dramatischen Taten und Leiden der Götter gemäß der Überlieferung zum Inhalt hatten. Natürlich bildeten hierbei der Raub der Persephone und ihre Rückkehr aus dem Schattenreich ein Hauptthema. Dieser Teil des Mysteriums wurde mit vielfältigen akustischen und optischen Effekten untermalt, ein für die Mysten ergreifendes Szenario.

HAUPTTHEMA DER MYSTERIEN WAR DIE RÜCKKEHR DER PERSEPHONE AUS DEM TOTENREICH.

Mit dem Ausgießen einer unbekannten Flüssigkeit in westlicher und östlicher Richtung unter Hersagen mystischer Formeln fand die Veranstaltung ihren Abschluss und die Mysten kehrten in einem festlichen Zuge nach Athen zurück.

❋

Die von den Mysterien ausgehende Verheißung für ein gesegnetes Leben nach dem Tod sorgte dafür, dass nicht nur Abergläubige aus niederem Stande zu den Mysten gehörten, sondern auch berühmte, hoch angesehene Persönlichkeiten des Athener Geisteslebens. Die vorgeschriebenen Reinigungen und Weihen erinnerten symbolisch an die sittliche Reinigung und daran, dass mit dem Dasein auf Erden das Leben nicht abgeschlossen sei, sondern dass

NICHT NUR ARME, AUCH REICHE UND ANGESEHENE ATHENER STRÖMTEN ZU DEN MYSTERIEN.

jeden nach dem Tode ein Los erwarte, wie er es durch sein Verhalten zu Lebzeiten verdient habe.

Die eleusinischen Mysterien bewahrten trotz aller Zweifel der Intellektuellen lange Zeit ihre Attraktivität und breiteten sich auch im Römerreich aus, wo sich viele vornehme Römer und sogar etliche Kaiser in den Geheimkult einweihen ließen. Erst die Ausbreitung des Christentums konnte ihn beenden.

❋ Die Mysterien von Samothrake

Als weiterer religiöser Geheimkult der Hellenen verdienen die Mysterien von Samothrake Erwähnung, die in ihren Ritualen mit den eleusinischen vieles gemeinsam hatten. Sie waren auf der Insel Samothrake in der Ägäis zu Hause und wahrscheinlich von den Phöniziern aus dem asiatischen Raum hierher verpflanzt worden. Sie basieren auf dem täglichen Lauf von Sonne und Mond, bei welchem die Sonne dem Mond in die Finsternis folgt, sich mit ihm vereinigt und nach diesem Wiederfinden und Hinaufführen aus der Dunkelheit einen Quell neuen Lebens und Gedeihens bildet.

DIE MYSTERIEN VON SAMOTHRAKE STAMMEN VERMUTLICH VON DEN PHÖNIZIERN.

Da der Sonnengott und die Mondgöttin bei den Phöniziern als mächtige Beschützer der Seefahrer galten, fanden die Griechen in den Trägern dieses Kultes die Gestalten ihrer Dioskuren wieder, die als Beschützer der Seefahrer und Besänftiger des Meeres galten.

Während die Mysterien zur Zeit der Phönizier öffentlich gefeiert wurden, entwickelten sie sich zur Zeit der Hellenen zum Geheimkult, der aber aus unbekannten Ursachen den Ruf einer besonderen Heiligkeit und segensreicher Wirkungen erwarb und deshalb nicht nur wagemutige Seefahrer, sondern auch viele andere Hellenen anzog.

Das Ritual war dem der Eleusinien ähnlich: Nach einer sorgfältigen Reinigung mit Wasser, Feuer und Rauch wurde bei der Einweihung eine Beichte abgefordert, woran sich die Enthüllung der Heiligtümer anschloss. Der Kult breitete sich ebenfalls aus und war bald auch auf anderen Inseln der Ägäis sowie in Lokris, Pergamon und Mazedonien zu Hause.

✳ Ägyptisch-griechischer Isis-Kult

Die Isis-Mysterien, ebenfalls ein religiöser Geheimkult, vereinigten ägyptische und griechische Glaubenselemente. Die Funktion der Isis als segensreiche Spenderin des Korns hatte mit der Figur der Demeter so vieles gemeinsam, dass eine Aufnahme eines entsprechenden Kultes bei den ohnehin religiös sehr liberal eingestellten Griechen keine Probleme bereitete. Außerdem hatte das wissenschaftliche Vermächtnis, welches die Griechen von den Ägyptern erhielten, ein großes Interesse für die Weisheiten vom Nil geweckt.

Die Einweihung, das Ritual, die Auflagen für die Mitglieder und selbst der Ablauf, den der griechische Dichter Apulejus sehr anschaulich schildert, sind der eleusinischen Zeremonie so ähnlich, dass sie keiner weiteren Darlegung bedürfen. Natürlich bildeten hier anstelle von Demeter, Persephone und Dionysos Isis

und Osiris die kultischen Götter. Die Aufnahme in den Kreis der Eingeweihten war für den Novizen eine kostspielige Angelegenheit, weshalb der Kreis der voll Eingeweihten relativ klein blieb. Allerdings boten die Isis-Priester auch eine „Billigversion" der Mysterien für die Allgemeinheit an.

Der Isis-Kult, der zur Zeit Sullas, d. h. um 80 v. Chr., in Rom Eingang fand, erreichte zur Kaiserzeit seine Blüte, als sich die geheimen Weihen nicht selten zu sinnlichen Orgien entwickelten. Er verschwand endgültig erst mit der Ausbreitung des Christentums.

✳ Dionysos/Bacchus: Leibliche Genüsse

Eine eingehendere Darlegung verdienen die dionysischen Geheimbünde, die sich aus den Dionysien entwickelten und später in den römischen Bacchanalien ausarteten. Die Dionysien entstanden aus dem Dionysos-Kult, der sich relativ spät in Griechenland entwickelte, weil Dionysos, offenbar aus dem Orient stammend, erst spät in die griechische Götterwelt integriert wurde, wo er als Sinnbild des pflanzlichen Wachsens, insbesondere des Weinbaus, aber auch des Hirtenlebens, in jedem Falle aber

der geselligen Fröhlichkeit bis zur wilden Ausschweifung galt.

Der Dionysus-Kult war Ausdruck sowohl der Fröhlichkeit von Frühling, Sommer und Herbst wie der stillen Wehmut des Winters, wobei das Hinwelken der Pflanzen Tod und Vergänglichkeit symbolisiert. Dieser Gefühlsdualismus ließ die schwärmerisch-ekstatische Stimmung entstehen, die sich in den wilden Mänadenfesten manifestierte.

Dieser Kult fand natürlich in den Wein- und Obstbaugebieten großen Anklang, was zu zahlreichen Festen Anlass gab, d. h. unsere Winzerfeste und Heurigentreffen können auf eine lange Vergangenheit zurückblicken.

Mitte Februar begannen die Feiern mit einem fröhlichen, von vielen Gesängen begleiteten Trinkfest der Bewohner Attikas, dessen Hintergrund die Wiederauferstehung Persephones und ihre Wiedervereinigung mit Dionysos bildeten. Am letzten Tage des dreitägigen Festes veranstalteten die Athener Frauen eine Opferprozession zum Dionysos-Tempel, wo man unter geheimen Zeremonien die Gemahlin des ersten Staatsbeamten dem Gotte vermählte, um sich dadurch das Wohlwollen der Gottheit für die Ölbäume und Weinreben zu sichern.

Die eigentlichen großen Dionysos-Feste begannen aber erst im März mit prachtvollen Umzügen und Festgesang, vielen Blumen und Maskengestalten, wobei die alte hölzerne Statue des Gottes zu seiner Sommerresidenz getragen wurde. Während bei diesen Festen Fröhlichkeit und Ästhetik neben der Gottesverehrung die wesentlichen Motive bildeten, entsprachen

▲ Auf diesem Relief aus dem 1. Jh. n. Chr. führt Dionysos die Horen, die Göttinnen des Zeitenwechsels, an.

▶ Bacchus, der Gott des Weines. Marmorstatue in der Eremitage in St. Petersburg

die so genannten Mänadenfeste oder Trieterien einer völlig anderen Auffassung von Gottesverehrung.

Zu diesen geheimen Festen waren ursprünglich nur Frauen zugelassen, die sich mit Hilfe wilder Musik und süßen Weins in eine enthusiastische Raserei und Wildheit versetzten und ihren Zustand dem Wirken Dionysos' selbst zuschrieben. Die Feiern fanden stets nachts im Fackelschein statt und arteten in verschiedenen Gegenden wie auf dem Berg Parnassos meist in wilde Rasereien aus, in deren Rahmen Opfertiere zerrissen und roh verzehrt wurden. Die vergebliche Suche nach dem toten und verlassenen Gott schien ein wesentliches Moment des Rituals zu bilden. Einen plastischen Eindruck vom Ablauf solcher Mänadenfeste liefert die griechische Heldensage, nach welcher Orpheus, der berühmte Sänger, der nach Verlust seiner Euridike keine Frau mehr ansehen wollte, ebenso von den Mänaden zerrissen wurde wie der thebanische König Pentheus, der eine nächtliche Feier heimlich belauscht hatte.

URSPRÜNGLICH WAREN NUR FRAUEN ZU DEN DIONYSOS-FESTEN ZUGELASSEN.

DIE MÄNADEN ZERRISSEN NICHT NUR OPFERTIERE.

In anderen Gegenden, zum Beispiel in Attika, entstand zur Zeit des Peloponnesischen Krieges ein geheimer Dionysos-Kult in Religionsvereinen mit unverständlichen Lehren und Gebräuchen. Hier gab es zwar kein Fleisch zum Verzehr, aber stattdessen Sühnegebräuche und heilige Schriften, die aber religiöse Schwärmereien und sinnliche Orgien nicht ausschlossen, welche zuletzt immer stärker in den Vordergrund des Rituals traten. In der Zeit des Bürgerkriegs mit seinem Sittenverfall glaubte man offenbar, sich durch solche Rituale von Schuld reinwaschen zu können; zumindest konnte man mit ihnen die Unerträglichkeit dieser Zeit besser überstehen.

MIT DER ZEIT KAMEN IMMER MEHR SINNLICHE MOMENTE IN DIE KULTHANDLUNGEN HINEIN.

Seine größte Ausbreitung erfuhr diese verführerische Mysterienform zur Zeit Alexanders des Großen. Natürlich dauerte es nicht lange, bis der Dionysos-Kult in Rom Eingang fand, wo sich der alte Götterglaube langsam auflöste und viele Bürger in einem mystischen, wüsten Mischkult ihr Heil suchten. Der Hang zur Mystik fand offenbar eine besondere Befriedigung im Dionysos-Kult, der sich seinerseits bald zu einem Gemisch aus einer wild orgiastischen und mysteriösen Bacchusfeier, dem berüchtigten Bacchanal, entwickelte. Hier ging das sittlich-religiöse Element des Dionysos-Kultes immer mehr verloren und die geheimen Bacchus-Feste entarteten zu wilden Orgien. Als eine Priesterin auch Männern die Teilnahme an den Festen gestattete, blieben nach außen hin zwar die vorgeschriebenen umständlichen Zeremonien mit ihren Enthaltsamkeitsvorschriften bestehen, aber nur, um bald in unvorstellbaren Unmäßigkeiten zu münden.

DIE BACCHUS-FESTE ARTETEN IMMER MEHR IN WILDE ORGIEN AUS.

In Rom war der Nährboden für lasterhafte Auswüchse zu jener Zeit ausgesprochen fruchtbar. Ein beachtlicher Teil der Bevölkerung musste zu den Eingeweihten gehören und missbrauchte die Bacchanalien bald, um hemmungslos Verbrechen aller Art zu begehen, z.B. um persönliche Feinde aus dem Weg zu räumen. Darüber hinaus entwickelten sich regelrechte Verschwörungen gegen die bestehende Staats- und Gesellschaftsordnung. Das Wesen der entarteten Bacchanalien wurde schließlich 186 v. Chr. durch die Anzeige einer jungen Römerin aufgedeckt; der aufgeschreckte Senat ordnete eine große Untersuchung an, wobei rund 7000 Bürger verhört und größtenteils zum Tode verurteilt wurden. Alle Mysterien wurden daraufhin verboten, was aber nicht verhindern konnte, dass sie zur Kaiserzeit wieder aufblühten.

▲ In Rom war man den körperlichen Genüssen nicht abgeneigt und zeigte dies unbefangen.

ROM WAR EIN GUTER NÄHRBODEN FÜR LASTER ALLER ART.

VORDERER ORIENT

Neben den Geheimgesellschaften der Antike sollen hier noch zwei Geheimbünde Erwähnung finden, von denen der eine im Vorderen Orient um die Zeitenwende, der andere etwa 1000 Jahre später im heutigen Syrien und Persien entstand.

Bei dem früheren Bund handelt es sich um die streng religiöse Vereinigung der Essener, einer Gruppe mit ausgeprägtem Sektencharakter, die sich wegen ihrer selbstgefälligen, dünkelhaften Gottgefälligkeit in Jerusalem – einer damals sehr aktiven, modernen Stadt – bald sehr unbeliebt machte und sich deshalb in kleineren Gruppen auf dem Lande ansiedeln musste. Johannes der Täufer entstammte den Essenern, obgleich sein Taufzeremoniell nicht dem überlieferten Ritual entsprach. Mitte des 20. Jahrhunderts machten die Essener durch die Auffindung der zahlreichen Schriftrollen am Toten Meer wieder auf sich aufmerksam.

Der zweite Bund, der um die Zeit der Kreuzzüge entstand, war rein politisch motiviert und ausschließlich auf Machtgewinn ausgerichtet. Sein wichtigstes Instrument war der Krummdolch, mit dem politische Gegner aus dem Weg geräumt wurden. In der westlichen Kulturgeschichte hat sich diese Gruppe durch ihren Namen „Assassinen" verewigt; in der französischen Sprache bedeutet das Wort *assassin* soviel wie „Mörder". Auf Arabisch bedeutet es wortwörtlich „Haschisch-Raucher". Warum, das werden wir noch sehen.

✳ Die asketischen Essener

Die Essener bildeten mehrere strenggläubige Sekten, die strikt nach dem alten Testament lebten und sich zum Teil dadurch unbeliebt machten, dass sie die Hohepriester als „Frevelpriester" und den Anführer der Pharisäer als „Lügenmann" bezeichneten. Sie errichteten am Ufer des Toten Meeres in der Nähe von Qumran ein geistiges Zentrum in der Art eines Klosters, in welchem ihr Meister als der erwartete Prophet des messianischen Zeitalters angesehen wurde und gläubige Verehrung genoss.

Strengste Einhaltung der biblischen Gesetze war oberstes Gebot, am Sabbat war jede

DIE ESSENER MUSSTEN SICH AUSSERHALB DER STADT JERUSALEM ANSIEDELN.

DIE ENTSTEHUNG DER ASSASSINEN WAR STARK POLITISCH MOTIVIERT.

DIE ESSENER ACHTETEN STRENGSTENS AUF DIE EINHALTUNG DER BIBLISCHEN GESETZE.

Tätigkeit außer Beten untersagt. Jemand, der am Sabbat in den Brunnen fiel, blieb bis zum nächsten Tage drin, weil das Herunterlassen einer Leiter an diesem Tage einen Frevel darstellte. Ihre Auslegung der Bücher Moses hielten sie ebenso streng geheim wie ihre eigenen Schriften, denn sie entnahmen ihnen außer religiösen Lehren auch Kenntnisse über heilkräftige Wurzeln und Anleitungen zur Wahrsagerei.

Andererseits wusste man sich im Kriegsfalle trefflich zu wehren; eine straff gegliederte Armee operierte nach den Taktiken der Nachfolger Alexanders und des Alten Testaments.

Trotz der streng asketischen, mönchischen Lebensweise teils in der Wüste, teils im Kloster, hatten die Sekten so großen Zulauf, dass man sich strenge Regeln für die

STRENGE REGELN REGULIERTEN DEN STARKEN ZULAUF.

Aufnahme neuer Mitglieder leisten konnte. Voraussetzung waren Intelligenz, Wissen und Willensstärke. Erst nach zwei Probejahren wurde man zu den gemeinschaftlichen rituellen Waschungen zugelassen und in die Gütergemeinschaft des Ordens aufgenommen, in dem es kein Privatvermögen mehr gab.

Am Aufstand gegen die römische Besatzung um 70 n. Chr. beteiligten sich die Essener in führender Rolle. Nach der Zerstörung Jerusalems mussten sie ihr Kloster bei Qumran verlassen; eine größere Splittergruppe siedelte sich offenbar in Damaskus an. Vermutlich hat man vor dem Auszug noch die vielen inzwischen entdeckten Schriftrollen in Tongefäßen versiegelt und in Höhlen, Felsspalten und dergleichen für die Nachwelt versteckt.

Man vermutet, dass Reste der Essener in der Gemeinschaft der Karaiten aufgingen, die man heute noch in Palästina, Arabien und Russland findet.

DIE ESSENER HINTERLIESSEN DIE BERÜHMTEN SCHRIFTROLLEN VON QUMRAN IN VERSIEGELTEN TONKRÜGEN.

▼ In Qumran wurden von 1947 – 1956 antike Schriftrollen gefunden.

▲ Die Bergfestung Masyaf im heutigen Syrien war der Hauptsitz des „Alten vom Berg".

✳ Die gnadenlosen „Haschisch-Raucher"

Die Assassinen bildeten schon in der Frühzeit des Islam eine radikale Gruppe, als sich nach der Enterbung von Ismail, dem Sohn des 6. Imams, die Ismailiten von den Schiiten abspalteten. Als Splittergruppe formierten sich die Assassinen zu einer extrem radikalen Sekte, der Hassan, ihr bedeutendster Anführer und Gründer, vorstand. Dieser Hassan (ca. 1034–1124) war ein fanatischer Schiite aus Chorasan, einer historisch bedeutsamen Region im heutigen Nordpersien, Turkmenistan und Afghanistan.

DIE ASSASSINEN WURDEN VON HASSAN IM 11. JAHRHUNDERT GEGRÜNDET.

Der junge Hassan war sehr talentiert und schon als junger Mann so gebildet, dass ihn sein Meister zur Ausbildung zum fatimidischen Kalifen nach Ägypten schickte. Hier durchschaute er bald die Ziele der islamitischen Mysterien, nämlich die Herrschaft des Kalifats der Abbasiden zu stürzen, um sie für die Fatimiden zu gewinnen. Diese Zielsetzung machte er nun zu seiner eigenen, d. h. er wollte Führer des Islam werden.

Im Zuge von Unruhen exponierte er sich offenbar zu weit, denn er fiel in Ungnade und wurde inhaftiert. Als er in die Verbannung deportiert werden sollte, konnte er fliehen und zog nun durch den Vorderen Orient von Syrien bis Persien, wobei er vorgab, für den ägyptischen Imam zu arbeiten, und fromme junge Leute anwarb, die er aber in seinem Sinne zu Kämpfern ausbildete. Mit dieser Truppe, von der er die besten Männer als Prediger zur Gewinnung der Bevölkerung aussandte, konnte er 1090 durch eine List die persische Bergfestung

Alamut in seine Gewalt bringen, wo er von nun an herrschte. Von hier aus wollte er sein Reich auf der Basis seiner geheimen Ordensbruderschaft errichten.

Dazu benötigte er nach seinen Vorstellungen neben dem Standarduntertan der untersten, d. h. der ersten Klasse, der nur betend die Lehren Mohammeds streng zu befolgen hatte, eine Klasse zweiten Grades, der nur junge Männer angehören sollten, die ihm treu ergeben waren und bedingungslos seine Befehle ausführen mussten. Dieser Gruppe der *Fedawi* gaukelte man unter Einsatz von Haschisch oder Opium einen Besuch im Paradies mit all seinen Verheißungen vor – und nur durch einen Opfertod für den Orden konnte das Paradies wiedergewonnen werden.

DAS PARADIES KONNTEN DIE ASSASSINEN NUR DURCH DEN OPFERTOD WIEDERERLANGEN.

Die nächsthöhere Ordensklasse stellten die so genannten *Refik* („Gesellen") dar; sie waren bereits Anwärter auf die Einweihung in die Geheimnisse des Ordens. Zwei weitere Grade führten schließlich über den Meister zum Großmeister des Ordens, dem *Sidna*.

Die Geheimlehre, die Hassan selbst verfasst hatte, war in einem Gesetzesbuch mit sieben Kapiteln dargelegt: Im Wesentlichen enthielt es Anleitungen zur Gewinnung von Anhängern und ihre Verpflichtung zur Ordenstreue. Ebenso wurde erklärt, wie man Skrupel hegende Zweifler von der Übereinstimmung der Ordenslehre mit der geltenden Staatsreligion der muslimischen Theologen überzeugen konnte. Im siebten Kapitel schließlich wurde klipp und klar verkündet, dass die Glaubensartikel und Religionsvorschriften nichts als Allegorien seien, die man befolgen oder auch nicht befolgen konnte. Natürlich war dieses Kapitel nur den erwählten Meistern des Ordens zugänglich.

Die Machtausbreitung der Assassinen erfolgte durch rücksichtslose Beseitigung ihrer politischen Widersacher, wobei die Fedawi mit ihren Dolchen eine wesentliche Funktion innehatten. Da der Machtanspruch nach außen hin nie dokumentiert wurde, betrachtete der Außenstehende den Bund als religiösen Orden. Nur weiter blickende Herrscher in der Nachbarschaft sahen darin die Bildung eines Staates im Staate und versuchten, dieser Entwicklung Einhalt zu gebieten. Als sich der Seldschuken-Herrscher Melikschah gegen die Assassinen stellte, fiel er 1092 ihren Dolchen zum Opfer, was selbst für damalige Verhältnisse ungewöhnlich viel Staub aufwirbelte.

POLITISCHE WIDERSACHER WURDEN SKRUPELLOS BESEITIGT.

Ihr größtes politisches Ansehen erlangten die Assassinen um 1150 unter Raschid al-Dim, dem „Alten vom Berge", der von seinen Bergfestungen in Syrien aus erfolgreich den Kampf zwischen Saladin und den Kreuzrittern für seine Ziele ausnutzte.

EINER DER BERÜHMTESTEN ASSASSINENFÜHRER WAR DER „ALTE VOM BERG".

Erst mit Beginn der zweiten Hälfte des 13. Jahrhunderts nahm die Macht der Assassinen langsam ab. 1256 zerschlug der Enkel des Mongolenfürsten Dschingis-Khan die Herrschaft der Ismailiten in Persien, indem er die Festung Alamut ebenso wie die meisten anderen überrannte und die Assassinen größtenteils köpfen ließ.

Im Westen hatte inzwischen der Mameluken-Sultan Baibar aus Ägypten seine Herrschaft etabliert. Mit Hilfe seiner gut geschulten und ausgerüsteten Streitmacht schnürte er die Assassinen so weit ein, dass sie 1271 ihre Bergfestungen räumen mussten. Sie durften zwar bei ihm am Hofe leben, hatten aber ihre Macht verloren. Ein letzter Versuch der Assassinen, ihrem berüchtigten Ruf gerecht zu werden, scheiterte, als gleich mehrere Fedawi 1394 versuchten, den mongolischen Eroberer Timur zu erdolchen. Die restlichen Assassinen wurden daraufhin in einem Blutbad radikal ausgerottet.

EIN BLUTBAD MACHTE DEN ASSASSINEN IM 14. JAHRHUNDERT ENDGÜLTIG DEN GARAUS.

RELIGIÖSE

GEHEIM-
GESELLSCHAFTEN

Das Bedürfnis nach der Verbundenheit mit einer göttlichen Instanz scheint ein sehr grundlegendes in der menschlichen Existenz zu sein. Viele Menschen sehnen sich nach Regeln für das eigene Leben und das Zusammenleben mit anderen, für den Umgang mit der Welt und ihren Ressourcen. Sie erhoffen sich vom Göttlichen eine Befreiung von Schuld, Trost in schwierigen Lebenssituationen und/oder Anleitung zu einem ethisch korrekten Handeln. Den Lohn für „gottgefälliges Handeln" sehen viele in einer Weiterexistenz nach dem Tod in irgendeiner Form oder in der Beendigung einer ewigen Folge von Reinkarnationen.

DIE GÖTTLICHE INSTANZ SOLL DEN MENSCHEN VON SCHULD BEFREIEN.

Immer schon gab es Menschen, die sich in besonderer Weise dazu berufen fühlten, in Kontakt zu dieser metaphysischen Existenz zu treten oder ihn für andere zu ermöglichen. Solche Funktionen nehmen heute etwa katholische Priester oder christliche Mönche wahr. Manchmal wird aus den „besonders Spirituellen" auch eine Gruppe von „besonders Auserwählten", die meinen, die alleinige spirituelle Weisheit zu hüten – die natürlich nur anderen Auserwählten offenbart wird, wie das etwa bei Scientology der Fall ist. Schon sind die Voraussetzungen für die Entstehung einer neuen Geheimgesellschaft vorhanden. Heute werden die meisten religiösen Geheimgesellschaften Sekten genannt.

PRIESTER SOLLEN DEN KONTAKT ZUM GÖTTLICHEN HERSTELLEN.

Um das Jahr 2000 waren im deutschsprachigen Raum zwischen 100 und 600 sektenähnliche Gemeinschaften aktiv. Die größten unter ihnen traten und treten immer noch in der Öffentlichkeit auf; man schätzt die Zahl ihrer Mitglieder auf über eine Million. Im Gegensatz zu den Geheimgesellschaften der Antike sind sie für jeden offen; Mitglieder werden sogar geworben und die religiösen Lehren häufig in Druckschriften verteilt.

Darf man dann streng genommen noch von Geheimgesellschaften sprechen und das Phänomen der Sekten in diesem Buch behandeln? Da in vielen Fällen die wahren Ziele dieser Vereinigungen verschleiert werden, nur streng zensierte Informationen nach außen gelangen und der freie Informationsfluss innerhalb einer Gesellschaft zwischen

SEKTEN HÜTEN IHRE WAHREN ABSICHTEN OFT SEHR STRENG.

den „Kommandoebenen" vielleicht nicht völlig blockiert, aber doch meist stark gefiltert ist, erscheint es sinnvoll, das Wesen solcher Religionsgemeinschaften hier zu behandeln.

DIE TEMPEL-RITTER

Tempelritter, Templer oder Tempelherren sind gängige Bezeichnungen für die Mitglieder eines Ordens, der eigentlich „Arme Ritterschaft Christi vom Salomonischen Tempel zu Jerusalem" hieß, meistens aber nur kurz „der Templerorden" genannt wird. An dieser Stelle mag sich der aufmerksame Leser sofort die Frage stellen, was ein offizieller Orden der römisch-katholischen Kirche in einem Buch über Geheimgesellschaften zu suchen hat – zu Recht! Ein christlicher Orden hält seine Existenz nicht geheim, seine Mitglieder dürfen und sollen sich sogar zu ihrer Mitgliedschaft bekennen und vordergründig gibt es auch kein „großes Arkanum", kein großes göttliches Geheimnis, außer dem der Mutter Kirche – und Letzteres wird jeden Sonntag in den Messen verkündet.

Und trotzdem sind die Tempelritter hier nicht fehl am Platz, denn spätestens seit der Aufhebung des Ordens im Jahre 1312 sind sie Objekt von wilden Spekulationen und finsteren Verdächtigungen einerseits oder von Idealisierungen und mystischen Verklärungen andererseits, und das bis heute. Manche meinen sogar, sie hätten die letzten 700 Jahre im

Geheimen fortbestanden und würden auch aktuell noch ein großes Geheimnis hüten. Doch lassen Sie uns der Reihe nach vorgehen!

✳ Neun arme Ritterlein ...

Alles begann an einem Tag im Jahre 1118 oder 1119 oder vielleicht doch ein paar Jahre früher oder später – so genau ist das aufgrund der verwirrenden Datierungsmethoden zu dieser Zeit leider nicht mehr festzustellen und überdies stammen die Berichte über die fraglichen Ereignisse allesamt von Chronisten, die erst Jahre danach geboren wurden.

An jenem Tag also erschienen neun Ritter unter der Führung eines gewissen Hugo de Payens bei Balduin II., dem König von Jerusalem. Darunter waren namentlich auch Gottfried von Saint-Omer und Andreas von Montbard. Bei ihnen handelte es sich durchweg – im Gegensatz zur verbreiteten Legende, die Ritter wären arm gewesen – um durchaus angesehene, wohlhabende Edelleute aus Westeuropa, vornehmlich aus Frankreich.

DIE TEMPELRITTER HIESSEN EIGENTLICH „ARME RITTERSCHAFT CHRISTI VOM SALOMONISCHEN TEMPEL ZU JERUSALEM".

KEIN ANDERER CHRISTLICHER ORDEN IST VON SO VIELEN GEHEIMNISSEN UMGEBEN.

DAS GENAUE GRÜNDUNGSJAHR LÄSST SICH NICHT EINDEUTIG FESTSTELLEN.

Hugo de Payens zum Beispiel entstammte vermutlich einer Nebenlinie des Grafen der Champagne, zu dieser Zeit ein gewisser Hugo de Champagne, der mit Catherine de St. Clair, einer schottischen Adeligen, verheiratet war. Diese scheinbar unwichtige Information sei hier vor allem deshalb erwähnt, weil sie bereits früh eine Verbindung der Templer mit Schottland nahelegt, wo aus dem Namen der Familie „Saint Clair" später „Sinclair" wurde. Dieser Familie gehört(e) auch die jedem Dan-Brown-Leser bekannte Rosslyn-Kapelle, in der neben anderen der 1330 verstorbene Tempelritter William de St. Clair bestattet ist. Diese Fakten werden bei den Mythen und Legenden, die sich um die Tempelritter ranken, wichtig werden.

Die neun beim König vorstellig gewordenen Ritter sollen das hehre Anliegen vorgetragen haben, dass sie die Pilger bei ihren Reisen ins Heilige Land schützen wollten. Solche Reisenden gab es damals, als das heutige Palästina nach dem ersten Kreuzzug in den Händen der Christen war, unzählige. Doch die Pilger lebten hier oft nicht lange, da der Großteil

DER SCHUTZ DER PILGER IM HEILIGEN LAND WAR DRINGEND NOTWENDIG.

des Kreuzfahrerheeres nach Europa zurückgekehrt war und die Gegend vor Räubern nur so wimmelte.

Nachdem die neun Ritter ein Gelübde der Armut, des Gehorsams und der Keuschheit abgelegt hatten, gewährte ihnen der König großzügig ihre Bitte, einen Orden bilden zu dürfen, und überließ ihnen zu diesem Zweck auch noch gleich einen Flügel seines Palastes. Da sich diese Räumlichkeiten auf den Überresten des antiken Salomon-Tempels auf dem Berg Moria befanden, wurden die Ordensbrüder, die sich ursprünglich *Pauperes militiae Christi* („Arme Ritter Christi") genannt hatten, schließlich zu den *Pauperes commilitones Christi templique Salomonici Hierosalemitanis*, den legendären Tempelrittern.

▲ Das berühmte Tatzenkreuz, das die Tempelritter weithin sichtbar in roter Farbe auf ihrem weißen Waffenrock trugen

DIE TEMPLER SCHLUGEN IHR QUARTIER AUF DEN ÜBERRESTEN DES SALOMON-TEMPELS AUF.

◄ Die Überreste des Salomonischen Tempels in Jerusalem heute

✳ Rasche Vermehrung

In den unmittelbar darauffolgenden Jahren sollen die Templer keine weiteren Brüder aufgenommen haben. Erst ungefähr 1126 (mit der bereits erwähnten historischen Unschärfe von einem Jahr) trat der bereits erwähnte Graf Hugo von der Champagne bei, ein enger Freund und Förderer des Abtes Bernhard de Fontaine vom Zisterzienserkloster Clairvaux. Der später heilig gesprochene Bernhard war einer der einflussreichsten und aufgeschlossensten Kleriker seiner Zeit und wurde rasch zum wichtigsten Fürsprecher der Tempelherren. Bereits zu dieser Zeit erhielten die Templer Schenkungen – allein schon die neun Gründungsritter hatten ihren Besitz und ihr Vermögen dem Orden überschrieben, und so hielt es später auch jeder weitere Interessent, der beitrat.

EINER DER EINFLUSSREICHSTEN FÖRDERER WAR DER HEILIGE BERNHARD VON CLAIRVAUX.

1127 kehrte Hugo de Payens mit fünf seiner Gefährten in die Champagne zurück, um die Gründung des Ordens auch regulär absegnen zu lassen. Offiziell von der katholischen Kirche anerkannt wurde der Orden auf dem Konzil von Troyes 1128 (oder 1129), wobei es nicht verwundert, dass die dort beschlossenen Ordensregeln stark an denen der Zisterzienser orientiert sind, wenn man weiß, dass der bereits erwähnte Zisterzienserabt Bernhard von Clairvaux federführend an deren Gestaltung mitgewirkt hat.

DIE OFFIZIELLE ANERKENNUNG ERFOLGTE AUF DEM KONZIL VON TROYES.

In diesen Regeln wurde eine historische Novität festgelegt, nämlich die Vereinigung von bislang strikt Getrenntem: der Ideale des Mönchtums mit denen des Rittertums. So gab es für die Templer nicht nur spirituelle Pflichten zu erfüllen, sondern auch militärische. Ein Templer durfte einen Kampf nicht scheuen bzw. sich nur zurückziehen, wenn der Gegner mindestens dreifach überlegen war; er durfte in Gefangenschaft nicht um Gnade bitten; gefangen genommene Brüder wurden nicht freigekauft. Die letzte Regel hatte zur Folge, dass die meisten in Gefangenschaft geratenen Templer

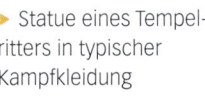

▶ Statue eines Tempelritters in typischer Kampfkleidung

◄ Auf dem Konzil von Troyes werden die Ordensregeln der Tempelritter von Papst Honorius II. anerkannt. Stich von 1850

Manche meinen, dies sei ein Zeichen für das Armutsgelübde des Ordens, andere sehen darin ein Symbol der Brüderlichkeit. Die am häufigsten vertretene Interpretation ist die, dass das Siegel die zwei Seiten des templerischen Rittertums zeige, den Mönch und den Krieger.

Während in den folgenden Jahren der Sitz der Tempelritter in Jerusalem zur Festung ausgebaut wurde, breitete sich der Orden rasch über ganz Europa aus. Eine der wichtigsten Grundlagen für die Machtfülle, die sich die Tempelritter innerhalb relativ kurzer Zeit aneigneten, war die 1139 von Papst Innozenz II. herausgegebene Bulle, mit der er den Templerorden direkt dem Papst unterstellte und ihn somit de facto jedem Zugriff weltlicher Fürsten entzog. Außerdem war er dadurch auch von Steuern und Zöllen befreit und durfte sogar selbst welche erheben (was er aber nur vereinzelt tat). So etablierten die Tempelritter bald einen übernationalen Staat und mit den zahlreichen Beitritten wuchs das Ordensvermögen enorm an. Bald verfügte der Templerorden über ausgedehnte Ländereien in Spanien, Portugal, England, Schottland, Italien, Deutschland, Ungarn und auch Österreich, die zu so genannten *Komtureien* zusammengefasst waren. Hochburg der templerischen Besitzungen war Frankreich (da die Mehrzahl der Gründer aus diesem Land stammte).

DER TEMPLERORDEN WURDE 1139 DIREKT DEM PAPST UNTERSTELLT.

getötet wurden, weil auch die Alternative, zum Islam zu konvertieren, für sie nicht in Frage kam.

Auf diesem Konzil wurde Hugo de Payens auch offiziell als Großmeister des Ordens bestätigt; außerdem wurde den Templern auch das Tragen des weißen Mantels über dem weißen Waffenrock zugestanden. Dies galt allerdings nur für Ritter; dienende Brüder und Knappen trugen einen braunen Mantel. Das berühmte rote Tatzenkreuz nahm der Orden erst rund 20 Jahre später an. Der Ritter im weißen Waffenrock mit dem roten Kreuz auf der Brust wurde jedenfalls für alle Zeiten zum Inbegriff des prachtvollen und gefürchteten Kreuzritters.

Eines der bekanntesten Siegel der Tempelritter zeigt zwei Ritter auf einem Pferd.

Praktisch war, dass man dem Orden nicht nur als Ritter, Knappe oder Arbeiter-Mönch

◄ Verschiedene Siegel der Großmeister des Templerordens

▶ Templerkirche in
Segovia, Spanien, zum
Schutz der Pilger auf
dem Jakobsweg

angehören konnte. Es gab auch die Möglichkeit, ihm erst auf dem Sterbebett beizutreten (und ihm dabei wie üblich den Besitz oder Teile davon zu überschreiben) und dann als Tempelritter begraben zu werden – des Seelenheils wegen. Andere wiederum verschenkten schon zu Lebzeiten Teile ihres Vermögens an den Orden, wobei die Schenkung allerdings erst im Alter aktiv wurde und als Gegenleistung eine Art Altersversorgung des Betroffenen gewährt wurde. Darüber hinaus konnte man auch zum *Confrater*, einem materiellen Förderer des Ordens, werden, um von dessen Einfluss und Ansehen zu profitieren. Diese letzte Möglichkeit gab es auch für Frauen.

Vor allem entlang der Kreuzfahrerrouten errichteten die Templer Stützpunkte, an denen Reisende versorgt werden konnten. Gleichzeitig nahmen sie aber auch aktiv an kriegerischen Auseinandersetzungen in „Outremer", dem neu geschaffenen Königreich im Heiligen Land, teil, zum Beispiel am Zweiten Kreuzzug, an dessen Erfolg sie maßgeblich beteiligt waren.

Die berühmtesten Templeranlagen waren der Temple in Paris und die Temple Church in London. Ein Teil dieser Anlagen waren befestigte Burgen, ein anderer deutlich als solche zu erkennende Wehrkirchen. Zeitgleich mit dem Auftauchen der Tempelritter in West- und Mitteleuropa begann architekturhistorisch das Zeitalter der Gotik.

✳ Neuerungen und Reichtümer

Der Templerorden etablierte sich als Umschlagplatz für zahlreiche neue Ideen und Gedanken und wurde durch die intensiven Kontakte der Templer zu arabischen und hebräischen Gelehrten zu einer Art Mittler zwischen den Erkenntnissen der verschiedenen Kulturen. Er förderte die Entwicklung des Vermessungswesens ebenso wie die der Kartografie, des Straßenbaus und der Schifffahrt. Die

DIE TEMPLER FÖRDERTEN NEUE IDEEN UND ERFINDUNGEN.

Schiffe der Templer sollen zu den ersten gehört haben, die mit Magnetkompassen ausgerüstet waren. Und auch auf dem Gebiet der Heilkunde führten die Tempelherren viele Neuerungen in Europa ein. Die große Toleranz, die die Templer gegenüber fremden Kulturen pflegten, war für christliche abendländische Ritter höchst ungewöhnlich.

Ebenso erwiesen sie sich als überaus tolerant gegenüber anders denkenden Christen innerhalb Europas, namentlich gegenüber den *Katharern* (auch *Albigenser* genannt), einer dualistisch ausgerichteten christlichen Sekte,

DEN ALBIGENSERN WURDE IN TEMPLERBURGEN ZUFLUCHT GEWÄHRT.

die vor allem in Oberitalien und Südfrankreich verbreitet war. Viele ihrer Anhänger fanden während der Albigenserkreuzzüge Schutz und Unterschlupf bei den Templern.

All diese Handlungen des mehr oder weniger offenen Widerstandes gegen die Politik der katholischen Kirche blieben derselben natürlich nicht verborgen, doch zum damaligen Zeitpunkt ohne Konsequenzen – der Templerorden war bereits zu mächtig geworden.

DIE TEMPLER VERLIEHEN GELD GEGEN ZINSEN UND ERFANDEN DEN SCHECK.

Die enorme Macht der Templer hatte eine einfache Ursache: Die Betreuung und der Schutz der Pilger war bald nicht mehr ihre Haupttätigkeit (so sie das überhaupt jemals gewesen ist, wie von einigen Autoren angezweifelt wird). Die Tempelritter verlegten sich auf eine lukrativere Tätigkeit: den Geldhandel. Geld gegen Zinsen zu verleihen war Christen eigentlich verboten, doch anscheinend kümmerte das im Falle der *Militia Dei* („Soldaten Gottes"), wie sie in der päpstlichen Bulle von 1145 genannt wurden, niemanden. Dabei entwickelten die Templer nach arabischem Vorbild den Vorläufer des modernen Schecks (arabisch: *sakk*).

Vermutlich war das System zunächst als Erleichterung für reisende Pilger erdacht worden: Diese konnten ihr Geld am Beginn ihrer Wallfahrt in einer Komturei gegen einen Kreditbrief eintauschen, der auf der Reise leicht zu verbergen war und für den sie im Heiligen Land wieder bares Geld erhielten – und umgekehrt. Die großen Geldmengen mussten natürlich gut geschützt transportiert werden; die Häuser der Templer dienten dabei als Tresore und Schatzkammern. Schon für das Jahr 1135 gibt es jedoch Berichte über die ersten Verleihgeschäfte. Immer häufiger verliehen die Templer Geld an die Fürstenhäuser Europas. Manche Autoren bezeichnen den Tempel in London sogar als den mittelalterlichen Vorläufer der Bank of England, Ähnliches gilt für die Pariser Templerniederlassung.

So wurde der Templerorden zu einer gewaltigen Wirtschaftsmacht in Europa, die noch dazu über ein ständig bereites, gut ausgebildetes Heer von beachtlicher Größe verfügte. Sein Einfluss reichte in mehreren Ländern bis in höchste weltliche und kirchliche Kreise. Kein Wunder, wenn diese Machtfülle Neider und Missgünstlinge auf den Plan rief.

DIE MACHTFÜLLE DER TEMPLER RIEF NEIDER AUF DEN PLAN.

✳ Jetzt geht's abwärts

Nach der Eroberung Jerusalems durch die Sarazenen verlegten die Templer ihr Hauptquartier nach Akkon, welches aber 1291 ebenfalls fiel. Auch ihr neues Domizil auf Zypern konnten sie nicht lange halten und schließlich mussten sie ihren Hauptkonvent nach Paris verlegen – mitten in die Höhle des Löwen, wie sich herausstellen sollte.

Im Gegensatz zu den anderen Ritterorden, dem Deutschen Orden und den Johannitern, hatten es die Tempelherren versäumt, ein territorial zusammenhängendes, kompaktes Herrschaftsgebiet anzulegen, sodass ihr Bestand durch den Verlust ihrer zentralen Stützpunkte im Orient gefährdet schien. Denn nun, da das Heilige Land wieder fest in

NACH DEM FALL VON JERUSALEM WAREN DIE TEMPELRITTER OHNE AUFGABE.

 Die Deutschherren
gründeten Marienburg
im heutigen Polen

muslimischen Händen war und man sich mit dem einstmals erbitterten Gegner zu arrangieren schien, stand die Existenzberechtigung des Tempelritterordens in Frage: Welche Pilger und Kreuzfahrer gab es noch zu schützen? Zu dieser Zeit begannen einige weltliche und kirchliche Fürsten darüber nachzudenken, ob man denn überhaupt noch drei Ritterorden brauchte – die Lage wurde eng. Die Deutschherren widmeten sich nun der Christianisierung des Ostens, die Johanniter konzentrierten sich wieder verstärkt auf Hilfsbedürftige und Kranke – doch welche neue Aufgabe sollten sich die Tempelritter geben?

Halb Europa stand tief in ihrer Schuld und wäre diese Schulden nur zu gern und möglichst einfach losgeworden. Der französische König Philipp IV. der Schöne, der selbst einer der größten Schuldner der Tempelritter war, beschloss, sich der Sache anzunehmen und seine Schulden gleich mitsamt den einflussreichen und daher unangenehmen Mönchsrittern ein für allemal loszuwerden. Zuerst bewarb er sich um die Aufnahme in den Orden. Bei seiner Stellung konnte ihm, wenn er erst einmal aufgenommen worden wäre, auf lange Sicht das Amt des Großmeisters nicht verweigert werden, so rechnete er sich aus. Auf diese Weise hätte er sich elegant und hinterlistig

PHILIPP IV. DER SCHÖNE VON FRANKREICH WOLLTE SEINE SCHULDEN BEI DEN TEMPLERN LOSWERDEN.

die Verfügungsgewalt über das Vermögen der Templer angeeignet und dann wohl, verschlagen wie er war, sich selbst die Schulden erlassen.

Die Templer jedoch durchschauten das Manöver und verweigerten ihm die Aufnahme in ihren Orden – was den schönen König erst recht in Rage versetzte. Die Zusammenlegung mit dem Johanniterorden, die Papst Bonifaz VIII. vorgeschlagen hatte, lehnten die Templer ebenfalls dankend ab. Es ist anzunehmen, dass die Tempelritter die Gefahr, in die sie durch die Zurückweisung des Königs gerieten, durchaus erkannten; doch anscheinend verließen sie sich auf den Schutz des Papstes, dem sie ja direkt unterstellt waren, und darauf, dass ihnen weltliche Fürsten aufgrund des geltenden Rechts nichts anhaben durften. Allerdings hatten sie nicht mit der Skrupellosigkeit eines Philipp IV. gerechnet. Dieser machte sich nun daran, die Vernichtung der Templer generalstabsmäßig zu planen. Zunächst sorgte er an der Kirchenfront vor: Mit seiner Unterstützung war der ihm willfährige Bischof von Bordeaux zum neuen Papst gewählt worden; er nahm den Namen Clemens V. an und verlegte folgsam seine Residenz nach Avignon – ein auch innerkirchlich höchst umstrittener

DIE TEMPLER LEHNTEN DAS AUFNAHMEGESUCH VON PHILIPP DEM SCHÖNEN AB.

DIE VERNICHTUNG DES TEMPLERORDENS WURDE GENERALSTABSMÄSSIG GEPLANT.

Schritt mit weitreichenden Konsequenzen. Dann machte sich der König an seinen „großen Coup", der als erste große, landesweit konzertierte „Polizeiaktion" in die Geschichte eingehen sollte.

Schon Wochen zuvor verschickte der König an alle zuständigen Stellen in seinem Reich versiegelte Haftbefehle, die alle am Freitag, dem 13. Oktober 1307, zu öffnen und sofort umzusetzen waren. Sämtliche Kommandanten der Templer und ihre dienenden Brüder sollten verhaftet werden. Die schrecklichen Ereignisse dieses Tages sollen übrigens den schlechten Ruf eines Freitags, der auf einen 13. fällt, begründet haben. Angeblich entkamen nur zwölf Ritter den Verfolgungen, darunter nur ein Würdenträger.

AN EINEM FREITAG, DEM 13. SCHLUGEN DIE BEHÖRDEN GEGEN DIE TEMPELRITTER ZU.

Grund zur Freude hatte Philipp allerdings trotzdem nicht: Der legendäre Schatz der Tempelritter konnte nicht gefunden werden und auch ein Großteil des Besitzes ging nicht an ihn, sondern an die Kirche, die Johanniter, diverse Nachfolgeorden (in Portugal und Spanien) oder er fiel überhaupt an die ursprünglichen Stifter zurück.

Die verhafteten Templer wurden durch die Inquisition der Folter unterzogen, wobei sich die Prozesswelle bis zu sieben Jahre lang hinzog. Im Umkreis von Paris, in der unmittelbaren Einflusssphäre des Königs, endeten so gut wie alle Prozesse mit einem Todesurteil – das mussten sie ja auch fast zwangsläufig, da die Vorwürfe durchweg von den Anklägern erfunden worden waren. Sie lauteten alle gleich: Die Templer hätten sich der Leugnung Christi sowie homosexueller Handlungen schuldig gemacht, sie würden geheime nächtliche Versammlungen abhalten und einen „Baphomet" genannten Kopf anbeten. Besonders originell waren die Vorwürfe nicht, doch zu dieser Zeit ebneten sie in den meisten Fällen den Weg zum Scheiterhaufen. Auffällig ist allein der letzte Anklagepunkt, über den so gut wie alle Historiker einhellig berichten: Der rätselhafte „Baphomet"-Vorwurf betraf nur die Templer, keine andere der Ketzerei angeklagte Gruppierung oder Person. Darauf wird an anderer Stelle noch eingegangen.

▲ Papst Clemens V., willfähriges Opfer des französischen Königs Philipp IV., hob 1312 den Templerorden auf.

✳ Das Ende

Natürlich protestierte der Papst anfänglich gegen die Vorgehensweise des Königs – schließlich wurde hier heftigst in seine Befugnisse eingegriffen –, aber seine Proteste blieben schwach und da Philipp und seine Minister ständig neue Ausreden vorbrachten, warum sie die Templer nicht ausliefern konnten, blieben sie letztlich völlig wirkungslos. Im Gegenteil, Philipp fand auch noch unangenehme persönliche Fakten, mit denen er den Papst erpresste, der schon angesichts der schweren Ketzereivorwürfe gegen „seinen" Orden in Zugzwang geraten war.

PAPST CLEMENS V. WURDE VON KÖNIG PHILIPP ERPRESST.

Clemens V. verschickte also Briefe an die christlichen Fürsten, in denen er sie anwies, die Templer zu verhaften und ihre Güter der Kirche zu überantworten. Schließlich übergab er auch noch die Gerichtsbarkeit über den Orden an weltliche Provinzialkonzilien.

◄ Philipp IV. der Schöne, einer der größten Schuldner der Templer, versetzte dem Orden den Todesstoß.

Der englische König Edward II. protestierte gegen die Vorgangsweise des französischen Königs (der sein Schwiegersohn war) und ließ die Templer im eigenen Land nur halbherzig verfolgen. In Spanien kam es unter Jakob II. sogar zu bewaffneten Konflikten um die Burgen der Templer. Der König von Aragon witterte seine Chance und beteiligte sich an der Verfolgung; in Deutschland blieben sie ebenfalls nicht ganz ungeschoren. Eine konkrete Verfolgung unterblieb nur in Schottland, Portugal und Österreich. In Avignon, der Residenz des Papstes, kam es zwar zu Verhaftungen, jedoch zu keinen Hinrichtungen.

Mit der Bulle „Vox in excelsio" vom 22. März 1312 hob Papst Clemens den Templerorden endgültig auf und befahl, dessen Besitz an die Johanniter zu übergeben. Ob er Philipp IV. eins auswischen wollte, indem er ihm den Zugriff auf dessen Ländereien entzog, ist nicht bekannt. Philipp hatte den bedeutendsten Gewinn ohnehin bereits aus der Tatsache gezogen, dass er seinen größten Gläubiger los war.

Die Aufhebung des Ordens wurde in großen Teilen Europas, wenn auch in manchen Gegenden widerstrebend oder lustlos, exekutiert – bis auf Schottland, wo der exkommunizierte König Robert The Bruce die päpstliche Anordnung nicht verlesen ließ, sodass sie nicht rechtswirksam werden konnte. Dieser Umstand wurde für die Legendenbildung überaus wichtig.

Unter schwerer Folter gestanden die Tempelritter in und um Paris jedenfalls die gewünschten Missetaten. Auch der Großmeister des Ordens, Jacques de Molay, gestand schließlich, widerrief jedoch nach kurzer Zeit ebenso wie rund 600 seiner Ordensbrüder. Widerruf galt jedoch als Rückfälligkeit des Delinquenten und zog die sofortige Ausführung der Todesstrafe nach sich. Am Tag nach seinem Widerruf, am 19. März 1314, wurde der letzte (offizielle) Großmeister des Templerordens gemeinsam mit dem Präzeptor der Normandie, Godefroy de Charny, auf der Île de la Cité in Paris, wo heute noch eine Gedenktafel daran erinnert, auf dem Scheiterhaufen verbrannt. Mit seinen letzten Worten soll er König Philipp und Papst Clemens verflucht haben, auf dass sie kein Jahr mehr zu leben haben sollten. Einen Monat nach diesen Worten starb der Papst, acht Monate danach der französische König. Damit endete das offizielle Bestehen des Templerordens. Als Gegenstand von Vermutungen, Spekulationen und Sehnsüchten lebt er aber bis heute fort.

◀ Jacques de Molay, Godefroy de Charny und andere wurden im März 1314 in Paris auf dem Scheiterhaufen verbrannt.

✳ Merkwürdiges und Spekulatives

Die Spekulationen beginnen bereits vor der eigentlichen Gründung des Tempelritterordens, genauer gesagt mit der freundschaftlichen Verbundenheit des Grafen Hugo de Champagne, angeblich ein begeisterter Anhänger des Mystizismus, mit seinem Lehensmann Hugo de Payens. Die Historiker sind sich darin einig, dass die beiden bereits kurz nach dem ersten Kreuzzug mindestens zweimal in den Osten reisten.

Der Graf war überaus wohlhabend, wohlhabender jedenfalls als der König von Frankreich, und konnte solche Unternehmungen leicht finanzieren. Unmittelbar nach der Rückkehr von seiner zweiten Reise 1115 ließ er aus der Zisterzienserabtei Cîteaux einen Mönch, der Spezialist für hebräische Schriften war, auf sein Anwesen kommen. Im gleichen Jahr nahm er auch den jungen Mönch Bernhard unter seinen persönlichen Schutz und überließ ihm Land in Clairvaux. Dieser Bernhard ist der gleiche, der später ein starker Fürsprecher des Templerordens bei seiner offiziellen Anerkennung wurde und bei der Bildung der templerischen Ordensregeln auf dem Konzil von Troyes maßgeblich mitwirkte. Er sollte noch später zum heiligen Bernhard werden.

Der Onkel dieses Bernhard wiederum, Andreas von Montbard, war eines der neun Gründungsmitglieder der Templer im Jahr 1118 (oder 1119). 1126, noch vor der offiziellen Anerkennung des Ordens, trat der Graf de Champagne diesem bei – und ließ Frau und Kinder sowie sein Vermögen zurück, um sich seinem ehemaligen Vasallen Hugo von Payens zu unterstellen. Umso merkwürdiger, wenn man bedenkt, dass aus der Zeit zwischen 1118 und 1126 nichts über die Aktivitäten der neun Tempelritter bekannt ist. Weder taten sie sich in Kämpfen hervor noch waren sie bei ihrem angeblichen Gründungsmotiv, dem Schutz der Pilger, wahrnehmbar. Was aber taten die Templer dann in diesen neun Jahren?

✳ Das Geheimnis der Templer

In das Reich der Fiktion gehört eindeutig jene Annahme, die in Raymond Khourys historischem Roman *Scriptum* vorgestellt wird: Die Templer hätten diese neun Jahre damit zugebracht, ein Tagebuch Jesu Christi zu fälschen, wodurch er als Mensch dargestellt wird (nicht

als göttlich), um damit dann die katholische Kirche unter Druck zu setzen. Diese These gehört eindeutig in das Reich der Fiktion.

Einige etwas sachlicher orientierte Autoren meinen, dass die Tempelritter in dieser Zeit unter dem ihnen zugewiesenen Teil des ehemaligen Salomon-Tempels, in den als Ställe genutzten Kellerräumen, gegraben hätten – und dass diese Grabungen der eigentliche Gründungszweck für den Orden gewesen wären. Uneinigkeit besteht allerdings darüber, was sie dort gefunden haben mögen. Und dass sie etwas gefunden haben, liege nahe, da sie anschließend innerhalb kürzester Zeit zu einem sehr mächtigen und sehr reichen Orden wurden – woher stammten Geld und Macht?

Zahlreiche Historiker sind der Überzeugung, dass die Templer irgendein geheimes Manuskript gefunden haben – gnostische Evangelien

▲ Ein Großteil der ersten Templer stammte aus der Champagne.

Christus? Das Grabtuch Christi? Den Heiligen Gral? Bislang ist nichts Definitives, nichts Beweisbares ans Tageslicht gekommen. Dafür existieren umso mehr Spekulationen und mittlerweile lebt eine ganze Literaturgattung im Gefolge von Dan Browns *Sakrileg* (*The Da Vinci Code*) ganz gut von den merkwürdigen Hirngespinsten und fantasievollen Vermutungen in Bezug auf dieses Thema.

✳ Die Herren der Gotik

zum Beispiel oder andere Dokumente in hebräischer Sprache. Für diese These stellen sie eine Verbindung her zu den oben erwähnten Geschehnissen am Hof des Grafen Hugo de Champagne, der eben um

MANCHE HISTORIKER VERMUTEN, DIE TEMPLER HÄTTEN EIN GEHEIMES MANUSKRIPT GEFUNDEN.

die Gründungszeit sogar eine Kabbalaschule unterhalten, sich zumindest aber intensiv mit hebräischen Schriften beschäftigt haben soll. Außerdem sprechen dafür auch die engen Beziehungen der ersten Templer untereinander, die zum Großteil aus der Grafschaft Champagne stammten. Der Fund der Templer soll so enorm bedeutsam gewesen sein, dass der Graf 1126 selbst zum Orden dazustieß, um unter Entsagung

HÜTETEN DIE TEMPELRITTER VON ANFANG AN EIN BRISANTES GEHEIMNIS?

all seiner weltlichen Güter und seiner Macht selbst für dessen Sicherheit zu sorgen. Das Gefundene soll jedenfalls derart wichtig gewesen sein, dass der Orden direkt dem Papst unterstellt wurde. Von da an – und das ist sehr früh in ihrer Geschichte – seien die Tempelritter Hüter eines großen Geheimnisses geblieben.

Was jedoch haben sie gefunden? Die Bundeslade, jene kunstvoll gefertigte Truhe, in der Moses die Zehn Gebote empfing? Die Säulen des Meister Hiram, in deren hohlem Inneren das geheime Wort Gottes versteckt war? Oder Geheimnisse der antiken Baukunst desselben Meisters, mit deren Hilfe die mittelalterliche Gotik entstand? Dokumente über Jesus

Einer besonders in Freimaurerkreisen beliebten Theorie zufolge sollen die Templer aus der Antike überlieferte Geheimnisse der Baukunst gehütet haben. Die Tempelherren sollen vor allem in ihrer Anfangszeit in Kontakt zu alten orientalischen Mysterienkulten und Orden gekommen sein, die von tyrrhenischen und jüdischen Steinmetzen gegründet worden waren, welche sich nach dem Bau des

LAG DAS GEHEIMNIS DER TEMPLER IM WISSEN UM DIE BAUKUNST?

▶ Filmszene aus *The Da Vinci Code – Sakrileg*: Die Faszination für die Geschichte der Tempelritter inspiriert bis heute Film und Literatur.

salomonischen Tempels in der Gegend niedergelassen hatten.

Es ist durchaus möglich, dass Lehren und geheimes Wissen aus dem Tempelbau in diesen Zirkeln bewahrt wurden, darunter zum Beispiel auch die Geschichte von der Ermordung des berühmten Tempelbaumeisters Hiram Abif – eine der zentralen Figuren in der Überlieferung der Freimaurer –, die in keiner schriftlichen Quelle auftaucht.

Dieses alte Wissen könnten die Templer in Jerusalem erlernt und/oder unter dem Tempel aufgefunden und beim Bau ihrer zahlreichen Ordenshäuser und Kirchen in Europa genutzt haben. Somit wären sie die Initiatoren der gotischen Phase in der europäischen Architektur. Tatsächlich findet sich aber kein Hinweis darauf, dass die Architekten der großen gotischen Kathedralen von den Tempelrittern gute Tipps in Sachen Baukunst erhalten haben. Sicherlich trug der Templerorden entscheidend zur Entstehung solcher Bauwerke bei – allerdings nicht als Errichter, sondern in seiner Rolle als Finanzier der größten kirchlichen und weltlichen Fürsten Europas.

Typische Templerbauten erkennt man übrigens an ihrer Vorliebe für einen Zentralbau, vermutlich nach dem Vorbild der Grabeskirche in Jerusalem. Auch der Templum Domini (der heutige Felsendom) besitzt einen Zentralbau, allerdings einen achteckigen – auch solche kommen bei Templerbauten immer wieder vor. Nicht alle Rund- oder Zentralbauten aus dem Mittelalter stammen aber von den Templern. In ganz Europa erinnern auch heute noch Orts- und Landschaftsbezeichnungen an den Orden, so zum Beispiel der Stadtteil Berlin-Tempelhof oder auch die Station „Temple" in der Londoner U-Bahn.

Außerdem wurden an den Ordenshäusern der Templer Steinkreuze angebracht oder auch eingraviert, um sie gleich auf den ersten Blick als solche identifizierbar zu machen – für den Steuereintreiber, für den hier nichts zu holen war.

BAUWERKE DER TEMPELRITTER SIND MEIST AN IHRER BAUWEISE UND AN EINGERITZTEN TEMPLERKREUZEN ZU ERKENNEN.

Manche Templerbauten sollen noch weitere Geheimnisse bergen: In der österreichischen Burg Lockenhaus (Burgenland), auf der zumindest zeitweise Templer untergekommen sein sollen, gibt es einen Kultraum, in dem das Licht eines bestimmten Sterns einmal im Jahr durch eine kleine Dachöffnung auf eine Schale aus poliertem Granit fällt, die ihrerseits im Raum darunter auf einer Säule ruht. Im Turm von Coudray in Chinon findet man merkwürdiges Graffiti in Form von Rechtecken und strahlenden Sternen, dem Siegel Salomons, dem spiralförmigen S aus dem antiken Mithraskult und anderen. Bis heute konnten diese Symbole jedoch nicht zweifelsfrei interpretiert bzw. den

▲ Die gotische Kathedrale Saint Pierre et Saint Paul in Troyes, jenem Ort, wo der Gründungskonvent der Tempelritter stattgefunden hat

▶ Burg Lockenhaus im Burgenland (Österreich)

Templern zugeordnet werden, sodass nicht bewiesen ist, ob die Tempelritter tatsächlich okkulte Geheimlehren tradierten und sich so weit von christlichen Pfaden entfernten.

✳ Der Baphomet

Eine der Hüter-Legenden rankt sich tatsächlich um den Kopf, der laut Anklage angeblich von den Templern angebetet wurde. Woher die Inquisition diesen Anklagepunkt bezog, blieb bislang im Dunkel der Historie verborgen. Sicher ist nur, dass Götzenanbetung im 14. Jahrhundert den direkten Weg zum Scheiterhaufen bedeutete.

DER BAPHOMET WAR EIN BÄRTIGER MÄNNERKOPF MIT BIS ZU DREI GESICHTERN.

Der Baphomet wurde in den Anklageschriften verschieden beschrieben: Einmal ist die Rede von einem bärtigen Männerkopf, einmal von einem Kopf mit drei Gesichtern und wieder anderswo einfach nur von einem menschlichen Kopf.

Die historischen Theorien zu diesem Kopf sind vielfältig. Manche meinen, der Vorwurf wäre eine böswillige Erfindung der Anklage. Obwohl mit dieser Ansicht sämtliche Interpretationsprobleme aus der Welt geschafft wären, ist sie leider nur wenig stichhaltig: In diesem Fall hätte die Anklage viel griffigere, stichhaltigere Vorwürfe finden können als die Anbetung eines ominösen Männerkopfes. (Ihren Erfindungsreichtum hat die Inquisition ja wenig später bei der unglücklichen Jeanne d'Arc unter Beweis gestellt, die allerdings im Unterschied zu den Tempelrittern mittlerweile

▲ Dieser Schlussstein aus einem Gewölbe im Christo-Konvent in Tomar, Portugal, zeigt eine dreigesichtige Baphomet-Version.

rehabilitiert und sogar heilig gesprochen wurde.)

Andere meinen, bei dem Wort „Baphomet" handle es sich um eine Verballhornung des Namens Mohammed. Wieso die Templer als Christen allerdings Mohammed anbeten sollten, wo sie doch hunderte Ordensbrüder gegen muslimische Heere verloren hatten, ist ebenfalls ungeklärt. Abgesehen davon sind im Islam bildliche Darstellungen von Lebewesen verboten, wie hätten die Templer da an eine Darstellung des Propheten Mohammed kommen sollen? Überliefert ist jedenfalls keine.

Oder das Wort soll, als *Tem Ohp Ab* rückwärts gelesen, das Anagramm von *Templi omnium hominum pacis abbas* darstellen, was so viel bedeutet wie: „Abt des Tempels des Friedens aller Menschen" – so meinte zumindest der Okkultist Eliphas Lévi im 19. Jahrhundert. Auch nicht allzu plausibel.

IST „BAPHOMET" VOM WORT „MOHAMMED" ABGELEITET?

VERSCHIEDENE AUTOREN VERSUCHTEN BISLANG, DAS WORT „BAPHOMET" ZU ERGRÜNDEN.

In Spanien wurde lange Zeit die dreigesichtige Variante favorisiert, da die Christusdarstellung mit drei Gesichtern im Mittelalter gerne als Sinnbild für die göttliche Dreifaltigkeit (Gott Vater, Gott Sohn und Heiliger Geist) verwendet wurde. Sie waren bis in jüngste Zeit beliebt, obwohl Papst Benedikt XIV. sie 1745 für häretisch erklärte – sogar in Österreich gibt es solche Bildnisse. Dieser Ansatz ist also auch nicht wirklich als exklusiver Ketzervorwurf an die Templer brauchbar.

Die Autoren Neundlinger und Müksch lieferten in ihrem Werk *Die Templer in Österreich* eine gänzlich neue Theorie. Zum einen fielen ihnen jene Geständnisse von Templern auf, in denen ein „bärtiger Männerkopf" erwähnt wurde. Zum anderen betrachteten sie „Baphomet" nicht nur als Wort, sondern als Anagramm oder quasi Buchstabenrätsel und versuchten sich im Kombinieren. Zunächst fragten sie sich, welche Sprache für ein Worträtsel verwendet worden wäre – und sie kamen auf Altgriechisch, als Sprache von Byzanz und weiter Teile des mittelalterlichen Palästina zur damaligen Zeit.

VERMUTLICH IST „BAPHOMET" EIN ALTGRIECHISCHES ANAGRAMM.

Als Nächstes erwogen sie die Möglichkeit, dass es sich tatsächlich auch um griechische Buchstaben handeln könnte, wodurch aus „Baphomet" „Bareomet" würde. Doch auch dies ergab keinen Sinn. Nun teilten sie das Wort in seine Silben und kamen über mehrere Ableitungen auf die drei Wörter „Basileios" („Herr, Gott, König"), „Rethos" („Antlitz") und „Metaphora" („bildliche Übertragung"). Aneinandergereiht ergibt dies die Kombination „Bild des göttlichen Antlitz". Für sie war das geheimnisvolle Wort „Baphomet" also schlicht die Abbildung eines göttlichen Gesichts. Doch welcher Art?

Für die beiden Autoren kam nur ein besonderes Abbild in Frage, da diese Angelegenheit so geheim war, dass die eingeweihten Templer lieber starben, als ihr Geheimnis preiszugeben. Es käme also nur ein Porträt Jesu Christi, dessen Echtheit für die Tempelritter außer Zweifel stand, in Frage.

In der christlichen Überlieferung gibt es für ein solches Originalabbild drei Möglichkeiten:

DAS SCHWEISSTUCH DER VERONIKA: Dieses Tuch soll Veronika (oder Berenike, nach dem apokryphen, d. h. nicht in die Bibel aufgenommenen, Nikodemus-Evangelium) Jesus von Nazareth gereicht haben, als er das Kreuz auf den Berg von Golgotha schleppte. Als er sich Schweiß und Blut darin abwischte, soll sich sein Antlitz auf wunderbare Weise in dem Tuch eingebrannt haben. Natürlich handelt es sich um eine Legende, die jedoch im Mittelalter sehr beliebt und verbreitet war.

„BAPHOMET" KÖNNTE EIN ABBILD CHRISTI GEWESEN SEIN, DAS DIE TEMPELRITTER ALS AUTHENTISCH ANSAHEN.

DAS MANDYLION: Hierbei handelt es sich um ein sagenhaftes Porträt Jesu Christi, das ursprünglich ebenfalls auf einem Tuch existiert haben soll, später zu einem Bild wurde und als solches Wunder gewirkt haben soll. Auch diese Legende ist sehr alt und reicht bis ins 5. nachchristliche Jahrhundert zurück. Das Mandylion verschwand 1204 bei der Plünderung von Byzanz im Laufe des vierten Kreuzzuges, sein Verbleib ist, zumindest offiziell, unbekannt. Wer weiß, vielleicht liegt es ja irgendwo unter anderen Templerschätzen verborgen?

▲ Der Vatikan besitzt eine als Kopie des verschwundenen Mandylion angesehene Reliquie, die er als älteste bekannte Darstellung Jesu erachtet.

DAS GRABTUCH VON TURIN: Dieses berühmte Tuch ist möglicherweise mit dem in Byzanz verschwundenen Mandylion identisch. Es wurde 1355 in der eigens dafür errichteten Kirche in Lirey bei Troyes erstmals öffentlich ausgestellt. Es befand sich damals im Besitz der Familie Charney oder Charny – und wir erinnern uns, dass der letzte Präzeptor der Normandie, Godefroy de Charny, gemeinsam mit dem letzten Großmeister der Templer Jacques de Molay 1312 hingerichtet wurde. Viele Historiker halten die Namensgleichheit für alles andere als einen Zufall, manche sehen sogar eine enge Verwandtschaft des Kirchenerbauers von Lirey, Geoffrey Charn(e)y, mit dem Templermeister Godefroy Charny.

DAS GRABTUCH VON TURIN KÖNNTE DAS GEHEIMNIS DER TEMPELRITTER GEWESEN SEIN.

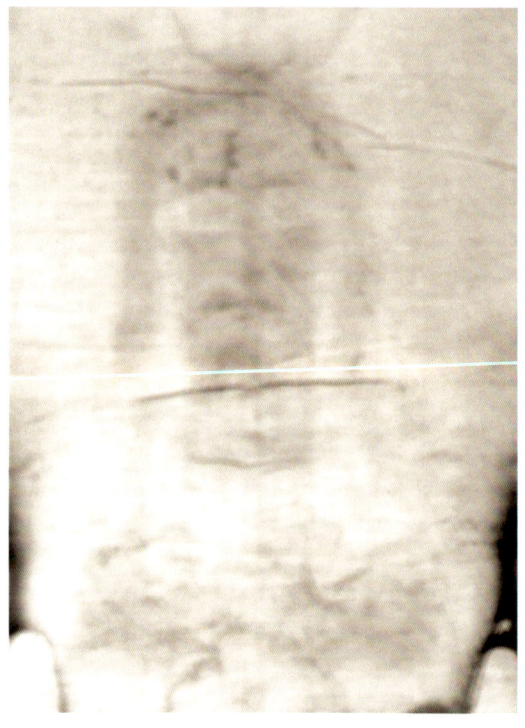

▲ Ausschnitt aus dem sagenumwobenen Grabtuch von Turin, das im Turiner Dom aufbewahrt wird

Es würde logisch anmuten, dass die Tempelritter ein so kostbares Gut wie das Mandylion – wenn es denn tatsächlich deckungsgleich mit dem Grabtuch war – bei der Plünderung von Byzanz in Sicherheit bringen würden. Und es wäre auch nachvollziehbar, dass jener Orden, der sich *Militia Dei* oder *Militia Christi* nannte, ein Abbild Jesu Christi verehrte. Überdies verwendeten die Templer das damals durchaus sehr lebendige Altgriechisch auch für ihr Siegel, auf dem das griechische „X" das „CH" von „Christi" ersetzte.

Sehr wahrscheinlich wusste der einfache Templermönch von all diesen Dingen nicht das Geringste. Möglicherweise war das Geheimnis, dass der Orden das Grabtuch Jesu Christi besaß, nur den höchsten Ordensmitgliedern bekannt. Und sollten die Ankläger bei ihren Folterungen tatsächlich auf die „Wahrheit" gestoßen sein, dann hätten sie sicherlich darüber geschwiegen: Schließlich klingt es nicht sehr ketzerisch, ein Abbild Jesu Christi anzubeten.

Zur Frage, wie authentisch das Turiner Grabtuch ist, wurden in den 70er- und 80er-Jahren des 20. Jahrhunderts mehrere Untersuchungen durchgeführt. Sie kamen zu dem Schluss, dass das untersuchte Gewebe etwa aus der Zeit 1260 – 1390 stammt und es sich bei dem darauf sichtbaren Christusbild um Reste eines mittelalterlichen Gemäldes handeln dürfte.

Doch 2005 widersprach der renommierte pensionierte Chemiker Raymond Rogers den erhobenen Daten, da die Proben aus Flecken entnommen worden wären, mit denen das ursprüngliche Tuch ausgebessert worden sei. Der Großteil des Tuches wäre zwischen 1300 und 3000 Jahre alt. Bereits 1999 hatte ein Botaniker aus Israel behauptet, er hätte Pollen von Pflanzen auf dem Tuch gefunden, die nur in und um Jerusalem wachsen würden. Da es bis heute keine weitere Genehmigung zur Untersuchung dieser kostbaren Reliquie gibt, bleibt also die Authentizität ungeklärt, ebenso wie die Frage, ob es tatsächlich von den Templern gehütet worden ist.

❊ Der Heilige Gral

Die Legenden über den Heiligen Gral sind zahlreich – ebenso wie die Theorien, um was es sich dabei eigentlich handelte. Einige glauben an eine Art Kelch oder gar DEN Kelch, aus dem Jesus beim letzten Abendmahl die Jünger sein Blut trinken ließ (viele von ihnen haben *Indiana Jones III – Der letzte Kreuzzug* gesehen). Andere verstehen das ursprüngliche Wort für den Gral – *sangreal* – nicht als *san greal* („Heiliger Gral"), sondern als *sang real* („königliches Blut") und schließen daraus, dass es sich beim Gral mitnichten um ein gewöhnliches Gefäß handelte. Der Gral sei vielmehr ein lebendiges Behältnis für das Blut Christi: gemeint ist damit Maria Magdalena, die mit Jesus Christus verheiratet gewesen sei und Christi Tochter, „sein Blut", gebar.

Mehreren Legenden zufolge soll Maria Magdalena nach der Kreuzigung Christi nach

„HEILIGER GRAL" KÖNNTE AUCH „KÖNIGLICHES BLUT" BEDEUTEN.

Südfrankreich gereist sein, um dort die Provence zu missionieren und ihr Kind aufzuziehen. Ihre Nachkommenschaft habe sich mit einer Linie verbunden, aus der das fränkische Königsgeschlecht der Merowinger hervorgegangen sei, das vor den Karolingern im Frankenreich geherrscht hat. Abkömmlinge dieser Linie würden bis heute leben – ein Affront für die katholische Kirche und ihre Lehre von der Göttlichkeit Jesu.

Es heißt, die Tempelritter hätten unter dem Tempel Beweise für diese Ehe und die daraus entsprungene Nachkommenschaft gefunden – und ihr Geheimnis gehütet, um es als Machtbasis im mittelalterlichen Europa zu nutzen. So hätten sie sich zwar als christlicher Orden getarnt, sich in Wirklichkeit jedoch den Schutz dieses großen Geheimnisses zur Aufgabe gemacht.

In diesem Zusammenhang kommt nicht nur der Templerorden immer wieder vor, sondern vor allem eine Vereinigung: die Prieuré de Sion, die Bruderschaft von Zion. Manche meinen, der Templerorden sei in Wirklichkeit nur eine Tarnorganisation für die streng geheime Prieuré gewesen, die die eigentliche Hüterin des brisanten Geheimnisses von Jesu Nachkommenschaft gewesen sei. Andere meinen, die Prieuré sei erst als Nachfolgeorganisation entstanden, als die Templer verfolgt wurden. Von dieser ominösen Bruderschaft ist jedoch in einem gesonderten Kapitel die Rede.

❋ Oder doch ein echter Schatz?

Vor lauter Spekulationen über das Wesen des Geheimnisses der Templer könnte man fast vergessen, dass es sich dabei tatsächlich auch um einen „ganz normalen" Schatz in Gold und Silber gehandelt haben könnte – das ist angesichts ihrer erfolgreichen Geldgeschäfte ja

▸ Verschwörungstheoretiker würden wohl vermuten, der Heilige Gral auf dem gleichnamigen Gemälde von Dante Gabriel Rosetti (1828–1882) wäre nicht der Kelch, sondern die Dame, die ihn hält.

eigentlich die naheliegendste Annahme. Und auch sie hat etwas sehr Faszinierendes.

Im Herbst 1998 stießen Mitglieder der Gesellschaft „Hugo de Payens" gemeinsam mit Archäologen bei Grabungen in der ehemaligen Templerkapelle Maria Magdalena in Hugos Geburtsort Payens auf einen Schatz in Form von 650 Gold- und Silbermünzen aus dem Mittelalter. Das könnte zwar höchstens ein Bruchteil des sagenhaften Templerschatzes gewesen sein, doch Philipp der Schöne hat nicht einmal so viel Glück gehabt. Obwohl er sämtliche Niederlassungen des von ihm ausgelöschten Ordens durchsuchen ließ, lag er bald dem Papst mit Klagen im Ohr, dass man wider Erwarten nur wenig Geld und Gold gefunden habe, selbst im Tempel von Paris nicht.

So ist es bis heute geblieben: Der Schatz der Templer ist verschwunden – nicht jedoch die Gerüchte und Spekulationen darüber und auch nicht die Abenteuerlust der Schatzsucher aus aller Welt. Da jegliche Anhaltspunkte fehlen, könnte der Schatz überall versteckt worden sein.

Dokumente aus den Archiven des Vatikans stützen die Annahme, dass der Schatz in der Nacht vor der Verhaftungswelle auf drei mit Stroh gedeckten Wagen aus Paris fortgeschafft worden wäre. Dies mit eigenen Augen gesehen zu haben, behauptete auch ein von Clemens V. persönlich vernommener Templer. Die Wagen seien in Richtung La Rochelle gefahren, wo die Templerflotte vor Anker lag. Von dort aus könnte der Schatz in alle Welt verschifft worden sein. Zum Beispiel nach Schottland und von dort aus in die USA, wo der geheime Lageplan mit unsichtbarer Tinte auf die Rückseite der amerikanischen Unabhängigkeitserklärung gezeichnet worden sei – leider stammt letztere Vermutung aus der Feder eines Hollywood-Drehbuchschreibers und entbehrt jeder historischen Grundlage (*Das Vermächtnis der Tempelritter*, 2004, mit Nicolas Cage in der Hauptrolle).

Manche Autoren meinen, dass die „drei Wagen" nicht wörtlich zu verstehen seien, sondern als Hinweis auf den Ort, wo der Schatz hingebracht worden sei: nach Gisors, etwa 60 km nördlich von Paris, das auch als „Burg der drei Wagen" bezeichnet wurde.

Dies könnte man ebenso wie die vielen anderen Spekulationen für eine Legende halten, wäre da nicht die Geschichte mit Roger Lhomoys. Der im verschlafenen Nest Gisors geborene Fremdenführer behauptete eines Tages im Jahr 1946, dass er bei Grabungen unter dem Burgturm auf eine kleine Kapelle gestoßen wäre, in der er die Sarkophage von 19 Würdenträgern des Templerordens gefunden hätte – gleich neben 30 Truhen aus kostbarem Metall.

Als er den Fund dem Bürgermeister meldete, ließ dieser jedoch niemanden in die

einsturzgefährdeten Stollen und die Grabung schließlich sogar wieder zuschütten. Lhomoys soll sich 16 Jahre lang um eine neue Grabungsbewilligung bemüht haben, doch als er sie endlich erhielt, war die Kapelle leer. Trotzdem reagierte nun auch die französische Regierung: 1964 wurde das Gelände zum Sperrgebiet erklärt und von Pionieren des Heeres durchsucht.

Ob und wenn ja, was gefunden wurde, ist bis heute nicht bekannt. Bekannt ist nur, dass die Fakten zu dieser Schatzgeschichte vor allem aus dem 1963 erschienenen Werk *Die Templer sind unter uns* des französischen Autors Gérard de Sède stammen. Dieser Herr stellte seinen Erfindungsreichtum, was historische Phänomene und Spekulationen betraf, leider auch bei der Legende um die Prieuré de Sion unter Beweis. Seine Ausführungen sind daher mit hoher Wahrscheinlichkeit als Produkte seiner Fantasie zu betrachten.

✳ Ende oder nicht Ende: Das ist die Frage!

Mindestens ebenso viele Legenden wie um die Gründung der Templer ranken sich um ihr (mutmaßliches) Ende.

Die meisten Autoren sind sich darin einig, dass es angesichts der Machtstellung und der guten Verbindungen der Tempelritter höchst unwahrscheinlich ist, dass sie von Philipps konzertierter Verhaftungswelle gegen sie nichts gewusst haben. Viel wahrscheinlicher ist, dass sie am Hofe des französischen Königs Informanten unterhielten, die ihnen von den bevorstehenden Aktionen berichteten. Einige Autoren meinen, dies sei so zeitgerecht geschehen, dass sich ein Großteil der Ritter mitsamt Vermögen absetzen konnte. Der legendäre Templerschatz sei in aller Heimlichkeit mit Schiffen aus Paris abtransportiert worden. Manchen Historikern zufolge soll sogar so viel Zeit gewesen sein, dass Großmeister Jacques de Molay

▶ Der unglückliche letzte Großmeister des Templerordens, Jacques de Molay

DER VERHAFTUNGS-
WELLE FIELEN BEI
WEITEM NICHT
ALLE TEMPLER
ZUM OPFER.

noch einen Rundbrief an alle Komtureien ausgeschickt habe, auf keinen Fall ihr Wissen preiszugeben (um welches Wissen es sich auch immer gehandelt haben mag).

Für diese These spricht, dass die scheinbar so hohe Zahl an Verhaftungen lange nicht an die Gesamtzahl der in Frankreich lebenden Templer heranreichte. Den vorhandenen Urkunden zufolge gab es in Frankreich mindestens 556 Ordenshäuser der Templer, in denen mindestens 3 200 Ordensbrüder lebten. Davon waren etwa 350 Ritter und 930 Lehensmänner, also insgesamt 1 280 bewaffnete Kämpfer. Gleichzeitig ist den Dokumenten der Inquisition zu entnehmen, dass in Frankreich etwa 620 allgemeine Templer (also nicht nur Krieger) verhaftet wurden. Damit lässt sich einfach ausrechnen, dass hier eine Streitmacht von mindestens 500 bis 1000 militärisch ausgebildeten Kriegern in Freiheit blieb – bloß: wo?

WO SIND DIE REST-
LICHEN RITTER
GEBLIEBEN?

Bekannt ist, dass einige Templer bei den Johannitern unterkamen, doch nur wenige wurden in gleicher Position in diesen Orden eingegliedert, wie es zum Beispiel bei Friedrich von Alvensleben, einem deutschen Templermeister, der Fall war. Bekannt ist auch, dass einige Templer laisiert wurden, das heißt, dass sie ihr Mönchsein beendeten und wieder ein „normales" Leben führten. Viele davon erhielten sogar ihren dem Orden überschriebenen Besitz zurück. Trotzdem war ein Leben als ehemaliger Tempelritter problematisch und konnte für den Betreffenden in manchen Gegenden auch gefährlich werden, wenn man ihn als solchen denunzierte.

Für die These eines Exodus im großen Stile in Richtung Schottland spricht, dass die historisch

EINIGE TEMPLER
TRATEN DEN
JOHANNITERN BEI,
ANDERE KÖNNTEN
NACH SCHOTTLAND
GEFLÜCHTET SEIN.

belegte Flotte der Templer seit der offiziellen Auflösung des Ordens spurlos verschwunden ist. Angesichts der mageren Alternativen zu einer Verhaftung, langjähriger Kerkerhaft oder gar Hinrichtung erscheint es gar nicht mehr so unwahrscheinlich, dass größere Gruppen von Tempelrittern zusammenblieben und sich gemeinsam absetzten – und zwar in das vielleicht nicht geografisch, aber sonst in jeder anderen Hinsicht naheliegendste Land: Schottland.

An dieser Stelle sei noch einmal an die historischen Verbindungen des Templerordens zur schottischen Familie Saint Clair bzw. Sinclair verwiesen, doch dies ist nicht das einzige Argument, das für eine Templerflucht nach Schottland spricht. Im hohen britischen Norden regierte mit Robert the Bruce nicht nur ein exkommunizierter König, der die päpstliche Bulle nicht verlesen ließ, sondern der in seinem verzweifelten Unabhängigkeitskrieg gegen England auch liebend gern jede bewaffnete Unterstützung willkommen heißen musste. Und bewaffnet waren die Templer ohne Zweifel. Sie waren nicht nur gut ausgebildete Krieger, sondern anerkannte Meister des Kriegshandwerks.

▲ Statue von Robert the Bruce in Stirling Castle, Schottland. Es gilt mittlerweile als gesichert, dass einige ehemalige Tempelritter ihn nach ihrer Flucht als Soldaten unterstützten.

DER EXKOMMUNIZIERTE KÖNIG
VON SCHOTTLAND, ROBERT THE
BRUCE, KONNTE AUSGEBILDETE
KÄMPFER GUT GEBRAUCHEN.

Zwar blockierte die Flotte König Edwards von England die herkömmlichen Handelswege nach Schottland, doch die Route an der Westküste Irlands entlang nach Norden bis nach Mull of Kintyre und Mull of Oa war frei. Für die Annahme, dass viele der verbliebenen Tempelritter diesen Weg genommen haben, spricht die Häufung von Grabsteinen und Grüften templerischen Ursprungs in dieser Gegend.

Heute gilt es als gesichert, dass sich zumindest einige ehemalige Tempelritter nach Schottland absetzten und dort die Reihen der Kämpfer von Robert the Bruce verstärkten. Sie verstärkten zweifellos auch die Reihen der Freimaurer in Schottland, was sich heute noch an verschiedenen Bezeichnungen in den freimaurerischen Riten zeigt. So heißt der 30. Grad im Alten und Angenommenen Schottischen Ritus der Freimaurerei *Ritter Kadosh*, nach dem hebräischen Wort für „heilig". Dieser Grad wird auch „Grad der Rache" genannt und im zugehörigen Ritus wird auf die Geschichte des letzten Großmeisters Jacques de Molay verwiesen. Auch wenn es heute als gesichert gilt, dass es zwischen Templern und Freimaurern keine direkte Nachfolge gibt – bis auf eine einzige Freimaurervereinigung behauptete keine einen unmittelbaren Zusammenhang (Näheres dazu weiter unten) –, beziehen sich die Freimauer in weiten Teilen ihrer Symbolik und ihrer Rituale auf die Tempelherren.

HEUTE NOCH SIND SPUREN DER TEMPLER IN DEN RITEN DER FREIMAURER ZU FINDEN.

ES GIBT KEINE DIREKTE TRADITIONSLINIE ZWISCHEN TEMPELRITTERN UND FREIMAURERN.

Wieso aber blieb dann Jacques de Molay in Frankreich zurück? Es ist anzunehmen, dass der letzte Großmeister die Entschlossenheit und Skrupellosigkeit Philipps des Schönen unterschätzte; dass er bis zuletzt auf die Unterstützung und den Schutz des Papstes vertraute; und dass er den Einfluss und die Macht seines eigenen Ordens tragischerweise überschätzte. Vielleicht hielt er es aber einfach bloß wie die Seeleute, bei denen es noch heute heißt: Der Kapitän verlässt als Letzter das sinkende Schiff.

▲ Nur eine unscheinbare Gedenktafel auf der Île de la Cité in Paris erinnert daran, dass hier der letzte Großmeister des Templerordens verbrannt wurde.

✳ Die Fortsetzung?

Neben all den Spekulationen gab es tatsächlich einen christlichen Orden, der sich auch als Nachfolger der Tempelritter verstand und unmittelbar nach deren Auflösung gegründet wurde: der Christusorden in Portugal (portugiesisch „Ordem de Cavalaria de Nosso Senhor Jesu Christo"). Er entstand aus einem Konflikt um die Besitztümer des Templerordens in Portugal. Um diese vor dem Zugriff der Johanniter und damit des Vatikans zu schützen und weil er sie nicht direkt in das Eigentum der Krone überführen konnte, gründete König Dionysius (Dinis) den Orden der Christusritter, der 1319 von Papst Johannes XXII. schließlich genehmigt wurde. Viele der portugiesischen Tempelritter fanden darin Aufnahme.

ALS NACHFOLGEORDEN WURDE IN PORTUGAL DER ORDEN DER CHRISTUSRITTER GEGRÜNDET.

Auch in diesem Orden gab es verschiedene Arten von Brüdern: adelige Ritter für den Waffendienst, Ordenskapitäne für die geistliche Betreuung und die Laienbrüder, die größte aller Gruppen, die den Orden durch Arbeit versorgten, aber auch Waffendienst verrichteten. Das Wappen des Christusordens glich dem der Tempelherren – ein rotes Tatzenkreuz auf weißem Grund –, nur dass in das Kreuz des Christusordens ein weißes Kreuz eingezeichnet war. Der große Unterschied zum ursprünglichen Templerorden bestand darin, dass die Brüder ihren Großmeister nicht selbst

wählten, sondern dieser vom König eingesetzt wurde. Damit waren die Ritter Christi de facto vom Königshaus abhängig, auch wenn sie vom Papst nahezu dieselben Privilegien erhielten wie die Templer.

Der Orden erlangte große Bedeutung, nicht nur im Kampf gegen die Mauren auf der Iberischen Halbinsel, sondern auch im Zuge der Entdeckungs- und Eroberungsreisen folgender Jahrhunderte. Auch die Schiffe von Christoph Kolumbus trugen das Kreuz des Christusordens auf ihren Segeln. Im Laufe seiner Geschichte wurde der Orden direkt mit dem portugiesischen Königshaus verbunden, sodass seine Besitztümer direkt an die Krone fielen. 1789 wurde der Orden verstaatlicht, 1910, nach dem Fall der Monarchie in Portugal, schließlich aufgelöst.

Ab dem 18. Jahrhundert blühte das Interesse am historischen Templerorden auf und die Faszination ließ bis heute kaum nach. Verschiedenste Gesellschaften reklamierten und reklamieren für sich die direkte Nachfolge des Templerordens. Dazu gehörten der *Ordre du Temple*, der sich mittels der sogenannten *Charta transmissionis* zu legitimieren versuchte, die jedoch bereits im 18. Jahrhundert als Fälschung entlarvt wurde. Die namhafteste und zugleich schillerndste unter diesen Organisationen war (und ist) vermutlich der *Ordo Templi Orientis*, kurz: OTO. Einige der namhaftesten Esoteriker des 20. Jahrhunderts waren hier Mitglied, darunter der Scientology-Gründer Ron Hubbard, der Begründer der Antroposophischen Gesellschaft und der Waldorf-Pädagogik Rudolf Steiner sowie der als Satanist in Verruf gekommene Okkultist und Künstler Aleister Crowley.

◄ Am Symbol des portugiesischen Christusordens sieht man deutlich die Verwandtschaft mit dem Tatzenkreuz der Tempelritter.

Ganz direkt reklamierte eine Freimaurer-Organisation den Zusammenhang zwischen Freimaurern und Templern: die „Strikte Observanz". Dieses freimaurerische Hochgradsystem behauptete, direkt aus dem Templerorden hervorgegangen zu sein. Es war Mitte des 18. Jahrhunderts rund um den deutschen Freiherrn von Hund entstanden und versammelte Adelige und hohe Beamte zu einem elitären Zirkel, der durchaus skrupellos Politik in seinem Sinne verfolgte.

Gerade in der Anfangszeit lassen sich Verbindungen auf die britischen Inseln nachweisen. Karl Gotthelf Freiherr von Hund behauptete, selbst in Anwesenheit von Lord Clifford Chudleigh und dem Earl of Kilmarnock zum *Chevalier Templier* erhoben und anschließend einem der „unbekannten Oberen", Charles Edward Stuart (besser bekannt als *Bonnie Prince Charlie*), vorgestellt worden zu sein. Dieser versuchte später, die englische Krone für das Haus Stuart zurückzuerobern, und scheiterte kläglich.

Von Hund konnte seine Geschichte von den Tempelrittern allerdings nie beweisen – er war der Meinung, die „unbekannten Oberen" hätten ihn im Stich gelassen, weil sie sich nie mehr bei ihm meldeten. Das wäre auch nur schwer möglich gewesen: Charles Edward Stuart flüchtete ins Exil, der Earl of Kilmarnock wurde hingerichtet und alle anderen prominenten Beteiligten an der jakobitischen Verschwörung teilten eines dieser Schicksale.

Nach einer kurzen Blüte Ende des 18. Jahrhunderts, in der die „Strikte Observanz" großen Einfluss in der europäischen Politik gewann, zerfiel das System aufgrund interner Konflikte mit dem schwedischen Königshaus rund um die Herrschaft in Dänemark. Auf einem Freimaurerkonvent 1782 änderte die „Strikte Observanz" ihre Eigenbezeichnung in „Wohltätige Ritter", doch immer mehr Logen entsagten sich der Mitgliedschaft. Das war das Ende jenes Zweiges der Freimaurerei, der eine direkte Nachfolge zu den Templern für sich beanspruchte. Indirekte Bezüge werden jedoch bis heute gepflegt.

DIE ROSEN-KREUZER

O bwohl es heute unzählige Vereinigungen und Gesellschaften gibt, die sich in der Tradition der Gold- und Rosenkreuzer sehen, ist es fast ein Ding der Unmöglichkeit, die Anfänge der Rosenkreuzer-Bewegung konkret zu fassen. Gab es den sagenumwobenen Christian Rosencreutz wirklich? Hat er tatsächlich den gleichnamigen Orden begründet? Verfügte er wirklich, dass der Orden nach seinem Tod 120 Jahre im Verborgenen wirken sollte, um dann von Eingeweihten wieder ans Licht der Öffentlichkeit gebracht zu werden? Und worum ging es dabei überhaupt?

Tatsächlich konnte bis heute jedenfalls nicht nachgewiesen werden, ob der legendäre Orden und sein Gründer im Mittelalter jemals wirklich existiert haben. Manche halten die ganze Sache sogar für einen – offensichtlich ziemlich misslungenen, weil ernst genommenen – Scherz. Wie auch immer, das Rosenkreuzertum hat die Geschichte der europäischen Mystik und Spiritualität in den letzten Jahrhunderten stark beeinflusst.

DER LEGENDÄRE MITTELALTERLICHE ROSENKREUZER-ORDEN KANN NICHT HISTORISCH NACH-GEWIESEN WERDEN.

✳ Am Anfang war die Dunkelheit

Die etwas, aber nur etwas durchsichtigere Geschichte beginnt Anfang des 17. Jahrhunderts. Zu dieser Zeit waren viele Adelige und Gelehrte bereits unzufrieden mit dem Verlauf, den der Reformationsprozess nach dem Anschlag von Martin Luthers 95 Thesen an der Schlosskirche zu Wittenberg 1517 genommen hatte. Er sei zum Erliegen gekommen, viel zu wenig weit gegangen, habe die mystischen Anteile des Menschen ignoriert. Man sehnte sich nach einer erneuten Reformation, einer Erneuerung des Christentums durch eine tiefe innerliche Reformation und Reinigung. Andere fürchteten wiederum den Weltuntergang, der im Zuge der Einführung des Gregorianischen Kalenders 1582 zusammen mit düsteren Prophezeiungen aller Art verkündet wurde – zum Beispiel sah ihn Cyprianus Leoviticus, der Hofmathematiker

IM 17. JAHRHUNDERT WAR DER REFORMATIONS-PROZESS IN DER KIRCHE ZUM ERLIEGEN GEKOMMEN.

DIE EINFÜHRUNG DES GREGORIANISCHEN KALENDERS LIESS VIELE DAS ENDE DER WELT BEFÜRCHTEN.

des Kurfürsten Otto Heinrich von der Pfalz, für das Frühjahr 1584 vorher.

Gleichzeitig begann die Philosophie erstmals, neue Wege zu beschreiten, indem die Welt als ein Durcheinander von himmlischen, dämonischen und irdischen Kräften und Säften begriffen wurde – ein Streit über die Beschaffenheit und Lenkung des Menschen entbrannte. Mitten unter den Angegriffenen war etwa der Arzt Paracelsus (alias Theophrastus Bombastus von Hohenheim), der mit seinen modernen, „ganzheitlichen" Methoden legendäre Heilerfolge erzielte.

In diese Zeitstimmung wurde am 17. August 1586 in Württemberg jener Mann geboren, der den diffusen Sehnsüchten und verinnerlichten Bestrebungen jener Zeit – eher mehr unabsichtlich als beabsichtigt – eine Stimme geben sollte: Johann Valentin Andreae. Er wurde als Sohn des Priesters und Superintendenten von Herrenburg und Abt von Königsbronn, Johann Andreae, geboren. Er studierte in Tübingen zunächst die „Freien Künste" (Naturwissenschaften) und erwarb den Magistertitel, widmete sich nach 1606 aber verstärkt der Theologie und der Mathematik. Im Jahr darauf wurde er wegen seiner Beteiligung an einem nicht näher beschriebenen Exzess von der Universität verwiesen und vom Kirchendienst zurückgestellt.

◄ Johann Valentin Andreae (1586–1654), der mutmaßliche Verfasser der Rosenkreuzer-Manifeste

So reiste er durch Europa, lernte 1611 in Genf die reformierte calvinistische Kirche kennen, deren klare Regeln ihn beeindruckten, und studierte ein Semester in Padua. Nach seiner Rückkehr 1612 nach Tübingen nahm er seine theologischen Studien wieder auf und übte in der Folge mehrere evangelische Kirchenämter aus; so war er Hofprediger in Stuttgart und Generalsuperintendent sowie Abt der Klosterschule Bebenhausen.

Auf seinen Reisen kam er in Kontakt mit diversen Gesellschaften, die sich zu Beginn des 17. Jahrhunderts in Deutschland um eine Erneuerung und Durchgeistigung des Lebens bemühten. Doch weder die *Societas Solis*, die er mit Freunden ins Leben zu rufen versuchte, noch der Palmenorden, dem er als Sechzigjähriger beitrat, erlangten jene Bedeutung, die seinen Publikationen zuteil werden sollten.

Ob die drei Werke, die die Rosenkreuzer-Bewegung im 17. Jahrhundert letztlich in Gang setzten, tatsächlich von Johann Valentin Andreae stammen oder von dem Tübinger Kreis von Gelehrten rund um ihn verfasst wurden und er lediglich daran mitgewirkt hat, ist bis heute nicht restlos geklärt; in den meisten Fachbüchern werden sie Andreae zugeschrieben. Es gibt aber in den Werken starke Parallelen zu ähnlichen, von Tübinger Absolventen oder Gelehrten verfassten Arbeiten, wie etwa zur 1604 veröffentlichten *Naometria* von Simon Studion, in der der Autor bereits mit den Symbolen Kreuz und Rose arbeitet und eine Gesellschaft *Militia Crucifera Evangelica* erwähnt, die sich zum Schutze der Reinheit des christlichen Glaubens formiert habe.

❋ Zwei Rosenkreuzer-Manifeste

Das erste der Andreae zugeschriebenen Bücher, die *Fama Fraternitatis*, erschien 1614 gedruckt ohne Autorenangabe unter dem sperrigen Titel *Allgemeine und General Reformation der gantzen weiten Welt. Beneben der Fama Fraternitatis deß Löblichen Ordens des Rosenkreutzes an alle Gelehrte.* Handschriftliche Exemplare sollen bereits um 1604 im Umlauf gewesen sein. Der erste Teil, die „Reformation", ist eine satirische Fabel, die sich mit der Erneuerung, wie sie im Tübinger Kreis diskutiert wurde, befasst. Tatsächlich ist sie über weite Strecken wortwörtlich einem bereits 1612 erschienenen Werk, *Ragguagli di Parnasso* von Traiano Boccalini, entnommen.

Die Fama („Erzählung") selbst erzählt vom Leben des legendären Fraters C. R., dessen Name nie ausgeschrieben wird. Der 1378 geborene Deutsche C. R. habe während seines Lebens auf Reisen im Nahen Osten und in Afrika viel Wissen gesammelt und okkulte Weisheiten studiert. Nach seiner Rückkehr nach Europa gründete er angeblich 1407 einen Orden, um sein Wissen weiterzugeben, und hielt ihn bewusst klein – er nahm nur acht Mitglieder auf. Nach seinem Tod im Alter von 106 Jahren sollte sein Orden 120 Jahre lang im Verborgenen weiterarbeiten und sich über Europa verteilen, um sich erst 1604 wieder

FRATER C. R. LERNTE AUF SEINEN REISEN ORIENTALISCHES WISSEN UND OKKULTE WEISHEITEN KENNEN.

zu offenbaren. 1604 fand die dritte Generation nach dem legendären Gründer dann seinen Leichnam in einem verborgenen Grab. Dies ist wiederum eine Parallele zur Erzählung über das verborgene Grab des Hermes Trismegistos, das zusammen mit der *Tabula smaragdina* wiederentdeckt worden sein soll. Die „smaragdene Tafel" stand wegen ihrer mehrdeutigen, in vielerlei Richtungen deutbaren Texte bei allen Alchemisten hoch im Kurs und wurde ebenfalls zu einer der wichtigsten Schriften des Rosenkreuzertums.

Schon im Jahr darauf erschien die *Confessio Fraternitatis R. C. Ad Eruditos Europae*, zu Deutsch: *Confession oder Bekandnuß der Societet und Brüderschaft R. C. An die Gelehrten Europae*. Abermals geht es um den geheimnisvollen C. R., dessen Leben weiter geschildert wird und dessen genaue Geburts- und Sterbedaten in diesem Werk erstmals detailliert angeführt werden. Im Wesentlichen wiederholt der Autor (oder die Autoren) seinen Aufruf, ihn zu kontaktieren. Er greift den Papst an und bezeichnet das buchstabengetreue Lesen der Bibel als Grundstein der rosenkreuzerischen Gesellschaft.

Man kann die *Confessio* aber auch als Satire sehen, weil darin in einem großen Teil Andeutungen über das geheime Wissen des Ordens enthalten sind und zum Schluss vor den „falschen Alchemisten" gewarnt wird, die mit ihren wundersamen Reden nur die Leute betrügen und um ihr Geld bringen wollten. Darum solle man lieber zu den Rosenkreuzern kommen, die nicht das Geld der Leute wollten, sondern ihnen ihre reichen Schätze anbieten würden. Abermals fehlt allerdings ein Autorenhinweis und damit eine Adresse, an die sich der Leser hätte tatsächlich wenden können.

Beide Bücher, *Fama* und *Confessio*, schlugen in Europa jedenfalls mit Wucht ein und lösten eine Flut von Nachfolgetexten zu diesem Thema aus. Viele Autoren

BEIDE ROSENKREUZER-MANIFESTE WAREN „BESTSELLER".

wollten tatsächlich den Verfasser kennenlernen, um mit ihm zu diskutieren, andere bemühten sich nachzuweisen, dass der geschilderte Orden gar nicht existierte.

▶ Titelblatt der *Fama Fraternitatis*, in der das Leben des (vermutlich fiktiven) Christian Rosencreutz erzählt wird

✳ Eine seltsame Hochzeit

1616 erschien schließlich das dritte Manifest der Rosenkreuzer, die *Chymische Hochzeit*, bei der die alleinige Autorenschaft Andreaes unumstritten ist – im Gegensatz zu den beiden vorhergehenden Werken, an denen vermutlich Christoph Besold und Tobias Hess aus dem Tübinger Kreis zumindest mitgewirkt haben (Genaueres dazu wird noch besprochen). „Chymisch" bedeutet so viel wie „chemisch" bzw. „alchemistisch".

IM DRITTEN ROSENKREUZER-BUCH GEHT ES UM MERKWÜRDIGE VERWANDLUNGEN.

In diesem Roman schildert ein 80-jähriger Christian Rosencreutz – dessen Name hier erstmal ausgeschrieben wird – sieben Tage in seinem Leben, an denen er zu einer königlichen Hochzeit eingeladen wird. Auf dem Weg in das Schloss wird er mit einer Waage geprüft und für tugendhaft genug befunden, um als Gast zugelassen zu werden.

▲ Eine Seite aus *Die Chymische Hochzeit,* vermutlich ebenfalls von J. V. Andreae verfasst. Die alten Manuskripte werden bis heute aufbewahrt.

Die Feier selbst verläuft jedoch ganz anders, als man sich solche Feierlichkeiten für gewöhnlich vorstellte: Das Königspaar wird geköpft, zerteilt, auf sieben Schiffe verladen und in einen Turm gebracht, wo die Hochzeitsgäste an allerlei alchemistischen Operationen teilnehmen. Nun folgt eine Serie von Verwandlungen; aus einer Flüssigkeit entsteht ein Ei, dem ein Vogel entschlüpft, der wiederum geköpft wird und aus dessen Überresten die Gäste zwei Figuren formen, aus denen, wie sich bald herausstellt, das wieder auferstandene Königspaar wird. Danach kehren alle in das Schloss zurück und die Gäste werden in den *Orden vom Goldenen Stein* aufgenommen. Zum Schluss wird Rosencreutz für eine von ihm begangene Ungehörigkeit noch dazu verurteilt, Wächter des Schlosses zu bleiben. In diesem Werk stirbt Rosencreutz, der in der *Fama* noch 106 Jahre alt wurde, übrigens bereits mit etwa 80 Jahren.

Die allegorischen, alchemistischen und mystischen Andeutungen und Parallelen sind kaum zu übersehen. Bis heute sind sie Gegenstand von Lesungen, Ausdeutungen und Spekulationen. Der goldene Stein ist natürlich nichts anderes als der sagenhafte Stein der Weisen, der in der Alchemie und in okkulten Forschungen schon immer eine große Rolle spielte. Auch andere symbolische Andeutungen – die Zahl sieben, Wiedergeburt, Vereinigung, Metamorphose – sind Bezüge zu alten, teilweise antiken Themen der Mystik.

Rosencreutz selbst trägt in der Erzählung einen Hut mit vier Rosen daran – wie sie auf dem Familienwappen der Andreaes zu finden sind. Auch Martin Luthers Wappen zeigte ein Kreuz in einem Herz, das in eine Rose gebettet ist. Vielleicht muss man gar nicht weit suchen, um eine Erklärung für die Bezeichnung „Rosenkreuzer" zu finden.

✳ Wer war's?

Einige Autoren meinen, Johann Valentin Andreae und seine Gelehrtenfreunde in Tübingen – es wird allgemein angenommen, dass Christoph Besold und Tobias Hess aus dem

▶ Tübingen scheint die Geburtsstätte des Rosenkreuzer-Mythos gewesen zu sein.

Tübinger Kreis an *Fama* und *Confessio* zumindest mitgewirkt haben – hätten sich die ganze Sache nur ausgedacht, von der Figur des Christian Rosencreutz über dessen Lebensgeschichte bis hin zu seinem Orden und dem Leitgedanken, den dieser vertrat. Doch haben sich hier tatsächlich drei Gelehrte zusammengesetzt und sich einen Scherz daraus gemacht, die Sehnsüchte und Schwärmereien ihrer Zeitgenossen zusammen mit der so stark in Mode gekommenen Vorliebe für geheime Gesellschaften aufs Korn zu nehmen, indem sie einen Geheimorden mitsamt zugehörigen Manifesten erfanden? Diese Frage ist bis heute nicht entschieden.

VERMUTLICH STAMMEN ALLE DREI ROSENKREUZER-MANIFESTE VON J. V. ANDREAE, C. BESOLD UND T. HESS.

Die „Verschwörungsthese" wird dadurch gestützt, dass die drei Werke nicht einheitlich geschrieben sind, sondern in manchen Fragen und im Stil doch einigermaßen voneinander abweichen. Manche Forscher schreiben die *Fama* Tobias Hess zu, die *Confessio* Christoph Besold und das dritte Werk, die 1616 erschienene *Chymische Hochzeit*, Johann Valentin Andreae.

IN DEN DETAILS WEICHEN DIE ROSENKREUZER-TEXTE STARK VONEINANDER AB.

Hinweise dazu finden sich in den Texten: In der *Fama* spielen der Arzt Paracelsus und der Arztberuf überhaupt eine große Rolle – Tobias Hess war ebenfalls Mediziner und begeisterter Anhänger des Paracelsus. In der *Hochzeit* wiederum schreibt der Autor, Christian Rosencreutz habe an beiden Beinen gehinkt – Andreae selbst war seit einer Kinderkrankheit zeitlebens gehbehindert. Außerdem sind die drei Texte bemerkenswert wenig aufeinander abgestimmt. In den vorhergehenden Werken werden Dinge angekündigt, von denen in den späteren dann keine Rede mehr ist, und auch die zentrale Figur des Christian Rosencreutz verändert sich von Roman zu Roman sehr stark.

NICHT NUR CHRISTIAN ROSENCREUTZ WAR GEHBEHINDERT, SONDERN AUCH J. V. ANDREAE.

✳ Geheimer als geheim?

Eines jedoch ist sicher: So sehr man sich auch mühte und suchte, man fand die Rosenkreuzer nicht. Das konnte natürlich daran liegen, dass es sich bei ihnen um eine Geheimgesellschaft handelte, die angeblich schon seit dem 14. Jahrhundert Übung darin hatte, im Verborgenen zu existieren. Der Orden ließ sich natürlich nicht finden, sondern offenbarte sich nur demjenigen, den er für diese Gnade als würdig erachtete. Wem er sich zeigte, der musste schweigen.

Diese Auffassung führte zu folgendem Paradoxon: Wenn jemand behauptete, er habe ihn gefunden, dann log er – denn wer ihn wirklich gefunden hatte, schwieg ja. Und wer mit seiner Mitgliedschaft prahlte, konnte nicht wirklich dabei sein. Alle anderen, die eine Mitgliedschaft abstritten, waren sehr wohl potenzielle „Verdächtige". Sehr praktisch für die Urheber der Rosenkreuzer-Manuskripte, die nun keine Erklärung mehr dafür suchen mussten, warum noch niemand den Orden gefunden hatte.

DER ROSEN-KREUZER-ORDEN KONNTE NIE BELEGT WERDEN.

Was war jedoch so anziehend an dieser Gesellschaft, von der man nicht einmal wusste, ob es sie überhaupt gab? Nun, anscheinend erfüllte allein schon der Gedanke daran, dass es eine derartige Geheimgesellschaft geben könnte, ein sehnsüchtiges Streben vieler Menschen Anfang des 17. Jahrhunderts; das entsprach nicht nur ihren Gedanken, sondern auch ihren Gefühlen.

Die von „Frater Christian Rosencreutz" vertretenen Anschauungen vereinigten Elemente aus der Alchemie, den Lehren des Paracelsus, der Kabbala, des Neuplatonismus und der Reformation, die als eine aus dem Geist der Mystik entstandene Erneuerung des Christentums verstanden wurde. Große Anziehungskraft übte dabei die postulierte direkte Verbundenheit mit dem Göttlichen aus, wie sie schon Martin Luther für den Menschen verkündet hatte. Gott zu schauen war nichts, was man durch Studium und Wissen erreichen konnte, es war eine Gnade, die gewährt wird, wenn man sich ihrer als würdig erweist, im Gefühl, mit dem Herzen, ganzheitlich sozusagen. Die alchemistischen Elemente bezogen sich im Übrigen weniger auf die Umwandlung unedler Materie in Gold, sondern vielmehr auf die Transformation des Menschen.

DIE MISCHUNG AUS ALCHEMIE, KABBALA UND REFORMATION WIRKTE AUF VIELE MENSCHEN SEHR ANZIEHEND.

Wichtig waren auch Einflüsse der so genannten hermetischen Schriften, vor allem des antiken *Corpus Hermeticum*, einer dem Hermes Trismegistos zugeschriebenen Textsammlung über die Entstehung der Welt und des Kosmos sowie über menschliche und göttliche Weisheit. Darin wurde populäres philosophisches Gedankengut der griechischen Antike – Platonismus und Stoizismus – mit jüdischen und persischen Elementen gemischt.

Über allem stand jedoch die gnostische Auffassung, dass das Heil des Einzelnen nur durch die Vereinigung mit dem Göttlichen möglich war, nur so konnte man sich von den Übeln der Welt reinigen und ins Paradies eingehen.

Das Wunderbare an den Schriften Andreaes war ihre Vieldeutigkeit, sodass jeder etwas anderes darin sehen konnte. Auch die zentralen Symbole des goldenen Kreuzes und der Rose bieten breiten Spielraum für Interpretationen. Das Kreuz wird für gewöhnlich als Sinnbild des Menschen gesehen, aber auch für die christliche Kirche. Durch Weiterentwicklung und Reinigung soll der unedle Mensch veredelt werden. Die Rose im Schnittpunkt der Kreuzbalken steht einerseits für die Essenz, die zutage tritt, wenn sich alle vier Elemente – Erde, Feuer, Luft und Wasser – vereinigen: das lange gesuchte fünfte Element, die Quintessenz, der Stein der Weisen. Andererseits steht die rote Rose natürlich auch für die Liebe, welche den Weg darstellt, den der Rosenkreuzer zu gehen hat.

▶ Ein Symbol, das um die Welt ging: die mit dem Kreuz vereinigte Rose der göttlichen Liebe

▶ In den Wirren des Dreißigjährigen Krieges flaute das
Interesse an den Rosenkreuzern vorübergehend ab: *Rau-
bende Soldateska* – Holz-
stich nach einer Radierung,
um 1646

✳ Eine Idee breitet sich aus

Obwohl man die Jünger und den angeblich bereits von Christian Rosencreutz im Mittelalter
gegründeten Orden nicht fand, verbreiteten
sich seine Vorstellungen rasch über ganz Europa. In den Wirren des Dreißigjährigen Krieges,
der 1618 ausbrach und in dem zahlreiche deutsche Fürstentümer verwüstet wurden, flaute
die Rosenkreuzer-Bewegung vorübergehend
ab, obwohl ihre Anhängerschaft noch immer
groß war.

Der Philosoph René Descartes zum Beispiel wurde vom katholischen Feldherrn Tilly
beauftragt, nach dem Orden zu suchen, doch
er kehrte mit der Meldung zurück, die Suche
sei erfolglos verlaufen. Ob er ihn nun wirklich nicht gefunden oder bewusst über einen
Fund geschwiegen hat, bleibt ungeklärt. Sein
Hauptwerk, eine wissenschaftliche Gesamt-
darstellung der Welt, schrieb er jedoch ganz
im Stil und Geiste von Universalgelehrten
wie Paracelsus. Als er jedoch erfuhr, dass Galileo Galilei vom Inquisitionsgericht verurteilt
worden war, auf dessen
Grundlagen, nämlich dem
heliozentrischen Weltbild
von Nikolaus Kopernikus,
auch seine eigenen Überlegungen zum Teil beruhten,
verzichtete er auf eine Veröffentlichung und
versteckte sein Werk so gut, dass es bis heute
verschollen ist.

Auch ein anderer großer Gelehrter dieser
Zeit, der tschechische Theologe Johann Amos

AUS ANGST VOR
DER INQUISITION
VERSTECKTE RENÉ
DESCARTES SEIN
HAUPTWERK.

▶ Auch der Philo-
soph René Descar-
tes (1596–1650)
begab sich auf die
Suche nach dem
legendären Rosen-
kreuzer-Orden –
vergeblich.

IN DEN NIEDER-
LANDEN ENT-
STAND IM
20. JAHRHUNDERT
EINE MODERNE
ROSENKREUZER-
SCHULE.

Comenius, verbreitete die Ideen des Rosenkreuzertums weiter. Nach seiner Flucht in die Niederlande vertiefte er im Kreise von Freunden die pansophischen Vorstellungen. Obwohl die Rosenkreuzer auch in den Niederlanden verfolgt wurden, hielten sich hier mehrere Jahrhunderte lang relativ starke Abkömmlinge. Zum Beispiel führte das erst im 20. Jahrhundert gegründete *Lectorium Rosicrucianum*, eine „Internationale Schule des Goldenen Rosenkreuzes", die Wurzeln seiner Tradition bis auf den Briefwechsel zwischen Comenius und Johann Valentin Andreae zurück.

In Prag, von wo die enormen Umwälzungen mit dem Prager Fenstersturz ihren Ausgang nahmen, wurden die rosenkreuzerischen Ideen rasch aufgenommen. Unter anderem sollen sie im Habsburgerkaiser Rudolf II. einen stillen Förderer gefunden haben, da die an seinem Hof tätigen Berater und Wissenschaftler – der Alchemist Michael Maier, der Astronom und Mathematiker Johannes Kepler, der Astronom Tycho Brahe – alle dem Rosenkreuzertum nahe gestanden haben sollen.

✳ Auf nach England

Ob es tatsächlich schon zur Zeit von Andreae einen Rosenkreuzer-Orden gegeben hat und wenn ja, wann und wo genau, lässt sich für das 17. Jahrhundert jedoch kaum noch feststellen – das würde im Grunde ja auch nicht zu einer streng geheimen Vereinigung passen, die sich ständigen Verfolgungen ausgesetzt sah.

Fest steht, dass es zumindest eine Reihe von Sympathisanten gab, denen von mancher Seite eine Mitgliedschaft nachgesagt wird. Neben den bereits Genannten zählten dazu auch die Engländer Robert Fludd und John Dee, die stark zur Verbreitung der Ideen in England beitrugen, sowie der niederländische Philosoph Baruch Spinoza. Ihnen allen ist gemeinsam, dass sie zum Teil heftige Kirchenkritiker waren, aufklärerisch gesinnt und

gesellschaftlich reformorientiert eingestellt. Einige davon haben sich auch bekanntermaßen mit Alchemie, Magie oder der Gnosis beschäftigt – dadurch standen sie alle dem rosenkreuzerischen Gedankengut sehr nahe.

Nachdem der Arzt und Naturphilosoph Sir Robert Fludd die Einflüsse des Rosenkreuzertums nach England gebracht hatte, gründete der Freimaurer Elias Ashmole gemeinsam mit dem Astrologen William Lilly und dem Arzt Thomas Warton 1646 das „Haus Salomonis", das stark rosenkreuzerisch inspiriert war. Dass sich diese Vereinigung im Haus der Freimaurer einmietete, war kein Zufall; Ashmole war nicht der einzige Freimaurer, der mit den Ideen der Rosenkreuzer sympathisierte.

IN ENGLAND SYMPATHISIERTE DER FREI-
MAURER ELIAS ASHMOLE MIT DEN IDEEN
DER ROSENKREUZER.

Die starken Einflüsse, die diese personellen Überschneidungen bei den Freimaurern hinterließen, sind heute noch zu erkennen, vor allem in der Hochgradmaurerei. So heißt der 18. Grad im Schottischen Ritus (AASR) zum Beispiel nach wie vor „Ritter Rosenkreuzer". Und ebenso wie den Freimaurern erwuchsen auch den Rosenkreuzern in den Jesuiten rasch erbitterte Feinde.

✳ Preußische Rosenkreuzer

Erst im 18. Jahrhundert entstanden – nun wirklich unzweifelhaft real nachzuweisende – geheime Zirkel, in denen die Rosenkreuzer-Schriften diskutiert und umgesetzt wurden. Gleich daneben traten auf Jahrmärkten allerdings auch unzählige Scharlatane und Quacksalber auf, die im Kielwasser der doch seltsamen Verbindung von Alchemie, Christentum und Weltverbesserung mit Wundermittelchen und Zaubertränken Profit zu machen versuchten.

IM 18. JAHRHUNDERT ENTSTANDEN DIE
ERSTEN NACHWEISBAREN ROSENKREU-
ZER-VEREINIGUNGEN.

Im deutschen Sprachraum war immer öfter von einem „Orden der Gold- und Rosenkreuzer" die Rede, der sich erstmals innerhalb der Freimaurerei etablierte. Am preußischen Hof von König Friedrich Wilhelm II. war die Machtfülle des Ordens enorm, da der König selbst

1781 Rosenkreuzer wurde, ebenso wie sein Justizminister Johann Christoph von Wöllner und General Johann Rudolf von Bischoffwerder. Diese beiden machten die Loge zu einem Machtinstrument, das sie insbesondere gegen die eben erst entstandenen Illuminaten ins Feld führten. Deren Exponent Adolph Freiherr von Knigge lieferte sich mit den „esoterischen" Rosenkreuzern heftige verbale Gefechte.

Die Aufnahme in den Bund erfolgte nur auf Empfehlung und Bürgschaft eines bestehenden Rosenkreuzers – wer jemanden empfahl, der sich als unwürdig erwies, riskierte den eigenen Ausschluss. Aufgenommen wurden nur Freimaurer, die im Besitz des dritten Grades waren, also Meister. Das angeblich sehr dramatisch gestaltete Ritual umfasste einen umfangreichen Fragenkatalog, der den Kandidaten auf die grundlegenden Vorstellungen der Rosenkreuzer einschwören sollte: den direkten Zugang zu Gott, den Weg des Mystikers und das Bewusstsein, einer Elite anzugehören. Die Statuten sahen tägliche Treffen vor, die abends abgehalten wurden, wobei Speis und Trank nur „zur Not", also ohne Genuss eingenommen werden durften. Dadurch wurde eine eingeschworene Gemeinschaft mit sehr enger Bindung geschaffen, deren Intensität an das Instrumentarium von Sekten erinnert.

Innerhalb der Gold- und Rosenkreuzer gab es neun Grade: Junior, Theoreticus, Practicus, Philosophus, Adeptus minor, Adeptus major, Adeptus exemptus, Magister und Magus, deren Gehalt an gnostischem und theosophischem Wissen nach oben hin zunahm. Auch alchemistische Experimente und Geisterbeschwörungen gehörten zur Logentätigkeit.

✳ Abkömmlinge und Nachfolger

Neben dieser großen Bruderschaft beanspruchten auch viele kleinere Vereinigungen, Nachfolger des „echten" Rosenkreuz-Ordens zu sein. Über deren innere Arbeit ist nur wenig bekannt. In der zweiten Hälfte des 19. Jahrhunderts kam es zu einer Welle an Ordensgründungen, die sich alle auf die „echten" Traditionen beriefen. Viele davon gibt es bis heute.

Manche Rosenkreuzer-Organisationen nahmen bzw. nehmen trotz der anfänglichen Feindschaft mit der katholischen Kirche sogar Katholiken auf oder begreifen sich gar als katholisch (zum Beispiel der französische *Ordre de la Rose-Croix Catholique et estétique du Temple et du Gral*, der 1892 bis 1916 bestand). Andere wiederum, wie das bereits erwähnte *Lectorium Rosicrucianum*, verlangen den Kirchenaustritt, weil nur das esoterische Christentum, wie sie es verkünden, das Heil bringen würde.

Eine der bekanntesten ist gegenwärtig die 1866 vom Freimaurer Robert Wentworth Little gegründete *Societas Rosicruciana in Anglia* („Rosenkreuzer-Gesellschaft in England"; SRIA). Auch sie nimmt nur reguläre Freimaurermeister auf und ist mit ihren etwa 2000 Mitgliedern daher ein reiner Männerbund. Ihre Grade hat sie von den ursprünglichen Gold- und Rosenkreuzern übernommen, ebenso wie die mit ihr verwandte *Societas Rosicruciana in Civitatibus Foederatis* (SRICF; ca. 1400 Mitglieder) in den USA und die schottische *Societas Rosicruciana in Scotia* (SRIC; etwa 300 Mitglieder).

Einen gewissen Bekanntheitsgrad, vor allem in okkult interessierten Kreisen, erlangte auch der *Hermetic Order of the Golden Dawn*, der von 1888 bis 1903 existierte und von zwei ehemaligen Mitgliedern der SRIA gegründet worden war. Nach internen Konflikten spaltete sich der Orden auf, doch eine Reihe von Nachfolgeorganisationen beruft sich heute noch auf ihn. Aktuell noch aktiv ist auch der *Ordre Kabbalistique de la Rose Croix*. Gegründet wurde er 1888 in Paris, wo er eine große Anziehungskraft entwickelte.

Erst im 20. Jahrhundert, genauer im Jahre 1903, riefen der Wiener Industrielle und Okkultist *Carl Kellner*, der Freimaurer Heinrich Klein und der deutsche Theosoph Dr. Franz Hartmann den *Ordo Templi Orientis* („Orden des östlichen Tempels" oder „Orientalischer Templerorden", kurz OTO) ins Leben. Dieser wurde vom Freimaurer und Esoteriker Wilhelm Reuß weiterentwickelt und schließlich 1912 von Aleister Crowley reformiert, der als Okkultist, Kabbalist und Mystiker bekannt wurde und wegen seiner sexualmagischen Handlungen von kirchlichen Kreisen gern als Begründer des Satanismus bezeichnet wird. Intensiven Kontakt zum OTO hatte auch der Begründer der Anthroposophie, Rudolf Steiner.

Mit Ablegern des OTO in den USA kamen auch Leute wie der spätere Massenmörder Charles Manson oder der Begründer von Scientology, Ron Hubbard, in Berührung. Damit soll nicht der OTO für deren Taten verantwortlich gemacht werden, sondern die Breitenwirkung gezeigt werden, die Okkultismus und Mystizismus bis heute haben können.

Weitere Vereinigungen in der Tradition der Rosenkreuzer sind die *Rosicrucian Fellowship* (1909 in den USA gegründet), das *Lectorium Rosicrucianum* („Internationale Schule des Goldenen Rosenkreuzes"; 1945 in den Niederlanden gegründet) und der *Antiquus Mysticusque Ordo Rosae Crucis* („Alter und mystischer Orden vom Rosenkreuz"; AMORC). Letzterer fühlt sich der Alchemie verpflichtet und ist heute eine der weltweit größten Rosenkreuzer-Gesellschaften.

Daneben gibt es noch eine Unmenge kleiner und kleinster Organisationen, die oft nur lokal tätig sind. Manche halten ihre Existenz verborgen, andere zeigen sich ganz offen. Die „großen" Vereinigungen AMORC und Lectorium Rosicrucianum sind jedenfalls mit umfangreichen Websites im Internet zu finden.

Es würde an dieser Stelle zu weit führen, die Lehrsysteme und Rituale der heutigen Rosenkreuzer-Organisationen auch nur annähernd vollständig zu beschreiben. Es gibt in diesem breiten Spektrum so gut wie alle Schwerpunkte und Lehrmeinungen, seriöse Suchende nach einer höheren Wahrheit, esoterische Geisterbeschwörungsgesellschaften und dreiste Scharlatane, die – wie zu allen Zeiten – Geheimgesellschaften dazu benutzen, Menschen hörig zu machen und viel Geld an ihnen zu verdienen.

HEUTE EXISTIEREN ROSENKREUZ-VEREINIGUNGEN IN ALLER WELT; BEI MANCHEN KANN MAN SOGAR IM INTERNET UM AUFNAHME ERSUCHEN.

▲ Aleister Crowley bei einem seiner Rituale

▼ Die Rosenkreuzer-Universität des Alten und mystischen Ordens vom Rosenkreuz (AMORC) in San José, Kalifornien

PRIEURÉ DE SION

Die „Bruderschaft vom Berge Zion" oder „Prieuré de Sion", wie sie geläufiger genannt wird, ist spätestens seit dem Erscheinen von Dan Browns Bestseller *Sakrileg* und des zugehörigen Films *Der Da-Vinci-Code* (2006) weltweit bekannt. Laut Film soll es sich dabei um eine Geheimgesellschaft gehandelt haben, die schon seit Anbeginn des Christentums das Geheimnis der Nachkommenschaft Christi hüten soll. Erst wenn die Menschheit „reif" wäre, solle sich der „Erbe" Christi (und gleichzeitig des französischen Throns) offenbaren.

DIE „PRIEURÉ DE SION" IST EIN ZENTRALES THEMA IN DAN BROWNS THRILLER *SAKRILEG*.

Hintergrund ist die Legende, dass Jesus nicht nur mit Maria Magdalena verheiratet gewesen wäre, sondern mit ihr auch Nachkommenschaft (zumindest eine Tochter) gezeugt habe. Mit dieser wäre Maria nach Südfrankreich geflohen, wo sich ihre Blutlinie mit der des königlichen Geschlechts der Merowinger vermischt habe, das später über das Frankenreich herrschte. Diese Blutlinie bestünde bis heute fort. Die Prieuré de Sion habe es sich zur Aufgabe gemacht, deren Abkömmlinge zu beschützen und das Geheimnis bis zum Tag X zu hüten.

Was hat es aber mit diesen Theorien auf sich? Gibt es historische Belege?

✳ Jesus und Maria

Für die nahe Verbindung von Maria Magdalena und Jesus gibt es Hinweise (wenn auch keine Beweise). In den gnostischen Evangelien nach Thomas und Philippus finden sich Stellen, denen zufolge Jesus Maria Magdalena „mehr mochte als seine Jünger"; es heißt, „er küsste sie öfter auf" – leider reißt hier das Pergament ab, sodass wir nicht wissen, ob es sich beim Ziel seiner Lippen tatsächlich um Marias Mund handelte oder vielleicht sogar um die Hand oder den Fuß – damals eine Geste der Ehrerbietung Frauen gegenüber.

WIE ENG WAR DIE VERBINDUNG VON JESUS CHRISTUS UND MARIA MAGDALENA?

Maria Magdalena war übrigens keine Prostituierte – diese Profession wurde ihr von Papst Gregor I. 591 durch die Vermischung mit einer anderen Marienfigur aus der Bibel („Maria, die Sünderin") untergeschoben, um, wie Maria-Verehrer behaupten, diese starke, selbstständige weibliche Figur in der christlichen Überlieferung zu entwerten und zu entmachten. Der Irrtum des Papstes wurde 1969 von der katholischen Kirche

MARIA MAGDALENA WAR KEINE PROSTITUIERTE.

aufgeklärt. Trotzdem setzt sich diese Klarstellung nur langsam im Religionsunterricht und in den Köpfen der Menschen durch.

Beweise für Nachkommen Christi gibt es ebenfalls nicht. Es existieren allerdings mehrere Mythen, in denen von einer Überfahrt Marias nach Südfrankreich die Rede ist. Ebenfalls keine Beweise existieren für das Bestehen einer Bruderschaft von Zion seit dem Beginn unserer Zeitrechnung.

✳ Ein echter Orden

Was die Sachlage kompliziert, ist, dass es im französischen Orléans zwischen etwa 1100 und 1627 tatsächlich ein Kloster mit der Bezeichnung „Prieuré de Sion" gegeben hat, in dem Maria Magdalena besondere Verehrung zuteil wurde. Es ist jedoch nichts darüber bekannt, dass der

IN ORLÉANS IN FRANKREICH GAB ES IM MITTELALTER EINE „PRIEURÉ DE SION".

entsprechende Orden bereits vorher oder auch noch nachher aktiv gewesen wäre. Auch in der Zeit seines Bestehens ist er weder durch esoterische Umtriebe noch durch eventuelle Kontakte zu den Templern oder anderen einschlägigen Vereinigungen aufgefallen.

✳ Geheime Dokumente

Manchen modernen Verschwörungstheorien zufolge soll der angebliche Geheimorden Prieuré de Sion von den Templern gegründet worden sein. Andere behaupten, dass eines der Gründungsmitglieder des Templerordens, nämlich Gottfried von Bouillon, bei der Prieuré Ordensmeister gewesen sei und der Templerorden selbst im Grunde nur als Tarnorganisation für die Prieuré gedient habe.

▼ Maria Magdalena, hier auf einem Gemälde von Miguel Manrique, soll angeblich Jesus Christus Nachkommen geboren haben.

Zu den Großmeistern der Bruderschaft sollen die gelehrtesten Köpfe Europas gezählt haben, von Leonardo da Vinci über Sir Isaac Newton und Victor Hugo bis zu Jean Cocteau. Diese Namen entstammen den *Dossiers secrets*, den „geheimen Dossiers", die in den 70er-Jahren des 20. Jahrhunderts in der französischen Nationalbibliothek in Paris aufgefunden wurden.

Wahr ist allerdings – nichts davon. Wahr ist, dass ein notorischer Urkundenfälscher, Hochstapler und Betrüger namens Jean Plantard im Jahr 1956 in St. Julien bei Genf eine christliche Laienorganisation mit dem Namen „Prieuré de Sion" gründete, die aber nie erfolgreich aktiv wurde und sich drei Jahre später wieder auflöste.

Wahr ist auch, dass dieser Jean Plantard Ende der 50er-Jahre gemeinsam mit dem Schauspieler Philippe de Chérisey und dem Schriftsteller Gérard de Sède ein Buch mit dem Titel *Das Gold von Rennes* herausgab. Darin war von einem Pergament die Rede, das der katholische Provinzpfarrer Bérenger Saunière Ende des 19. Jahrhunderts im kleinen Ort Rennes-le-Château bei der Renovierung der Gemeindekirche gefunden haben soll. Da Saunière während seiner Amtszeit

DER KATHOLISCHE PROVINZ-PFARRER BÉRENGER SAUNIÈRE WURDE AUF UNERKLÄRLICHE WEISE SEHR SCHNELL SEHR REICH.

auf unerklärliche Weise sehr schnell sehr reich geworden war, wurde behauptet, dass es dieses Papier war, das ihm den Geldsegen eingebracht hatte. Es enthielte „die Wahrheit" über die königliche Blutlinie, die von Jesus Christus abstamme, und die katholische Kirche – oder wer auch immer ein Interesse daran gehabt habe – habe ein Vermögen dafür bezahlt, dass dieses Wissen auch geheim blieb.

Das Werk löste eine wahre Schatzsucher-Invasion in Rennes-le-Château aus – und das freute Philippe de Chérisey, der in der Nähe ein Hotel unterhielt und nach Ansicht renommierter Historiker die Sache erfunden haben soll. Gefunden wurde jedoch nichts: kein Schatz, kein Gold, kein Pergament.

✳ Der Stammbaum Christi

Bereits in den 1960ern legte Plantard nicht nur die besagte Liste von „Großmeistern der Prieuré" an, sondern auch einen durchgehenden Stammbaum von der Geburt Jesu über die Merowinger bis in die moderne Zeit. Dieser endete übrigens – unschwer zu erraten – bei Jean Plantard, der somit von sich behauptete, ein Nachfahre Christi zu sein.

DER STAMM-BAUM CHRISTI ENDETE BEI JEAN PLANTARD.

Diese Dokumente wurden 1967 als Teil eines Nachlasses in der Bibliothèque Nationale registriert und erhielten durch deren Signatur sozusagen die „amtliche Richtigkeit" bestätigt. Erstellt wurden sie jedoch nicht im Laufe von Jahrhunderten, sondern von Sède, Chèrisey und Plantard in den 60er-Jahren des 20. Jahrhunderts. Und weil Plantard schon einmal so einen schönen Namen erfunden hatte, blieben die drei für ihre erfundene Bruderschaft zum Schutze des Geheim-

DREI FRANZOSEN ERFINDEN DEN SAGENHAFTEN ORDEN „PRIEURÉ DE SION".

nisses um die Nachkommenschaft Christi gleich bei der Bezeichnung „Prieuré de Sion" – ungeachtet der Tatsache, dass Plantard diese ursprünglich vermutlich nach dem „Montagne de Sion" bei St. Julien so genannt hatte und nicht nach der biblischen Bezeichnung Jerusalems, "Sion" oder „Zion".

✳ Ein noch geheimeres Dokument

Wahr ist überdies, dass drei englische Journalisten – Henry Lincoln, Michael Baigent und Richard Leigh – in den 1970er-Jahren während der Recherchen für ihr Buch *Der heilige Gral und seine Erben* durch die oben erwähnte Publikation auf das kleine Rennes-le-Château mit seinen knapp 40 Einwohnern aufmerksam wurden.

Es kam schließlich zu einem Treffen der Engländer mit den französischen Autoren, bei denen die Engländer das Papier gerne sehen wollten – was natürlich nicht leicht möglich war, da die Franzosen es erst fälschen mussten.

DREI ENGLISCHE JOURNALISTEN GEHEN DEN FRANZOSEN AUF DEN LEIM.

Rasch wurde also ein Schriftstück produziert, bei dem es sich vordergründig um eine Abschrift aus dem Neuen Testament handelte, in der sich jedoch einige Buchstaben abhoben, die zusammengestellt die Botschaft ergaben: „Dieser Schatz gehört König Dagobert dem Zweiten (ein König aus dem Geschlecht der Merowinger, Anm. der Autorin) und Sion und er ist der Tod."

DIE DREI ENGLÄNDER VERFASSEN *DER HEILIGE GRAL UND SEINE ERBEN*, DIE GRUNDLAGE FÜR BROWNS ROMAN *SAKRILEG*.

Mit den „geheimen" Dokumenten im Gepäck kehrten nun Lincoln, Baigent und Leigh nach England zurück und schrieben ihren Bestseller *Der heilige Gral und seine Erben*, in dem sie ausführlich argumentierten, dass der von Pater Saunière gefundene Schatz, der angeblich „Dagobert und Sion" gehörte, kein Gold war, sondern das Blut Jesu, also seine Nachkommenschaft. Die katholische Kirche – insbesondere die Päpste mit ihrem Anspruch, Stellvertreter Gottes auf Erden zu sein und daher weltliche Könige einsetzen zu dürfen – hätte dieses Wissen unterdrückt, da ja in diesem Falle nur Nachfahren Christi dessen Thron auf Erden besteigen dürften.

Diese Geschichte diente nicht nur Dan Brown als Vorlage für seinen Thriller, sondern lockte viele weitere Schatzsucher nach Südfrankreich, wo sie bis heute nach den Spuren der „Prieuré" Ausschau halten.

✳ Ein missbrauchter Betrüger

Zum Schluss sei noch erwähnt, dass sich der von Plantard & Co. missbrauchte Landpfarrer Bérenger Saunière schon zu seinen Lebzeiten einem kirchenrechtlichen Verfahren unterziehen musste – immerhin lebte er nicht nur in Saus und Braus, baute sich ein gewaltiges

Anwesen und renovierte die Dorfkirche in großen Stil, sondern er führte auch mit der Tochter seiner verstorbenen Haushälterin eine eheähnliche Beziehung.

Als er auf die Frage des zuständigen Bischofs nach dem Ursprung seines Reichtums nur „großzügige Spender, die anonym bleiben wollen" nennen konnte, glaubte ihm der misstrauische Vorgesetzte nicht und enthob Saunière seines Amtes. Seinen Besitz verlor Saunière allerdings nicht, sodass er seiner treuen Gefährtin Marie Dernanaud bei seinem Tod im Jahre 1917 sein gesamtes Vermögen hinterlassen konnte.

Etwa 40 Jahre danach wurde sein Nachlass gesichtet. Dabei stellte sich heraus, dass der geschäftstüchtige Kirchenmann eine „doppelte" Buchführung betrieben hatte. Schätzungen zufolge hatte er mit allerlei Tricks und Kniffen bis zu hunderttausend Messen verkauft – ein Brauch, der auch heute noch üblich ist –, mit der Kirche jedoch höchstens drei pro Tag abgerechnet. In seinem ganzen Leben hätte er nicht so viele Messen lesen können.

Sein sagenhafter Reichtum war also auf den skrupellosen Betrug an gutgläubigen Menschen zurückzuführen, ebenso wie er später selbst Opfer der betrügerischen Verleumdungen dreier Franzosen wurde.

Von einem legendären Schatz, einem mysteriösen Dokument, einer geheimen Bruderschaft oder gar der Nachkommenschaft Christi hat der Dorfpfarrer Bérenger Saunière mit Sicherheit jedoch nie etwas gewusst.

Die Prieuré de Sion hingegen hält sich in diversen Publikationen und im Internet immer noch, als ob es sie in der Form, wie Lincoln, Baigent und Leigh sie beschrieben haben, tatsächlich jemals gegeben hätte.

So hat ein betrügerischer Akt der Welt doch noch etwas geschenkt: immerhin eine spannende, fantasievolle und berührende Geschichte.

▲ Der Geistliche Bérenger Saunière (1852 bis 1917) machte sein Vermögen nicht mit der Erpressung hoher katholischer Kreise, sondern mit dem Verkauf überteuerter, nie gehaltener Messen.

BIS HEUTE GLAUBEN NOCH VIELE AN DIE WAHRE EXISTENZ DER PRIEURÉ DE SION.

DIE ZEUGEN JEHOVAS

Diese Glaubensgemeinschaft wurde gegen Ende des 19. Jahrhunderts von Charles Taze Russell in den USA gegründet. Sie stellt eine sich an den christlichen Glauben anlehnende Religionsgemeinschaft dar, die sich vom Christentum im Wesentlichen durch die Ablehnung der Dreifaltigkeit und durch den Glauben an die Entstehung eines 1000-jährigen Paradieses auf Erden nach der Vernichtung aller Ungläubigen unterscheidet.

Aufgrund dieser Abweichungen vom christlichen Glauben scheint die Anwendung des klassischen Sektenbegriffs gerechtfertigt, zumal sich das Wort Sekte wohl vom lateinischen *secare* ableitet, war so viel bedeutet wie „abtrennen, abschneiden".

CHARLES T. RUSSELL GRÜNDETE ENDE DES 18. JAHRHUNDERTS DIE ZEUGEN JEHOVAS.

✳ Die Bibel hat recht

In wissenschaftlichen und historischen Fragen gilt für die Zeugen Jehovas die Bibel strikt als ultimative Wahrheitsquelle, wobei auch nur die Auslegung von Sektengründer Russell und seinem Nachfolger Rutherford verbindlich ist. Die kategorische Ablehnung wissenschaftlicher Erkenntnisse über das Alter der Erde, die Entstehung des Lebens und besonders die Darwin'sche Evolutionstheorie als Erklärung der Artenentstehung ist somit nicht verwunderlich.

▶ Der legendäre Gründer der Zeugen Jehovas, Charles T. Russell (1852–1916), war auch Mitbegründer der Internationalen Bibelforscherbewegung.

Möglicherweise geht sogar die in jüngster Zeit erfolgte Streichung der Darwin'schen Theorien aus dem Lehrplan einiger amerikanischer Schulen auf den zunehmenden Einfluss dieser Religionsgemeinschaft in den Staaten zurück.

❋ Zeugen im Abseits

Heute haben die Zeugen Jehovas weltweit rund 6,7 Mio. Mitglieder, von denen in Deutschland und Österreich etwa 200 000 und in der Schweiz rund 20 000 leben. Am stärksten ist die Gemeinschaft in den USA vertreten.

In den totalitären kommunistischen Systemen Mittel- und Osteuropas waren die Zeugen Jehovas zeitweise verboten und ihre Mitglieder Verfolgung und Repressalien ausgesetzt: In der ehemaligen DDR galt das Verbot bis 1989. In der Bundesrepublik erlangten die Zeugen Jehovas nach jahrelangem Rechtsstreit mit dem Berliner Oberlandesgericht vom Berliner Senat im Jahre 2006 den Status einer Körperschaft des Öffentlichen Rechtes. Ausschlaggebend für diese Entscheidung war unter anderem, dass man der Gemeinschaft keinen Mangel an Rechtstreue vorwerfen konnte.

Vom rein juristischen Standpunkt aus steht diese Religionsgemeinschaft also mit blütenweißer Weste da. Wir leben jedoch nicht in einer reinen Paragrafenwelt, sondern sind in der menschlichen Gemeinschaft einer ganzen Reihe ungeschriebener Verhaltensnormen unterworfen. Religiöse Splittergruppen reiben sich scheinbar ständig an diesen Normen und manövrieren sich damit früher oder später in eine Abseitsstellung (oder werden dorthin manövriert), die zu gesellschaftlicher Unduldsamkeit und im Extremfall zu offener Feindschaft und Verfolgung führt. Am leichtesten entsteht diese Situation, wenn die Splittergruppe von sich selbst behauptet, in irgendeiner Weise – meist durch eine metaphysische „höhere" Instanz – auserwählt zu sein, und damit nicht selten

DIE ZEUGEN JEHOVAS HABEN EINEN JURISTISCH EINWANDFREIEN LEUMUND, STELLEN SICH ABER SELBST INS ABSEITS.

einen dünkelhaften Anspruch auf besondere Beachtung bis hin zur Forderung nach entsprechenden Privilegien entwickelt.

Wodurch stellen sich die Zeugen Jehovas ins Abseits? Zunächst beanspruchen sie für sich die Fähigkeit, dem Menschen jene Erkenntnis zu vermitteln, die ihn zum ewigen Leben führt. Dies leiten sie aus der Bibel ab, laut der das Ende der Welt unmittelbar bevorsteht. Den Zeitpunkt sehen sie als dadurch gegeben, dass Gott nicht länger zuschaut, wie die Zeugen Jehovas – die guten Menschen – von den schlechten Menschen und Dämonen drangsaliert werden, und zum Schutz seines Volkes eingreift.

Den Zeugen Jehovas zufolge kommt es zur Schlacht von Harmageddon – sie sollte bereits in den Jahren 1914 bis 1916, dann 1925 und schließlich 1975 stattfinden, jetzt heißt es nur noch „binnen kurzem" –, in der die Feinde Gottes ebenso wie alle kirchlichen und staatlichen Institutionen in blutigem Kampf vernichtet werden.

Gott übernimmt dann selbst die Herrschaft über die Welt, in der eine Million Auserwählte unter paradiesischen Bedingungen ein ewiges Leben genießen, während 144 000 in den Himmel eingehen, um Jesus Christus als Priester zu dienen. Natürlich sind beide Gruppen sorgfältig ausgesucht: Bibeltreues Leben nach den Lehren der Zeugen Jehovas und die Taufe durch diese Gemeinde bilden die Auswahlkriterien, wobei eine christliche Taufe nicht anerkannt wird.

▲ Die Missionstätigkeit der Zeugen Jehovas macht auch vor der Haustür nicht Halt.

LAUT ZEUGEN JEHOVAS STEHT DAS ENDE DER WELT KURZ BEVOR.

NACH DER SCHLACHT VON HARMAGEDDON ÜBERNIMMT GOTT SELBST DIE HERRSCHAFT ÜBER DIE WELT.

✳ Lebensgefährliche Verbote

Allein ihre Vorstellungen von Erlösung und ewigem Leben machen aus den Zeugen Jehovas natürlich noch lange keine gefährliche oder gar verschwörerische Geheimgesellschaft. Es gibt allerdings andere Punkte, die laut Meinung von vielen ihrer Kritiker für eine staatlich anerkannte Gemeinschaft zumindest bedenklich anmuten.

▲ Die Zeugen Jehovas besitzen durchaus große Häuser für ihre Zusammenkünfte; hier der Königreichssaal in Aachen.

DIE EVOLUTIONSTHEORIE VON CHARLES DARWIN WIRD ALS NICHT BIBELKONFORM ABGELEHNT.

Dass man die Darwin'sche Evolutionstheorie ablehnt, braucht den Außenstehenden nicht weiter zu berühren. Dass aber seit 1944 die Verwendung von Blutkonserven zu medizinischen Zwecken – selbst wenn es sich um eigene handelt – aus religiösen Gründen abgelehnt wird, ist schon eine etwas heiklere Angelegenheit.

Wenn ein Erwachsener für sich die Bluttransfusion aus Überzeugung ablehnt, mag er dies tun, selbst wenn eine solche Entscheidung dem Selbstmord gleichkommen kann. Eine solche Entscheidung jedoch für ein unmündiges Kind zu treffen, finden viele Menschen – darunter auch solche, die den Zeugen Jehovas sonst sehr tolerant gegenüberstehen – kaum mehr zu rechtfertigen. Zu diesem Problemkreis gehört auch das Verbot, selbst Blutbestandteile therapeutisch einzusetzen. Dass einem Kind mit Bluterkrankheit im Notfall nicht mit aus Blut gewonnenen Gerinnungsfaktoren geholfen werden darf, ist vermutlich auch juristisch kaum zu halten.

BLUTTRANSFUSIONEN KOMMEN FÜR ZEUGEN JEHOVAS NICHT IN FRAGE.

Ein weiteres Kennzeichen der Zeugen Jehovas ist die ausgeprägte Intoleranz gegenüber Andersgläubigen, Kritikern und vor allem so genannten Abtrünnigen. Ein besonderes Feindbild stellt dabei die katholische Kirche dar, deren Oberhaupt im vergangenen Jahrhundert häufig massiv angegriffen wurde und in Gemeinschaft mit den berüchtigten Diktatoren dieser Zeit und dem Kapital dargestellt wurde. Der Umgang mit Andersgläubigen ist Zeugen Jehovas zwar nicht untersagt, aber so weit wie möglich einzuschränken, soweit diese nicht zum rechten Glauben geführt

MIT ANDERSGLÄUBIGEN UND ABTRÜNNIGEN SOLLEN ZEUGEN JEHOVAS KEINEN UMGANG PFLEGEN.

werden sollen; die intensive Missionsarbeit ist Pflicht. Abtrünnige dagegen sind für die Zeugen Jehovas „gestorben", sofern sie nicht Reue zeigen und auf den rechten Weg zurückkehren wollen. Diese Art der Ächtung kann sogar Familienmitglieder betreffen.

Die Erfahrung des Ausgegrenzt-Werdens oder Ausgeschlossen-Seins bleibt aber ohnehin keinem Kind oder Jugendlichen, das/der den Zeugen Jehovas angehört, erspart: Altersgemäße Aktivitäten wie Geburtstagsfeiern, Kinobesuche, ja selbst Weihnachts- und Osterfeiern werden von den Zeugen Jehovas wegen der angeblich damit verbundenen Gefährdung der Entwicklung eines gesunden Gemeinschaftsempfindens als höchst bedenklich angesehen.

Als relativ problematisch sehen viele Kritiker auch das Verhältnis der Zeugen Jehovas zum Staat an. Grundsätzlich wird die Unterordnung unter die Macht des Staates akzeptiert; staatliche Organe sind in den Augen der Zeugen Jehovas von Gott geduldet und mit Autorität ausgestattet. Dieses Bekenntnis führte unter anderem dazu, dass die Zeugen Jehovas 1997 in Österreich als Bekenntnisgemeinschaft akzeptiert wurden.

Andererseits haben die Gesetze Gottes für die Zeugen stets Vorrang vor denen der Menschen, was in manchen

DIE GESETZE GOTTES HABEN FÜR DIE ZEUGEN JEHOVAS STETS VORRANG VOR DENEN DER MENSCHEN.

Situationen zu Konflikten führt. Dies äußert sich zum Beispiel darin, dass Zeugen Jehovas jede politische Tätigkeit ablehnen, d. h. nicht an politischen Wahlen teilnehmen, den Militärdienst verweigern und bis 1996 sogar den Zivildienst ablehnten. Jede Achtungsbezeugung für den Staat ist untersagt, selbst das Singen der Nationalhymne ist unzulässig.

Abschließend sei darauf hingewiesen, dass die Auslegung der Bibel, die ja die Basis der Lehren der Zeugen Jehovas darstellt, recht eigenwillig erfolgt. Stellen aus der Heiligen Schrift, die nicht zu den eigenen Vorstellungen passen, werden entweder ignoriert oder „passend übersetzt", um ein konsistentes Bild von der Welt als Bewährungsprobe des Menschen für ein ewiges Leben im Paradies zu liefern – ein indirektes Versprechen, welches bisher

kein Mitglied der leitenden Körperschaft einlösen musste, da die Schlacht von Harmageddon trotz aller Ankündigungen bisher noch nicht geschlagen wurde.

Trotzdem Geheimgesellschaft?

Auf den ersten Blick erscheint es vielleicht merkwürdig, die Zeugen Jehovas als Geheimorganisation zu bezeichnen, zumal ihre Existenz nicht verheimlicht wird, ihre Ziele – zumindest die offiziellen – frei dargestellt werden und offen Mitglieder geworben werden. Wie sieht es jedoch „hinter den Kulissen" aus?

Wird der frisch Angeworbene damit konfrontiert, dass man von ihm erwartet, einen bestimmten Anteil seines Einkommens der Organisation zu entrichten, angeblich um den Druck von Informationsblättern wie „Wachturm" zu finanzieren? Sind die Mitglieder zu den Sitzungen der „Leitenden Körperschaft" oder ihrer Komitees zugelassen? Wird der Angeworbene über die Existenz von

Überwachungskadern in der Organisation unterrichtet, die womöglich sein ganzes Handeln registrieren, erfährt er etwas über die Funktion des „geheimen Nachrichtenkaders", der mit nachrichtendienstlich anmutenden Methoden der Tarnung arbeiten soll? Die Antwort auf all diese Fragen lautet: Nein. Und das macht die Zeugen Jehovas zu einer eingeschworenen Geheimgesellschaft.

Falls das einfache Mitglied übrigens nach vielen Jahren unter weitgehender Zurückstellung all seiner persönlichen Interessen und Bedürfnisse, vor allem aber unter Ausschaltung seines eigenen Kritikvermögens seinen Missionar- und Pionierdienst abgeleistet hat, kommt ihm als Ältester vielleicht das interne *Lehrbuch für die Königreichsdienstschule* in die Hände. Dieses Opus ist für reisende Aufseher und Versammlungsälteste bestimmt und sollte niemand anderem gegeben oder ausgeliehen werden, auch nicht Familienangehörigen – es handelt sich also dabei offensichtlich um ein „großes Arkanum", ein Geheimnis der Gesellschaft.

Spätestens jetzt müsste dem Zeugen Jehovas klar werden, dass er Teil einer Geheimgesellschaft geworden ist. Im Übrigen werden auch Sitzungsprotokolle nicht veröffentlicht, auch nicht intern; das mag vielleicht noch gerechtfertigt erscheinen, wenn sie personelle Angelegenheiten enthalten, doch wenn es um Richtlinien zur Schulung und Motivierung von Mitarbeitern geht, erscheint es höchst merkwürdig, wenn solche nicht allen Mitgliedern zugänglich sind.

Vielleicht funktioniert der „Zaubermechanismus der Geheimgesellschaft" ja in zwei Richtungen: nicht nur, dass sich Mitglieder einer Geheimgesellschaft als Auserwählte fühlen, sondern auch, dass aus einer Gruppe von Leuten, die meinen, zu einem Zirkel Auserwählter zu gehören, automatisch auch eine Geheimgesellschaft – mitsamt zugehörigem Vokabular, Zeremonien und Umgangsregeln – wird? Züge einer solchen tragen die Zeugen Jehovas jedenfalls allemal.

SCIENTOLOGY-KIRCHE

Die Lehren der Scientology-Gemeinschaft basieren auf einer abenteuerlichen Mischung aus Mystik und Science-Fiction, für die es, laut ihrem Schöpfer L. Ron Hubbard, eine wissenschaftliche Grundlage gibt. Ihre konsequente Anwendung soll den Geist „frei" machen und unermessliche Kräfte zur Bewältigung aller Probleme des täglichen Lebens freisetzen.

Vielen Leuten erscheint das, was Hubbard, der Gründer der Bewegung, und seine Nachfolger den Menschen versprechen, suspekt. Und noch mehr Menschen verstehen nicht, dass diese Bewegung eine Anhängerschaft von schätzungsweise 150 000 (10 Millionen laut Scientology) Mitgliedern hat, von denen 5000 bis 6000 auf Deutschland entfallen. Allein aufgrund der Lehren von Scientology ist dieses Phänomen kaum erklärbar.

Berücksichtigt man jedoch die gesellschaftliche Situation des heutigen Menschen mit seinen vielfältigen Problemen und der nicht selten daraus entstehenden Vereinsamung, so mögen die Versprechungen der Scientologen wie eine Erlösung erscheinen und der Zulauf zu dieser Bewegung wird vielleicht verständlicher.

DIE SCIENTOLOGY-KIRCHE HAT IN DEUTSCHLAND GESCHÄTZTE 5000 BIS 6000 MITGLIEDER.

✳ Lafayette Ron Hubbard

Die *Church of Scientology*, so die offizielle Eigenbezeichnung der Bewegung, versteht sich als Religion. Dieser Status wird ihr aber in Deutschland im Gegensatz zu den Zeugen Jehovas nicht zugestanden. Vielmehr steht sie wegen des Verdachts der Verfassungsfeindlichkeit unter Beobachtung durch den Verfassungsschutz.

GEGRÜNDET WURDE DIE SCIENTOLOGY-KIRCHE 1950 VON L. RON HUBBARD.

Die Lehre der Scientology-Kirche wurde 1950 von Lafayette Ronald Hubbard („LRH") mit seinem Buch *Dianetics, the modern Science of mental health* unter dem Namen „Dianetik" verbreitet. Hubbard hatte sich vorher als Autor von Abenteuer- und Science-Fiction-Romanen versucht, von denen Letztere gegen Ende seiner Schriftsteller-Karriere einfallsreich genug wurden, um Beachtung zu finden. Wie wir noch sehen werden, floss anscheinend ein Teil von Hubbards futuristischen Konstruktionen und Fantastereien in seine Dianetik ein.

Einer seiner Romane wurde übrigens im Jahr 2000 unter dem Titel *Battlefield Earth* mit dem Scientology-Mitglied John Travolta in der Hauptrolle verfilmt – mit äußerst mäßigem

◄ Scientology kann sich einiges leisten: die Zentrale der *Church of Scientology* in Berlin.

kommerziellem Erfolg. Überhaupt scheinen Schauspieler etwas für Hubbards Lehren übrig zu haben: Das weltweit wohl berühmteste Scientology-Mitglied ist der Blockbuster-Mime Tom Cruise. Im deutschsprachigen Raum halten sich Scientology-Sympathisanten eher bedeckt.

SEINE ANHÄNGER SEHEN IN RON HUBBARD EINE REINKARNATION BUDDHAS, DER ERLEUCHTUNG BRINGEN WIRD.

Erfahrungen mit religionsähnlichen Geheimgesellschaften hatte der 1911 geborene Hubbard bereits in den 40er-Jahren als Sympathisant des *Ordo Templis Orientis* gesammelt, in dem auch der Okkultist Aleister Crowley wirkte. Die Person L. Ron Hubbard erscheint recht zwielichtig; seine Anhänger sehen in ihm einen der intelligentesten Menschen, der je das Licht der Welt erblickte, eine Reinkarnation Buddhas und Maitreyas, welcher der Welt Erleuchtung bringen wird. Dagegen bezeichnete ihn ein Richter am obersten Gericht von Kalifornien als „schizophren und paranoid". Eine Fülle von Schriften beweist, dass er nicht das war, was er selbst und seine Anhänger über ihn verbreiten. Jedenfalls weicht die offizielle, von Scientology approbierte Version seiner Biografie in einigen Details von den dokumentarisch überprüfbaren Fakten ab.

Was seine Lehre betrifft, so bezeichnete ein Richter am Obersten Gericht in London die Scientology-Kirche als „unmoralisch und gesellschaftlich anstößig"; etliche Scientologen wurden in den USA, Kanada, Dänemark und Italien strafrechtlich verfolgt. In Anbetracht dieser Tatsachen erscheint es verwunderlich, dass sich diese Bewegung so weit entwickeln und inzwischen beachtliche Reichtümer anhäufen konnte.

EIN BRITISCHER RICHTER BEZEICHNETE DE SCIENTOLOGY-KIRCHE ALS GESELLSCHAFTLICH ANSTÖSSIG.

Hubbard starb 1986. Schon vor seinem Tod waren heftige Auseinandersetzungen um seine Nachfolge entbrannt, die David Miscavige schließlich für sich entscheiden konnte. Obwohl er nicht der Präsident der *Church of Scientology* ist – diese Position bekleidet seit 1982 Heber Jentzsch – ist er als Vorsitzender des *Religious Technology Center* der wichtigste Mann in der Scientology-Organisation.

PRÄSIDENT DER *CHURCH OF SCIENTOLOGY* IST SEIT 1982 HEBER JENTZSCH.

✳ Dianetik

Die Grundlage der Scientology-Lehre ist die so genannte „Dianetik", eine Schöpfung von Hubbard aus den frühen 50er-Jahren. Auch wenn der Versuch restlos scheiterte, die Dianetik in der Wissenschaft zu verankern, arbeitete Hubbard an seiner Lehre weiter und „vervollkommnete" sie zur so genannten Scientology, in der die Dianetik eine Unterabteilung bildet.

Dieser Lehre zufolge sollen durch konsequenten Einsatz des Verstandes Gesundheit, Erfolg und Heil und schließlich ein völlig neuer Mensch, der sogenannte „Clear", entstehen. Die Dianetik lehnt sich an eine Methode von Sigmund Freud aus dem Jahre 1909 an, mit der traumatische Erinnerungen aufgedeckt werden sollen, indem der Patient dazu aufgefordert wird, frühere und noch frühere Geschehnisse in einer Erinnerungskette zurückzuverfolgen, bis die letzte Ursache für die emotionale Belastung freigelegt wäre. Solche Belastungen, die Jahrzehnte – sogar bis zur pränatalen Zeit – zurückliegen können, sollen Fähigkeiten, Vernunft und Lebensfreude eines Menschen beeinträchtigen. Werden diese Belastungen, „Engramme" genannt, aufgedeckt und durch den Intellekt verarbeitet, erfährt der „Patient" eine Befreiung. Werden alle traumatischen Belastungen nach und nach in ausgedehnten Sitzungen, den sogenannten „Auditings", aufgedeckt und verarbeitet, dann wird aus dem zuvor gehemmten Menschen ein „Clear", der nun die unermesslichen Fähigkeiten des ungehemmten analytischen Verstandes nutzen kann. Nicht nur seelische Erkrankungen und Neurosen sollen durch die Auflösung von Engrammen beseitigt werden können, sondern ebenso physische Defekte aller Art wie Herzbeschwerden, Bluthochdruck, Sehschwäche, Magengeschwüre, Schwerhörigkeit und schließlich sogar Krebs und Leukämie.

Das Mittel zur Auflösung der Engramme ist das „Auditing", eine Befragung des „Preclear", d. h. des unbehandelten Menschen, nach einer fest vorgegebenen Fragenfolge, die der Befragte beantworten muss. Damit sollen die Geschehnisse freigelegt werden, in denen die Ursachen aller Probleme liegen sollen. Der Auditor, der intensiv geschult wurde, zuzuhören, musste ebenso lernen, bei Abschweifungen im Gespräch stets wieder zum Befragungsschema zurückzuführen. Er verwendet bei seiner Arbeit häufig ein Gerät, das als „E-Meter" bezeichnet wird. Es arbeitet ähnlich wie ein Lügendetektor und soll emotionale Reaktionen des Befragten aufdecken. In diesen Befragungssitzungen soll schließlich das Bewusstsein des Befragten weitgehend erforscht werden. Unabhängige Psychologen haben nachdrücklich auf die Gefahren hingewiesen, die mit dieser auditiven, hypnotisierenden Technik verbunden sind, insbesondere wenn sie von nicht oder schlecht geschulten Auditoren angewendet wird. Mentale Abhängigkeit bis zur Manipulierbarkeit könne die Folge sein.

DIE DIANETIK LEHNT SICH AN EINE METHODE VON SIGMUND FREUD AN.

DURCH GEZIELTE BEFRAGUNG SOLLEN „ENGRAMME" BESEITIGT WERDEN.

DIE „AUDITINGS" WURDEN VON UNABHÄNGIGEN PSYCHOLOGEN ALS MANIPULATIV KRITISIERT.

▲ Mit dem sogenannten „E-Meter" diagnostizieren die Auditoren von Scientology emotionale Reaktionen der Befragten.

✳ Vom *Clear* zum *Thetan*

Die Grundlage für die Hubbard'sche Methodik bilden pseudowissenschaftliche Hypothesen über die Struktur des menschlichen Verstandes (*mind*). Zur Frage des Seins und der Unsterblichkeit der Seele hat Hubbard esoterische Vorstellungen entwickelt. Demnach steht der Mensch in einem permanenten Überlebenskampf, bei dem die Funktion seines Verstandes eine entscheidende Rolle spielt. Dieser arbeitet angeblich so, dass er in erster Linie auf Erfahrungen zurückgreift, die in einer Art Datenbank gespeichert sind.

„ENGRAMME" WER-
DEN GEMEINSAM
MIT ANGSTGEFÜH-
LEN GESPEICHERT.

Der Verstand selbst besteht laut Hubbard aus zwei „Daseinsformen": einer positiv-analytischen und einer negativ-reaktiven. Der analytische Verstand arbeitet mit der Präzision eines Computers, ist jedoch empfindlich gegen Erfahrungen des physischen Schmerzes oder Angst. In einer solchen Situation schaltet er ab und der reaktive Verstand übernimmt das Kommando. Dieser kann aber diese Erfahrungen nicht rational verarbeiten und legt sie deshalb auf einer eigenen Datenbank als Engramm ab. Von hier können sie abgerufen werden, wobei sie die alten Schmerz- und Angstgefühle wieder entstehen lassen. Dieses Wechselspiel kann schließlich zu Neurosen und Zwangsvorstellungen führen. Nur das konsequente Auditing kann den Menschen von seinem reaktiven Verstand befreien.

Neben dem Körper und dem Verstand – zwei sterblichen Komponenten – verfügt das menschliche Wesen auch noch über eine unsterbliche Komponente, eine Art Seele, die Hubbard „Thetan" nennt. Diese Komponenten existieren angeblich schon über 350 Milliarden Jahre; sie sind damit älter als jede Schöpfung und waren ursprünglich absolut omnipotent.

DIE UNSTERBLICHE
KOMPONENTE DER
SEELE NANNTE HUB-
BARD „THETAN".

Die Wiedererlangung dieser Fähigkeiten ist für den Scientologen höchst erstrebenswert. Dieser Zustand ist auf der Stufe des „Clear" noch nicht erreicht; man muss noch derzeit acht sogenannte „Operating-Thetan"-Stufen (OT-Stufen) durchlaufen, bis das Thetan nicht mehr an Materie gebunden ist und dadurch völlig frei operieren und auch außerkörperliche Erfahrungen nutzen kann. Diese umfassen auch außerirdische Bereiche wie Leben auf anderen Planeten und galaktische Katastrophen, aber auch Traumvorstellungen, Eingebungen und sonstige Folgen des geistigen Abschaltens.

„BODY-THE-
TANE" HAFTEN
AN KÖRPERLI-
CHEN WESEN,
WEIL SIE TRAU-
MATISIERT SIND.

Neben diesen Ideal-Thetanen gibt es auch „Body-Thetane", die sich – obwohl körperlos – aufgrund eines gemeinsamen traumatischen Erlebnisses in Gruppen an körperliche Wesen anheften. Natürlich sind diese „Cluster" von Body-Thetanen ein Hindernis auf dem Weg zu geistiger Freiheit.

Die Traumatisierung der Thetane zu Body-Thetanen, die Hubbard mit der OT-III-Stufe verbindet, klingt richtig abenteuerlich. Demnach sind die Thetane vor 75 Millionen Jahren einer Riesenkatastrophe ausgesetzt gewesen, die von Xenu, dem Oberherrscher über einen Zusammenschluss von 21 Sonnen und 76 Planeten, ausgelöst wurde.

Wegen eines Überbevölkerungsproblems habe Xenu unzählige Thetane zur Erde verschleppt, im Tiefkühlzustand in der Nähe von Vulkanen abgelegt und Letztere durch Wasserstoffbomben zur Explosion gebracht. Die nach dieser recht massiven Behandlung traumatisierten Thetane wurden danach einer Infiltration von Empfindungen ausgesetzt, wie sie bei Bewusstlosigkeit oder Schmerz auftreten und die Absichten, Gegenabsichten und Handlungsanweisungen enthalten.

Gleichzeitig wurden Bilder und Szenarien übertragen, zum Beispiel von Gott und dem Teufel, der katholischen Kirche, dem modernen England, Weltraum-Epen und was sonst noch den Vorstellungen von Xenu entsprach. Die Erinnerungen an diese Behandlung sind allerdings nachhaltig gelöscht worden.

XENU SOLL HEUTE NOCH IN
EINEM KRAFTFELD GEFANGEN
GEHALTEN WERDEN.

Natürlich gab es laut Scientology auch eine Rettung in dieser Situation: Xenu konnte von „loyalen" Offizieren gefangen genommen werden, die ihn in ein aus ewigen Batterien gespeistes Kraftfeld in den Bergen einsperrten, wo er heute noch existieren soll.

✳ Teure Selbstfindung

Viele, die eine solche nähere Einführung in die esoterischen Grundlagen der Scientology genossen haben, fragen sich nun erst recht, wie diese Gemeinschaft ihre Mitglieder rekrutiert und zu ihrem Reichtum kommt. Die Einflüsse moderner Science-Fiction sind jedenfalls kaum zu verleugnen.

Doch die Antwort ist gar nicht so schwierig. Die Scientology-Kirche bietet für Alltagsprobleme auf zahlreichen Gebieten Therapien an, die von Lernhilfen für Schüler über Fortbildungskurse für Manager, Betriebsberatungen und Personalpolitik in der Industrie bis zum Drogen-Rehabilitationsprogramm alles umfassen.

Die Esoterik des ewigen Lebens als Thetan kommt in den Anfangssitzungen ebenso wenig zur Sprache wie das politische Machtstreben des Konzerns. Es geht vielmehr darum, pseudo-wissenschaftliche Dienstleistungen zu massiv überhöhten Preisen zu verkaufen, indem man zentrale Hoffnungen und Ziele des modernen Menschen anspricht. In Aussicht gestellt werden erhöhte Glücksfähigkeit, Bannung aller Lebensängste, unbegrenzter Erfolg und Erneuerung des ganzen Menschen und so wird der Therapierte Schritt für Schritt von der Organisation abhängig gemacht.

SCIENTOLOGY STELLT SEINEN
MITGLIEDERN DIE BESEITIGUNG
IHRER ÄNGSTE IN AUSSICHT.

Natürlich steigen für die Folgebehandlungen auf dem Wege zum Thetan die Preise rasant an, was häufig den Verlust des Vermögens und die Überschuldung der Opfer nach sich zieht. Während ein Auditing auf den unteren Stufen ca. 400 Euro für zwölf Stunden kostet, steigt der Preis für die höheren Stufen leicht auf 5000 Euro. Das Erreichen der Stufe „Clear" verschlingt an die 20 000 Euro, für die OT-Stufen muss man schon mehrere 100 000 Euro ablegen. Darüber hinaus hält der Konzern die eigenen Kosten gering, indem er die Mitarbeiter so schlecht bezahlt, dass man schon von Ausbeutung sprechen kann. „Ich möchte eine Religion gründen. Dort liegt das Geld!", soll Ron L. Hubbard 1949 bezeugterweise gesagt haben.

DIE PERSÖNLICHE
ENTWICKLUNG
KANN BEI SCIEN-
TOLOGY EINE
TEURE ANGELE-
GENHEIT WERDEN.

Obwohl Scientology nach außen hin vorgibt, eine religiöse Vereinigung zu sein, und um die Anerkennung als solche kämpft, scheint ihr geheimes Ziel laut Aussage vieler Abtrünniger und kritischer Beobachter die Gewinnung wirtschaftlicher und politischer Macht zu sein, um die Gesellschaft schließlich nach scientologischen Prinzipien umzugestalten. Da die Scientology-Kirche sich nach außen hin so harmlos darstellt – was bei vielen Sekten der Fall ist –, soll im Folgenden noch auf die Methodik zur Mitgliederwerbung eingegangen werden.

✳ Mitgliederwerbung und Ausbildung

Die Mitgliederwerbung beginnt öffentlich, meist in Fußgängerzonen, wo Scientologen einen kostenlosen Test anbieten, der Auskunft über die Persönlichkeit des Befragten geben soll und angeblich auf einem Testverfahren der Universität Oxford beruht, was allerdings nicht stimmt. Er umfasst rund 200 Fragen, in denen die Frage nach Beziehungen zu anderen Menschen, vor allem Freunden, mindestens fünfmal in mehr oder minder verklausulierter Form auftritt.

Dieser sogenannte OCA-Test deckt fast immer einige Problempunkte bei dem Probanden auf, deren Behebung freundlich angeboten wird – doch diese hat natürlich ihren Preis. Hat der Befragte erst einmal ja gesagt und sich womöglich auf die Behebung einer

DAS TESTVERFAH-
REN DER SCIEN-
TOLOGY-KIRCHE
STAMMT NICHT
VON DER UNIVER-
SITÄT OXFORD.

sozialen Kontaktschwäche eingelassen, bleibt er nicht mehr allein, sondern wird von Scientology in die Arme genommen. Wenn er dann voll vereinnahmt ist, wird er zum Auditor ausgebildet und darf bald selbst das Auditing durchführen, weitere Mitmenschen aus ihrer Krise zur Scientology führen und damit neue Geldquellen erschließen.

Wie die Befreiung des „Patienten" von seinen Defekten erfolgt, wurde bereits beschrieben. Wie die Ausbildung zum Auditor und zu höheren Funktionsgraden erfolgt, ist fast nur aus Berichten Abtrünniger bekannt. Sobald ein „Clear" zu höheren Weihen aufsteigen, d. h. die OT-Stufen durchlaufen will, betritt er ein Gebiet, welches von Scientology als vertraulich bezeichnet wird und somit als eine Geheimwissenschaft zu bezeichnen ist.

> ALLE ENTWICKLUNGSSTUFEN OBERHALB DES „CLEAR" GELTEN BEI SCIENTOLOGY ALS STRENG VERTRAULICH.

Während die Stufen I und II in erster Linie an meditative Übungen zum Eigentraining erinnern, wird dem Auszubildenden mit Stufe III gegen rund 7000 US-Dollar der Einblick in das Wesen der Thetane eröffnet, wie es bereits oben dargelegt wurde. Zu den Bildern, die den Thetanen nach der großen Explosion eingepflanzt wurden, gehört all unser Wissen über Kulturen und Religionen; selbst Jesus Christus gilt als eine damals eingepflanzte Illusion.

Die Stufen IV bis VII befassen sich mit dem Menschen als Produkt einer Zusammenballung von Klumpen aus Body-Thetanen sowie mit dem Ursprung und den Geheimnissen des Lebens. Die Inhalte dieser OT-Stufen werden nur in der Zentrale in Clearwater, Florida, vermittelt. Die höchste bisher freigegebene Stufe, OT VIII, wird nur an Bord der *Freewinds*, des Schulungsschiffs der Scientology,

> DIE HÖCHSTE STUFE WIRD NUR AN BORD DES SCIENTOLOLGY-FLAGGSCHIFFES ERTEILT.

erteilt, nachdem der Aspirant gründlichst auf seine Linientreue und Hingabe an Hubbard überprüft wurde. In dieser Stufe wird das Verhältnis des Scientologen zu Gott behandelt und damit die wichtigste „Voraussetzung für die vollkommene Freiheit" geschaffen.

✳ Fragwürdige Security

Die „Verwaltungsvorschriften" für den Umgang mit den OT-Stufen sind selbstverständlich streng geheim – wie es sich für eine echte Geheimgesellschaft gehört. Verstärkt wird dieser Eindruck durch die Schaffung des Guardians Office, einer Art Geheimpolizei innerhalb der Bewegung; die 1100 Mann starke Einheit übernahm ihre Methoden von Gehlen, dem Meister der nationalsozialistischen Spionage. Hubbard hatte sie ursprünglich zu seinem persönlichen Schutz geschaffen – er fühlte sich stets bedroht –, gleichzeitig bediente er sich ihrer zur Ausschaltung von Kritikern und politischen Gegnern.

Die Vorgehensweise der Gruppe ist einfach und effektiv: Man besorgt sich durch Einbruch und Diebstahl Akten über kompromittierende Taten unliebsamer Zeitgenossen, mit denen man diese dann erpresst und schließlich ausschaltet. Solche Gegner sind, neben den Kritikern, vor allem Abtrünnige der Scientology.

Diese Methoden führten zu Beginn der 90er-Jahre dazu, dass eine Reihe prominenter Funktionäre des Guardians Office in den USA inhaftiert und 1992 die Scientology Church und drei Scientologen für Straftaten in Kanada schuldig gesprochen wurden.

Natürlich stellt sich die Frage, warum eine angebliche Religionsgemeinschaft zu den klassischen Mitteln aller Diktatoren greifen muss, um sich zu behaupten. Als Antwort nötigt sich auf, dass Scientology vielleicht weniger eine Religionsgemeinschaft ist als vielmehr ein Managementkonzern, der nach Macht strebt. Über wen – über ein Land? Nein! Über die Erde? Nein! Über unsere Galaxie? Nein: über das Universum!

▲ Das Scientology-Hauptquartier in Clearwater, Florida, ist gut geschützt.

> DIE SECURITY ARBEITET MIT FRAGWÜRDIGEN METHODEN DER BESPITZELUNG.

> DURCH EINBRÜCHE VERSCHAFFTE MAN SICH BELASTENDES MATERIAL ÜBER GEGNER.

OPUS DEI

Das traditionsreiche katholische „Werk Gottes" ist hier nur auf den ersten Blick fehl am Platz. Warum, werden wir gleich sehen.

✳ Am Anfang war ein Wunder …

Josemaría Escrivá de Balaguer y Albas wurde im Januar 1902 geboren und bereits zwei Jahre später mit dem Wunderglauben konfrontiert. Die fromme Mutter schleppte den todkranken Zweijährigen zu einer Marienkapelle, um seine Rettung der Heiligen Jungfrau anzuvertrauen. Der Plan ging auf, der Kleine überlebte und seine Mutter soll daran erkannt haben, dass er für etwas „Großes" ausersehen worden war.

Im Alter von 16 Jahren entschied sich Josemaría für die Priesterlaufbahn, um etwas für Gott zu tun. Und nur drei Jahre nach seiner Priesterweihe ging die Prophezeiung seiner Mutter in Erfüllung: Einer göttlichen Eingebung folgend gründete er 1928 die *Praelatura Sanctae Crucis et Opus Dei*, die „Prälatur des heiligen Kreuzes und Werk Gottes".

Bis heute ist daraus eine mit militärischem Pflicht- und Hierarchiebewusstsein organisierte, weltweit operierende Eliteeinheit geworden, deren Ziel in einer „Übernahme" der katholischen Kirche von innen her zu bestehen scheint. Ihre Ansichten vom „wahren Christentum" sollen die allein bestimmenden werden.

✳ Innenleben und Außenbild

Das Bild, welches das Opus Dei nach außen vermittelt, könnte indes nicht weiter von diesen hier unterstellten Absichten ablenken; andernfalls wäre das „Werk", wie eine intern beliebte Kürzestbezeichnung lautet, auch nicht würdig gewesen, in ein Buch über Geheimgesellschaften aufgenommen zu werden. Wer die offizielle Website der Organisation öffnet, liest als allererstes den Satz: *„Gott und den Menschen dienen."*

KIRCHENINTERN WIRD OPUS DEI GERNE AUCH NUR „DAS WERK" GENANNT.

Ein durchaus hehres Anliegen, gegen das erstmal wenig einzuwenden ist. Immer wieder hervorgehoben wird die Verbindung der Mitglieder zur Arbeit und zu gewöhnlichen Lebensumständen. Und tatsächlich sind fast

alle Mitglieder Laien, die Mehrzahl lebt in Familien und geht einem Broterwerb nach; nur etwa 2 % haben eine theologische Ausbildung durchlaufen und die priesterlichen Weihen erhalten – dies allerdings, so ein erstes aufschlussreiches Faktum, fast ausschließlich über interne Bildungseinrichtungen des Opus Dei.

FAST ALLE MITGLIEDER VON OPUS DEI SIND LAIEN.

Nur wenige haben das Sagen: Für Führungspositionen werden Priester herangezogen; Laien können überhaupt allerhöchstens zum *Inscrito* werden, womit sie zwar Leitungsaufgaben übernehmen, aber nicht den wirklichen Entscheidungsgremien angehören. Der Prälat, der Generalvikar, der Priestersekretär sowie die Regionalvikare (Länderführer) müssen Geistliche sein. Womit sie, in einem

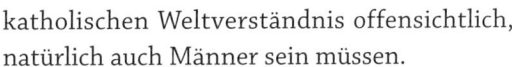
▼ Josemaría Escrivá predigt vor weiblichen Opus-Dei-Mitgliedern.

katholischen Weltverständnis offensichtlich, natürlich auch Männer sein müssen.

Welche Ehrerbietung diesen Herren entgegenzubringen ist, lässt uns der Gründer wissen: „**WEG 66**: *Der Priester, wer auch immer, ist stets ein zweiter Christus.*"

In der zweiten Reihe, als Laien den männlichen Laien untergeordnet, sind auch (erstaunlich viele) Frauen bei Opus Dei vertreten. Sie können die Position einer *Inscrita* erreichen, womit sie auf den eigens für die Frauenabteilung zuständigen zentralen Beirat Einfluss nehmen können. Sehr geringen Einfluss allerdings, der sich überdies auf die einzige Rolle der Frau bei Opus Dei beschränkt: die Verwaltung. So wird in den Niederlassungen der Gottesstreiter die Frauenabteilung bezeichnet; jene der strikt von ihnen getrennten Männer wird „Residenz" genannt.

▲ Die Opus-Dei-Zentrale in New York vermittelt einen Eindruck von der Macht dieses Netzwerkes.

Zwar gibt es Vorzeigefrauen auch bei Opus Dei, z. B. die Sprecherin des Informationsbüros in den USA, Terri Carron. Die Regel ist aber eine Widerspiegelung der sorgfältigen Wortwahl: In der Residenz wird entschieden und geherrscht, in der Verwaltung dafür gesorgt, dass der Haushalt in Ordnung ist.

DIE ROLLE DER FRAUEN BESCHRÄNKT SICH BEI OPUS DEI AUF DIE VERWALTUNG.

Dabei die strikte Geschlechtertrennung einzuhalten, ist nicht einfach und treibt mitunter absurde Blüten. Escrivá empfahl zwischen den Abteilungen grundsätzlich eine Doppeltüre mit verschiedenen Schlössern – eines für die Männer-, eines für die Frauenseite. Zur gegebenen Zeit kann der Direktor seine Seite öffnen und telefonisch das Signal geben, sodass die Frauen z. B. das Essen in der Residenz auftragen können. Sind sie wieder verschwunden, informieren sie die Leitung und die Herren können ungestört speisen. Ist das erledigt und die Männer außer Sichtweite, rücken wieder die Frauen aus und räumen das Geschirr ab.

DIE STRIKTE GESCHLECHTERTRENNUNG BEI OPUS DEI FÜHRT MITUNTER ZU SKURRILEN ABLÄUFEN.

❋ Worte des „Josef Maria Schreiber"

Der Gründer wäre zufrieden gewesen, ließ er doch in einer seiner zahlreichen Schriften verlauten: *„Die Direktorin ist sich stets bewusst: Die perfekte Verwaltung sieht und hört man nicht."*

Escrivá hat selbst oft gemeint: „Ich heiße Schreiber und ich schreibe." Eigentlich heißt er sogar wörtlich „ich schreibe". (Bei der Geburt hieß er noch Escriba, änderte seinen Namen aber in eine edler klingende Form um; auch, um sich von seinem bankrott gegangenen Vater abzugrenzen.)

Seinen größten Erfolg landete er in der ihm in die Wiege gelegten Disziplin mit den 1934 veröffentlichten „Geistlichen Betrachtungen", die er später *Camino* nannte – „Der Weg". Über vier Millionen Mal wurden diese 999 Aphorismen verkauft, in 44 Sprachen können sich die für seine Botschaften empfängnisbereiten Katholiken daran erbauen.

Will man dem Geist des Opus Dei auf die Schliche kommen, gibt es keine bessere Lektüre. So wehrt sich die Organisation oft gegen den Vorwurf, eine elitäre Ausrichtung zu haben (obwohl z. B. in Österreich 50 % der Mitglieder Akademiker sind, was selbst bei der regierungsfreundlichsten Einschätzung der österreichischen Akademikerquote dem Vierfachen des Landesdurchschnitts entspricht). Escrivá schreibt:

▼ Der Bußgürtel wird mit den scharfen Metallspitzen nach innen rund um den Oberschenkel getragen.

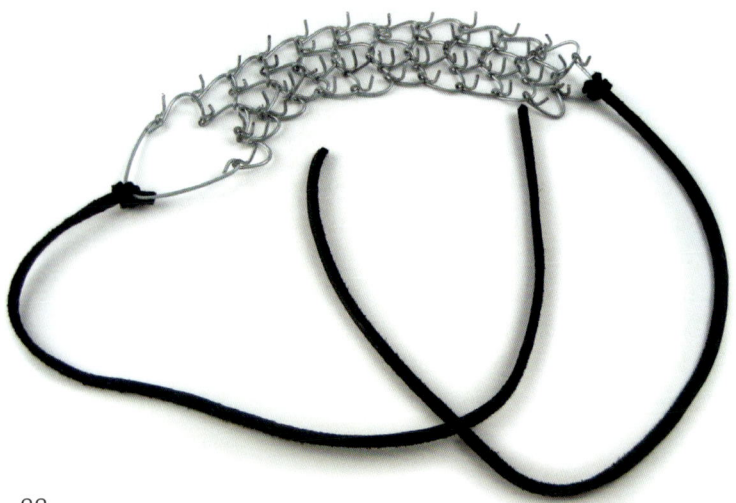

„**WEG 16**: *Dutzendmensch werden? Du (…) zum großen Haufen gehören, der du zur Führung geboren bist?! Bei uns haben Laue keinen Platz. Sei demütig, und Christus wird aufs Neue in dir die Glut seiner Liebe entfachen."*

❋ Der Schmerz

DURCH SCHMERZEN UND ENTBEHRUNG SOLLEN SICH DIE MENSCHEN WEITERENTWICKELN.

Sehr ins Gerede kamen die mittelalterlichen Bußpraktiken der züchtigsten Mitglieder; nach den blutigen Selbstgeißelungen der Romanfigur Silas in Dan Browns Roman *Sakrileg* beeilte man sich bei Opus Dei, den Schaden zu begrenzen. Einerseits gestand man ein, dass das Tragen des Bußgürtels (täglich zwei Stunden außer sonn- und feiertags) und der Einsatz der fünfschwänzigen Peitsche (einmal wöchentlich) eingedenk des Leidens Christi dringend empfohlen werde, andererseits versicherte man, dass die Darstellung von Dan Brown extrem überzeichnet sei. Wie lautet der O-Ton des Gründers?

„**WEG 194**: *Ich nenne dir die wahren Schätze des Menschen auf dieser Erde, damit du sie dir nicht entgehen lässt: Hunger, Durst, Hitze, Kälte, Schmerz, Schande, Armut, Einsamkeit, Verrat, Verleumdung, Gefängnis …"*

„**WEG 208**: *Gesegnet sei der Schmerz. – Geliebt sei der Schmerz. – Geheiligt sei der Schmerz … Verherrlicht sei der Schmerz!"*

❋ Der Gehorsam

Nach außen hin versucht Opus Dei auch einen weiteren massiven Kritikpunkt zu relativieren, nach dem in der Organisation blinder Kadavergehorsam verlangt würde. Auch in diesem Punkt darf getrost auf die Worte Josemaría Escrivás vertraut werden, sind sie doch von einer Eindeutigkeit, die in Zeiten des Verkommens klarer Werte echtes Vertrauen zu erwecken vermögen:

Allerhöchsten selbst unmittelbar Folge leiste. Eine nette Ausrede, wie viele meinen, die schon vor 1600 Jahren bei der katholischen Kirche mit großem Erfolg angewendet worden ist: Gott will es, und um es dem einfachen Christen mitzuteilen, bedient er sich eines Werkzeugs, das praktischerweise ein Priester in machtvoller Position ist.

OPUS DEI BEHAUPTET, DASS GOTT DURCH SEINE PRIESTER SPRICHT.

Bei Opus Dei liegt der Fall ein wenig anders, denn Josemaría Escrivá war wirklich von Gott berufen, wie er uns in einer ganz und gar undemütigen Selbsteinschätzung wissen lässt:

„… wie Jesus seine Weisungen vom Vater erhielt, ist auch meine Doktrin nicht meine eigene, sondern kommt von Gott und daher soll kein i-Punkt jemals daran verändert werden."
(In: Cronica, *„The Inner World of Opus Dei"*, von John Roche, S. 7, zit. n. www.odan.org)

JOSEMARÍA ESCRIVÁ GAB AN, SEINE LEHREN DIREKT VON GOTT ERHALTEN ZU HABEN.

▲ Beim Opus Dei sind auch „Gebetskarten" mit dem Porträt des heiligen Josemaría Escrivá erhältlich.

DEM ÜBERGEORD-NETEN PRIESTER IST STETS UNBE-DINGTER GEHOR-SAM ZU LEISTEN.

*„**WEG 62**: Ein Leiter. Du brauchst ihn. Um dich hinzugeben, um dich zu verschenken … im Gehorsam."*

*„**WEG 617**: Gehorcht, wie ein Werkzeug in der Hand des Künstlers gehorcht, das nicht danach fragt, warum es dies oder jenes tut. Seid überzeugt, dass man euch nie etwas auftragen wird, das nicht gut ist und nicht zur Ehre Gottes gereicht."*

*„**WEG 941**: Gehorchen …, sicherer Weg. Den Vorgesetzten mit rückhaltlosem Vertrauen gehorchen …, Weg der Heiligkeit. Gehorchen in deinem Apostolat …, der einzige Weg; denn in einem Werk Gottes muss dies der Geist sein: dass man gehorcht oder geht."*

❋ Der Wille Gottes

Von Opus-Dei-Anhängern wird gerne gesagt, dass hier von der Erfüllung von Gottes Willen die Rede sei und das eifrige Mitglied daher in Wahrheit dem Befehl des unfehlbaren

Anderen Schriften gegenüber zeigt sich Opus Dei keineswegs so respektvoll: Es wird zwar heftig abgestritten, dennoch wurde von den Soldaten Christi der 1966 vom Vatikan aufgelöste „Index" wieder eingeführt und seither ständig erweitert. Grundsätzlich werden Bücher in einer sechsteiligen Skala gelistet: **1.** für alle empfehlenswert, auch für Kinder; **2.** für alle zugänglich; **3.** entsprechende doktrinäre Vorbildung vorausgesetzt, mit Erlaubnis des spirituellen Leiters; **4.** entsprechende doktrinäre Vorbildung vorausgesetzt, mit Erlaubnis des spirituellen Leiters, sofern ein begründeter Bedarf besteht; **5.** intern verboten; **6.** absolut verboten.

Einige Autoren, die eine „Sechs" geschafft haben, sind: Woody Allen, Isabel Allende, Heinrich Böll, Gustave Flaubert, Allen Ginsberg, Günter Grass, Herman Hesse, John Irving, James Joyce, C. G. Jung, Stephen King, Milan Kundera, Karl Marx, Somerset Maugham, Vladimir Nabokov, Pablo Neruda, Marcel Proust, Philip Roth, John Updike, Voltaire und Tennessee Williams. Laut ODAN, dem *Opus Dei Awareness Network*, umfasst die Liste an strikt verbotenen Büchern fast 7000 Titel.

WERKE VON WOODY ALLEN, HERMANN HESSE UND GÜNTER GRASS STEHEN BEI OPUS DEI AUF DEM INDEX DER VERBOTENEN BÜCHER.

❋ Die Kirche in der Kirche

Die Intoleranz gegenüber allen abweichenden Meinungen ist bei Opus Dei extrem ausgeprägt. Was zum nächsten, selbstverständlich ebenfalls stets bestrittenen Vorwurf an die Organisation führt: Sie sei eine sektenartige „Kirche in der Kirche". Wieder lässt uns „Vater" (eine übliche interne Formel, wenn es um den Gründer geht) Josemaría nicht im Stich und liefert ein aufschlussreiches Zitat, bei dem es um die nach Kräften geförderte Praxis des Beichtens geht. Vertraut wird offenbar nur den eigenen Reihen:

„Alle meine Söhne haben die Freiheit, bei irgendeinem vom Ortsbischof approbierten Priester zu beichten, und man ist nicht verpflichtet, den Direktoren des Werks zu sagen, dass man das getan hat. Sündigt, wer das tut? Nein. Hat er einen guten Geist? Nein. Er ist auf dem Weg, auf die Stimme des schlechten Hirten zu hören."
(In: *Cuadernos*, zit. n. Hofer, Thomas M., S. 93)

Der Abschottung nach außen steht die möglichst totale interne Offenheit gegenüber. Unter dem Titel der Gewissenserforschung wird allen Mitgliedern nahegelegt, mit sich ins Reine zu kommen, im wöchentlichen Kreis Rechenschaft abzulegen und häufig zu beichten; ob dabei auch das Beichtgeheimnis gebrochen wird, um an vertrauliche Informationen heranzukommen, kann nur vermutet werden. Ein Beweis dafür ist nicht zu erbringen. Worum es bei diesen Informationen allerdings in erster Linie gehen würde, liegt auf der

WER NICHT BEIM ÜBERGEORDNETEN OPUS-DEI-PRIESTER BEICHTET, MACHT SICH VERDÄCHTIG.

Hand: Oberstes Ziel jedes Opus-Dei-Mitglieds ist das sogenannte Apostolat, d. h. die Anwerbung neuer Mitglieder.

Diese erfolgt in aller Diskretion, wie es sich für eine Organisation gehört, die die Öffentlichkeit über ihre Absichten im Ungewissen halten will.

❋ Das geheime Gotteswerk

Auf den ersten Blick scheint über Opus Dei alles Wissenswerte zu erfahren zu sein – auf der Website in Dutzenden Sprachen nachzulesen.

Die überaus modern gestaltete Website gibt ausführlich Auskunft über das Werk selbst, den aktuellen Prälaten sowie Leben und Wirken des Hl. Josemaría und gibt Anleitung zum korrekten Leben als Christ. Es scheint, als hätte die PR-Abteilung zur Großoffensive gegen Verschwörungstheorien geblasen und eine Informationskampagne auf breiter Front gestartet – ein bemerkenswerter Aufwand für die nur rund 600 Mitglieder in Deutschland (Stand 2017). „Tolle Ferienfahrten" für Jugendliche werden beworben und ein eigener Menüpunkt liefert mehrmals wöchentlich frische Nachrichten aus dem Opus, vom Papst und von der deutschen Opus-Gemeinde. Man findet sogar Videobotschaften von glücklich Bekehrten. Doch ein ganz anderes Bild entsteht, wenn man sich die Lehrsätze des Gründers zu Gemüte führt.

DIE WEBSITE LIEFERT WERBUNG UND INFORMATIONEN.

Escrivá widmet in seinem „Weg" der Diskretion einen eigenen Abschnitt, der 18 „Weisheiten" enthält; **NR. 650** liest sich folgendermaßen:

„Es gibt viele Leute, auch heilige, die deinen Weg nicht begreifen. – Mühe dich nicht damit ab, ihn ihnen begreiflich zu machen. Du verlierst nur Zeit und gibst Raum für Indiskretionen."

Bei **NR. 840** versteigt sich der Gründer sogar in einen direkten Vergleich mit Jesus:
„Eure Lebensweise soll verborgen bleiben wie die Lebensweise Jesu in den dreißig Jahren."

▶ Papst Johannes XXIII. mit Josemaría Escrivá im Vatikan

◄ Johannes Paul II. (hier bei der Anhörung zur Seligsprechung von Escrivá) unterstellte das Opus Dei 1982 direkt dem Heiligen Stuhl und entzog es so dem Zugriff der lokalen geistlichen Würdenträger in aller Welt.

Das Opus Dei ist also bestrebt, möglichst viel unter Verschluss zu halten. Die weiteren hier angeführten Zitate aus der Feder von Josemaría Escrivá weisen ultrakonservative, strikt hierarchische und autoritäre, sektiererische, frauenfeindliche, intolerante und blindem Gehorsam verpflichtete Züge auf; man sieht in strikter Leibfeindlichkeit und in der Hingabe an den Schmerz den Königsweg für den Christen.

OPUS DEI ZUFOLGE SOLL SICH DER MENSCH ALS KEHRICHTEIMER BETRACHTEN.

„**WEG 592**: *Vergiss nicht, was du bist …, ein Kehrichteimer …*

Demütige dich: weißt du nicht, dass du ein Eimer für Abfälle bist?"

✳ Der Vormarsch der Krieger Christi

Dies alles hat Josemaría Escrivá, der „Vater", selbst so festgelegt, wie auch den militanten Grundton, wenn er seine „Kinder" als „Soldaten *(miles)* Christi" anfeuert, in den Kampf zu ziehen. Wer dies nicht wolle, sei „besiegt, unterworfen, glaubenslos, eine gefallene Seele wie Satan".

Aufgrund des elitären „Head-Huntings" der Organisation, der unmittelbaren Verbindung zur Arbeitswelt und der alles (Geld) aufopfernden Hingabe, die von den Mitgliedern erwartet wird, verfügt die heute weltweit 90 000 Angehörige zählende Elitetruppe über praktisch unbegrenzte Mittel und enormen Einfluss.

1979 sickerte eine für den Vatikan gedachte Information des damaligen Opus-Dei-Leiters Alvaro del Portillo nach außen. Derzufolge waren bereits damals Mitglieder an 479 Universitäten und höheren Schulen vertreten; andere betrieben diskrete Meinungsmache bei 604 Zeitungen, Zeitschriften und sonstigen Printpublikationen, 52 Radio- und TV-Anstalten, 38 Nachrichten- und Werbeagenturen und 12 Filmproduktions- und -vertriebsgesellschaften. Vor allem im Gründungsland Spanien läuft ohne Zustimmung des Opus Dei praktisch nichts mehr: Die drei mächtigsten Bankiers des Landes führen ein 1000 Mann starkes Heer an Opus Dei treu ergebenen Wirtschaftskapitänen an; der frühere König Juan Carlos stand der Organisation nahe, in deren Geist er erzogen wurde. Kein Wunder, dass der iberische Volksmund längst nur noch von der „Santa Mafia", der heiligen Mafia, spricht.

Die offizielle Selbstdarstellung, der zufolge das Opus Dei seinen Mitgliedern gegenüber ausschließlich geistliche Kompetenzen besitze und sich jeglicher politischer oder wirtschaftlicher Einflussnahme enthalte, verliert angesichts dieser Umstände gelinde gesagt erheblich an Glaubwürdigkeit.

Mit höchster Zielgenauigkeit werden Mitglieder rekrutiert, auf die mindestens eines der folgenden Kriterien zutrifft: großer Einfluss im Bildungswesen oder in der Wirtschaft; prominente Meinungsmacher; politisch Mächtiger; finanzkräftig. Oberste Priorität hat jedoch die Linientreue.

AM LIEBSTEN REKRUTIERT OPUS DEI EINFLUSSREICHE LEUTE ODER MEINUNGSVERSTÄRKER.

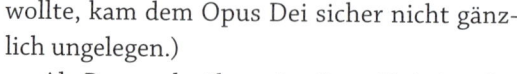

Spätestens 1982 wurden die Weichen für den (bisher ungebrochenen) Siegeszug des Opus Dei gestellt: In diesem Jahr wurde es zur ersten und bislang einzigen Personalprälatur erklärt. Johannes Paul II. hatte sich schon bei seiner Ernennung 1978 als glühender Verfechter der Ideen Escrivás geoutet. (Der bis heute mysteriös gebliebene Tod des lächelnden 33-Tage-Papstes Johannes Paul I., der den von seinen Vorgängern Johannes XIII. und Paul VI. eingeschlagenen Reformkurs mit frischem Schwung fortsetzen

SEIT 1982 IST OPUS DEI EINE PERSONALPRÄLATUR UND DAMIT DIREKT DEM PAPST UNTERSTELLT.

wollte, kam dem Opus Dei sicher nicht gänzlich ungelegen.)

Als Personalprälatur ist Opus Dei eine Organisation in der Organisation – die Mitglieder sind ausschließlich an das Wort des Prälaten gebunden – und territorial völlig unabhängig. Josemaría Escrivá durfte diesen Triumph nicht mehr erleben, er war 1975 verstorben – weshalb auch bereits eifrig an seiner Seligsprechung gearbeitet wurde. Dank eines neuen „Schnellverfahrens", das bei Escrivá erstmals zur Anwendung kam, und der Begeisterung des amtierenden Papstes konnten sich die Anhänger des Spaniers schon 1992 über die Erhebung freuen; über 200 000 Menschen jubelten dem Porträt des „Vaters" zu, das über dem Portal der Peterskirche in Rom aufgehängt worden war.

Obwohl einige Kritik an dieser für viele Geistliche unbegründeten Seligsprechung laut wurde – so gab es keine wirklich überzeugenden Nachweise für die dazu erforderlichen Wunder –, dauerte es bis zum nächsten und letzten Schritt sogar nur zehn weitere Jahre: Am 6. Oktober 2002 wurde der Gründer der göttlichen Streitmacht zum „heiligen Josemaría", wie er seither vorwiegend bezeichnet wird. Als Wunder hatte man Berichte von unerklärlichen Heilungen herangezogen, die nach einem Gebet an Escrivá erfolgt seien.

 Das Endziel

Opus Dei ist bis heute kein Verbrechen nachzuweisen, wie es z. B. Dan Brown unterstellt; die durch geschickte Finanzverlagerungen offiziell mittellose Organisation wirkt friedlich im Sinne der christlichen Heilung im Alltag und kann sich mittlerweile sogar generös geben: So sprach sich Opus Dei gegen einen Boykott des Films *The Da Vinci Code* aus und betonte, dass aus diesem für Christen „objektiv beleidigenden Übel" noch etwas Gutes erwachsen könne; die millionenfachen Zugriffe auf die

◀ Mehr als 200 000 Pilger verfolgten die Heiligsprechung des spanischen Priesters Josemaría Escrivá de Balaguer am 6. Oktober 2002 auf dem Petersplatz in Rom.

Opus-Websites belegten das zu diesem Zeitpunkt enorm gestiegene Interesse.

Ein eigener Beitrag widmet sich dem „echten" Silas. Dabei handle es sich um Herrn Silas Agbim, einen aus Nigeria stammenden US-amerikanischen Börsenmakler, der seit mehr als 30 Jahren Mitglied des Opus Dei sei. Optisch ist Herr Agbim das Gegenteil des Albino-Bösewichts aus dem Roman. Den Medienrummel, der anlässlich des Erscheinens von Dan Browns *The Da Vinci Code* rund um seine Person entstand – gleicher Name und ebenfalls Mitglied des Opus Dei – nutzte er, um „*Eindrücke(n) entgegenzutreten, die Dan Brown über das Opus Dei (...) zu erzeugen versucht*" habe. Sein Namensvetter sei „*eine bösartige Fälschung*".

Herr Agbim betont außerdem, wie wichtig es sei, dass man an seinem Arbeitsplatz Gott diene – eine interessante Bemerkung, wenn das Opus Dei doch angeblich nichts mit dem Wirtschaftsleben seiner Mitglieder zu tun hat?

Anscheinend hat es Opus Dei nicht mehr nötig, seinen enormen Einfluss auf Geld, Macht und Politik zu verschleiern, sondern kann langsam offen damit herausrücken, wie es um seine Absichten wirklich bestellt ist. Vladimir Felzman, ein hochrangiges Ex-Mitglied, das sich zu einem der profiliertesten und schärfsten Kritiker gewandelt hat, beschreibt das Szenario folgendermaßen:

„*Sehr wichtige Leute im Opus Dei sagen heute offen: In 30 Jahren wird das Einzige, das von der Kirche bleibt, Opus Dei sein. ‚Die ganze Kirche wird Opus Dei sein. Denn wir haben den klaren, sicheren, orthodoxen Blick in Bezug auf alles. Der Gründer ist ja von Gott erwählt worden, die Kirche zu retten. Deshalb ist Gott mit uns.'*"

◄ Der reale „Silas" von der Opus-Dei-Website unterscheidet sich vermutlich nicht nur optisch sehr stark von seinem Albino-Namensvetter in Dan Browns Bestseller *Sakrileg*.

▲ Die 5 m hohe Marmorstatue des Heiligen Josemaría Escrivá wurde am 15. September 2005 von Papst Benedikt XVI. geweiht.

Und der Papst? Nun, Benedikt XVI. war ein erklärter Freund des „Werks". Das war auch klug, denn für die Opus-Dei-Anhänger stand er nicht mehr allein an der Spitze der Christenheit: Er musste sich diese Stelle mit dem heiligen „Vater" Josemaría teilen.

Unter dem neuen Papst Franziskus – ein Jesuit – wird der Einfluss des Werkes wohl zurückgehen, denn das Verhältnis von Opus Dei und Jesuiten kann durchaus angespannt genannt werden (in den Medien war 2013 sogar von einem „erbitterten Machtkampf" die Rede). Das „Werk" hat der Frage, was das Opus Dei über Papst Franziskus denkt, jedenfalls ein längeres Interview mit Prälat Bischof Javier Echevarria gewidmet. Eine interessante Zugangsweise, ist Franziskus doch kraft kirchlichem Dogma unfehlbar – und die Frage, was man über ihn denkt, für einen Christen daher im Grunde müßig. Man darf jedenfalls gespannt sein.

JOSEMARÍA ESCRIVÁ WIRD VON OPUS-DEI-MITGLIEDERN „HEILIGER VATER" GENANNT.

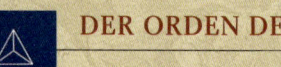

PHILO-SOPHISCHE

GEHEIM-GESELLSCHAFTEN

In diesem Kapitel werden Sie mit drei altbekannten und legendenumrankten Organisationen bekannt gemacht: mit den sagenhaft klugen Pythagoräern, den hochehrwürdigen, aber verschwiegenen Freimaurern und den verschwörerischen Illuminaten.

Bei den Pythagoräern, dem in gewisser Weise fast sektenähnlichen antiken Geheimbund unter der Führung ihres „Gurus" Pythagoras, stand das Streben nach einem Leben in Vernunft und Harmonie im Mittelpunkt ihrer Suche nach Wahrheit. Die Sorge um die unkontrollierte Verbreitung ihrer philosophischen Lehren und mathematischen Erkenntnisse, die sie bei ihrer Wahrheitssuche fanden, war so groß, dass jeder Neuling unter Androhung eines gewaltsamen Todes schwören musste, nichts darüber zu verraten.

Auch den Freimaurern geht es in erster Linie um die „Bearbeitung des unbehauenen Steins", also die Entwicklung der eigenen Persönlichkeit zu einem reifen, besseren Menschen. Die Wege, die sie für ihre Mitbrüder anbieten, um dieses Ideal zu erreichen, unterscheiden sich freilich sehr stark von denen der antiken Pythagoräer. Die allegorischen, symbolbehafteten Rituale und Umgangsformen der Freimaurer sprechen den Mitbruder sowohl vernunft- als auch gefühlsmäßig an – trotzdem vermitteln sie ihre wahre Bedeutung nur dem, der sich ihnen unterzieht, und dazu ist nicht jeder auserwählt. Nur Suchende mit den besten Voraussetzungen und Absichten dürfen in das Licht eintreten. Gerade durch ihre hohen Ideale waren die Freimaurer

insbesondere zu Beginn ihrer Existenz gezwungen, sich im Verborgenen zu halten. Werte wie Toleranz, Gleichheit und Brüderlichkeit entsprachen schließlich so ganz und gar nicht dem erwünschten Wesen eines für einen absolutistischen Herrscher brauchbaren Untertans.

Noch einen Schritt weiter gingen die Illuminaten. Ihr Streben nach einem besseren Menschsein erstreckte sich nicht nur auf den Einzelnen, sondern sogar auf ganze Reiche – am liebsten wäre ihnen die Bildung eines Staates auf Basis der Aufklärung und der sittlichen Vernunft gewesen. Sie strebten ein Reich an, in dem die Herrschaft des Menschen über den Menschen überflüssig geworden wäre – kein wirklich beruhigender Gedanke für einen Fürsten. Leute, die solche Ansichten äußerten, wurden wenig später „Anarchisten" genannt und verfolgt. Trotzdem habe ich die Illuminaten nicht in die Kategorie der politischen Geheimgesellschaften gereiht, auch wenn ihnen bis heute höchst politische Motive und Ziele unterstellt werden – von der ihnen bis in jüngste Zeit immer wieder zugeschriebenen geheimen Weltherrschaft einmal abgesehen.

Da der Ausgangspunkt ihrer Bemühungen trotz allem die Bildung und sittliche Formung des Einzelnen war, haben sie einen Platz in diesem Abschnitt des Buches gefunden.

DER ORDEN DER PYTHAGORÄER

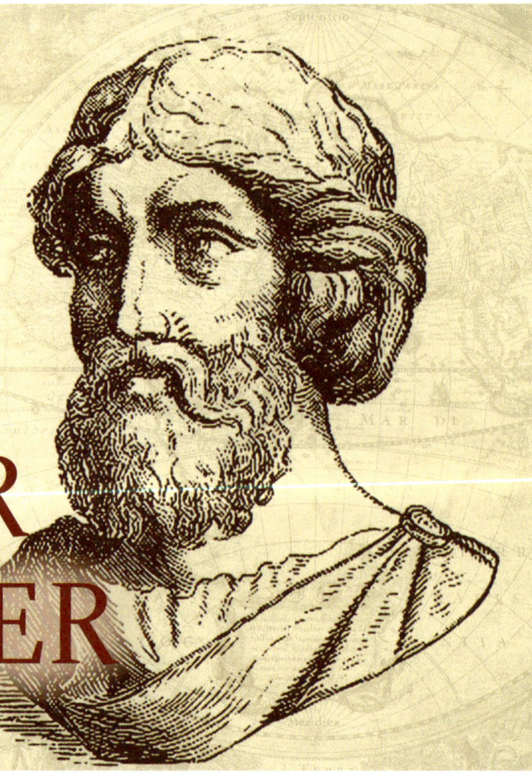

Im Gegensatz zu den religiösen Geheimgesellschaften entstand diese ursprünglich offene Vereinigung weniger aus einer religiösen Lehre als aus der rationalen Einsicht in den Wert einer hohen Sittlichkeit und einer entsprechenden Lebensführung. Erst als diese Gemeinschaft in Widerstreit zu herrschenden politischen Richtungen geriet, musste sie zwangsläufig zum Geheimbund werden.

Der Stifter dieses ethisch-politischen und zugleich philosophisch-religiösen Bundes war Pythagoras, ein ungewöhnlich kluger Mann mit immensem Wissen und dem vornehmen Lebensstil des Weisen. Er wurde 570 v. Chr. auf der Insel Samos geboren, wo er schon in jungen Jahren eine intensive Ausbildung in Mathematik und Geometrie erfuhr, sich aber auch eingehend mit der Musik befasste. Der Satz des Pythagoras mit seiner klassischen Beweisführung hat den Namen Pythagoras' zweifellos unsterblich werden lassen, selbst wenn der Satz vermutlich wesentlich älter ist und heute Euklid zugeschrieben wird.

Zur Erweiterung seines Wissens soll er ausgedehnte Reisen nach Asien und Indien, aber auch nach Gallien zu den dortigen Druiden unternommen haben. Sicher ist jedoch nur, dass er sich längere Zeit in Ägypten aufhielt, wo er Mitglied der Priesterkaste wurde und somit Zugang zu den geheimen Bräuchen, vor allem aber Einblick in den damaligen Wissensstand der Astronomie erhielt.

PYTHAGORAS SOLL AUSGEDEHNTE REISEN NACH ASIEN, INDIEN UND GALLIEN UNTERNOMMEN HABEN.

Alle Versuche, seine ethischen Erkenntnisse nach seiner Rückkehr nach Samos politisch umzusetzen, mussten an der Zwangsherrschaft des zu der Zeit auf Samos regierenden Tyrannen Polykrates scheitern. Pythagoras emigrierte konsequenterweise und ließ sich als 50-Jähriger in Kroton in Unteritalien nieder, welches damals eine hellenische Kolonie war. Sein Wissen, seine Lebensweisheit, seine überzeugende Redekunst sowie sein sittlich strenger Lebenswandel und seine würdevolle priesterliche Erscheinung führten dazu, dass er viele Anhänger und Freunde gewann, was schließlich zur Entstehung des Pythagoräischen Ordens von Kroton führte.

✳ Alles ist Zahl und Harmonie

Seine Philosophie unterschied sich von der zahlreicher griechischer Naturphilosophen darin, dass er einen abstrakten Begriff, und zwar die Zahl, als Wesen der Dinge ansah. So entsprach z. B. der Punkt als unteilbare Größe der Zahl 1, die Strecke – durch zwei Punkte definiert – der Zahl 2, das Dreieck folgerichtig der Zahl 3 und so weiter.

Auch komplexere Dinge wurden in Zahlen gekleidet und die Welt mit einem symbolischen Netz von Zahlenkombinationen umsponnen. Zahlenverhältnisse hatten ebenfalls ihre Bedeutung, besonders in der Klangwelt, wo Pythagoras herausfand, dass den harmonischen Intervallen die Verhältnisse des Grundtons zur Oktave von 1 zu 2, zur Quint von 2 zu 3, zur Quart von 3 zu 4 etc. zu Grunde lagen. Die Entdeckung dieser physikalisch später gesicherten Zahlenverhältnisse bestärkte Pythagoras in der Annahme, dass Zahlen und ihre Verhältnisse das Universum beherrschten, und ermunterten ihn, selbst wissenschaftlich äußerst anspruchsvolle Fragen anzugehen. Das Ergebnis ist heute noch beeindruckend:

> PYTHAGORAS NAHM AN, DASS SICH DAS GESAMTE UNIVERSUM DURCH ZAHLEN UND IHRE VERHÄLTNISSE AUSDRÜCKEN LIESSE.

Im Gegensatz zu all seinen Vorläufern, beispielsweise auch Thales von Milet, erkannte er die Kugelgestalt der Erde – vor ihm wurde sie als Fläche oder Walze angesehen. Auch sah er in ihr nicht den Mittelpunkt der Welt, sondern ließ sie wie die anderen Planeten das „Zentralfeuer" – d.h. die Sonne – in ewiger Ordnung umkreisen. Erst bei der Berechnung der Abstände zwischen den Himmelskörpern führte ihn seine ebenfalls auf Zahlenverhältnissen basierende Sphärenharmonie zu falschen Ergebnissen.

Ebenso scheiterte man an dem trivial erscheinenden Problem, die Diagonale eines Quadrates durch das Verhältnis seiner Seiten auszudrücken, weil ihr die Wurzel aus 2 und damit eine irrationale Zahl zu Grunde liegt. Das gleiche Problem stellte sich bei der Entdeckung des goldenen Schnittes, der ebenfalls

▲ Pythagoras-Denkmal im Hafen von Pythagorio auf Samos, der Geburtsinsel des Philosophen

auf einem irrationalen Zahlenverhältnis basiert, in dem die Wurzel aus 5 enthalten ist. Diese Unstimmigkeiten wurden jedoch vor dem einfachen Mitglied verborgen.

> UNPASSENDE ZAHLENVERHÄLTNISSE WURDEN VOR DEN MITGLIEDERN DES ORDENS VERBORGEN GEHALTEN.

Die verallgemeinerte Bedeutung der Zahl und der Zahlenverhältnisse führte zu dem Satz: „Alles ist Zahl und Harmonie!", der auch für die Ethik gelten sollte. Für den Menschen leitete man daraus die Empfehlung ab, Triebe und Leidenschaften durch überlegene Vernunft und Einsicht zu beherrschen und diese seelischen Gegensätze durch Harmonie auszugleichen.

▶ Man geht heute allgemein davon aus, dass der berühmte „Satz des Pythagoras" ($a^2+b^2=c^2$) bereits indischen, babylonischen und ägyptischen Baumeistern bekannt war.

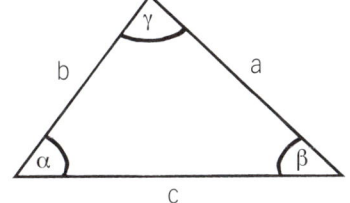

Was das Schicksal der Seele nach dem Tode betraf, so sollte diese in reinem, harmonischem Zustand aus dem körperlichen zum körperlosen Dasein im Übersinnlichen zurückkehren. Die befleckte, unharmonische Seele durfte in Menschen- oder Tierleibern reinkarnieren und das Erdendasein so oft durchlaufen, bis die Harmonisierung erfolgt war, um dann schließlich in die apollonische Welt des Übersinnlichen Eingang zu finden. Hier zeigt sich offenbar der Einfluss der ägyptischen Vorstellungswelt, die Pythagoras auf seinen Reisen eingehend studiert hatte.

▲ Diese klassische Pythagoras-Büste befindet sich heute in den Kapitolinischen Museen in Rom.

✳ Geheimhaltung und Abgrenzung

Der Orden hielt seine Kenntnisse und Erkenntnisse – die philosophischen ebenso wie die rein mathematischen – streng geheim. Deshalb ist wenig darüber bekannt, inwieweit seine Mitglieder ihr Wissen selbst erarbeitet oder es aus anderen Quellen zusammengetragen hatten. Sicher ist dagegen, dass noch nach Pythagoras' Tod Mitglieder, welche die Geheimhaltung verletzten, ertränkt wurden.

SÄMTLICHE ERKENNTNISSE WURDEN STRENG GEHEIM GEHALTEN.

Wie schon erwähnt, demonstrierte Pythagoras durch sein Verhalten und Auftreten, dass er seine eigenen Lehren sehr ernst nahm. Sein Orden basierte auf der „Reinheit des Lebens und der Achtung aller sittlichen Ordnung". Er bestand aus einer Kerngruppe von 300 Mitgliedern, den Esoterikern, welche in die letzten Geheimnisse eingeweiht waren, und einer größeren Gruppe von Exoterikern, die nach langer Unterweisung und zahlreichen Prüfungen in den engeren Kreis aufgenommen werden konnten. Dieser Kreis lebte völlig isoliert unter klösterlichen Bedingungen, ganz darauf bedacht, „die Ordnung zu fördern und der Unordnung zu wehren" – eben in Harmonie zu leben.

Durch das intensive Studium von Mathematik, Musik und der schönen Künste bei gleichzeitigen ausgedehnten Übungen zur Körperertüchtigung versuchte man, den Vorstellungen vom harmonischen Leben am nächsten zu kommen.

DURCH INTENSIVES STUDIUM UND LEIBESERTÜCHTIGUNG SUCHTEN DIE PYTHAGORÄER EIN HARMONISCHES LEBEN ZU FÜHREN.

Beachtenswert ist die Tatsache, dass den Frauen bei den Pythagoräern ganz selbstverständlich in vielen Bereichen die Gleichwertigkeit mit den Männern zuerkannt wurde. Nach dem Tode des Gründers führte laut Iamblichos seine Frau Theano von Kroton und später die gemeinsame Tochter Damo den Orden weiter. Darüber hinaus soll es weitere bedeutende weibliche Pythagoräer gegeben haben.

NACH PYTHAGORAS' TOD SOLL DER ORDEN VON SEINER FRAU GELEITET WORDEN SEIN.

Die Tatsache, dass sich die Pythagoräer an die hohen sittlichen Werte, welche aus den Lehren ihres Meisters folgten, auch in ihrer Lebensführung konsequent hielten, verbreitete den Ruhm des Ordens über ganz Groß-Griechenland. Bald gehörten die edelsten und angesehensten Männer des ganzen Landes dem Orden an.

Ob beabsichtigt oder nicht, wandelte sich der Orden der Pythagoräer langsam von einer religiös-sittlichen zu einer politischen Gemeinschaft mit dem Ziel, einen Idealstaat nach den Grundsätzen der pythagoreischen Lehren zu errichten. Das überlieferte Königtum wurde ebenso verworfen wie die aufkommende Demokratie; beides sollte durch die Herrschaft des Geistes und der Intelligenz ersetzt werden.

In der Realität eigneten sich die Ordensmitglieder mit ihrer Vorstellung von einer Aristokratie des Geistes jedoch einen für den Normalsterblichen unerträglichen Bildungsdünkel an, mit dem man sich bald den zunehmend selbstbewussten demokratischen Teil der Bevölkerung zum erbitterten Feind machte. Hinzu kam eine geheime Zeichen- und Bildersprache, welche die zunehmende gesellschaftliche Abgrenzung noch unterstrich.

Anlässlich der ungerechten Verteilung der Kriegsbeute nach der Zerstörung des demokratischen Sybaris um 500 v. Chr. kam es zum Aufstand gegen die Pythagoräer, der sich auf andere Städte ausdehnte und viele Zeugnisse der großen Leistungen dieses Ordens sowie einen großen Teil seiner Mitglieder vernichtete.

Pythagoras selbst konnte mit wenigen Anhängern nach Metapont entkommen, wo er in hohem Alter starb. Eine andere Version besagt, dass ein gewisser Kylon, dem die Aufnahme in den Kreis der Esoteriker versagt wurde, aus Rache das Versammlungsgebäude der Pythagoräer in Kroton angezündet habe, wobei nur wenige dem Feuer entkamen. Dass Pythagoras selbst auch unter den Opfern war, wird nirgends bestätigt.

Die Grundelemente seiner Lehren mit ihren hohen ethischen Werten blieben jedoch bestehen. In etlichen Städten Süditaliens entstanden kleinere Pythagoräer-Gruppen in lockerem Zusammenhalt, die aber kaum größeren Einfluss gewinnen konnten. Man näherte sich sogar den demokratischen Prinzipien an, die ihnen im Vergleich zur Tyrannenherrschaft eines Dionysios des Jüngeren (ab 376 v. Chr.) als das kleinere Übel erschienen.

NEBEN SÜDITALIEN ENTSTAND IM GRIECHISCHEN THEBEN EIN ZWEITES PYTHAGOREISCHES ZENTRUM.

Die meisten Pythagoräer verließen jedoch nach und nach Süditalien, um sich in Griechenland niederzulassen, wo in Theben bald ein neues pythagoreisches Zentrum entstand. In Süditalien blieb der Mathematiker Archytas zurück, der zwar als Stratege von Tarent von sich reden machen konnte, aber wohl nicht den Traum vieler späterer Philosophen – darunter auch seines Freundes Platon – vollenden konnte, einen Staat auf der Basis einer philosophischen Lehre aufzubauen. Gesichert ist aber, dass wenigstens die Politik der Stadt deutlich pythagoreisch geprägt wurde. Als Feldherr wurde er nie geschlagen; als Philosoph begründete er die wissenschaftliche Mechanik, auf deren Basis er z. B. eine hölzerne Taube herstellte, die auch fliegen konnte.

✳ Gradsystem und Gemeinschaft

Was die Pythagoräer mit allen Mysterien und späteren Geheimbünden gemein hatten, betraf die graduelle Einweihung in die geheime Lehre des Bundes. Wenn jemand für würdig befunden wurde, eingeweiht zu werden, und das Prüfungsstadium erfolgreich durchlaufen hatte, wurde er zunächst noch kein Vollmitglied mit allen Rechten und Pflichten. Zuerst durfte er in der Lernphase nur zuhören und schweigen. Es war ihm nicht einmal gestattet, nachzufragen, wenn er etwas nicht verstanden hatte.

Nach dieser Phase, die mindestens zwei Jahre dauerte, und wenn der Kandidat das Schweigen und Zuhören gelernt hatte, stieg er in den Rang des „Mathematikos" auf, in dem er nachfragen, das Gehörte aufzeichnen und eigene Vorstellungen äußern durfte. Die weitere intensive Ausbildung in Geometrie, Astronomie und Musik ließ ihn schließlich den Grad des „Physikos" erreichen, der ihm nun gestattete, die Naturgesetze und deren Ursprung zu studieren. Dieser lange und intensive Ausbildungsprozess, während dessen die Schüler ohne Anrecht auf Eigentum gemeinsam untergebracht waren, förderte das Zusammengehörigkeitsgefühl in solchem Maße, dass sich schließlich ein absolutes Füreinander entwickelte, wie es von Schiller in seiner Ballade „Die Bürgschaft" noch 2000 Jahre später besungen wurde.

Die Lehren der Pythagoräer erfuhren um die Zeitwende durch die Gestalt des Apollonius von Tyana (3 – 96 n. Chr.) eine gewisse Neubelebung. Leider erfahren wir über diesen ganz im Sinne von Pythagoras lebenden Philosophen nur etwas aus Schriften, die erst 300 Jahre nach seinem Tode entstanden sind. Das Bild, welches der Sophist Philostratus im Auftrage einer römischen Kaiserin von ihm schuf, weist jedoch so viele Ähnlichkeiten und Analogien zu Christus auf, dass man Philostratus ebenso gut unterstellen kann, eine heimliche Verehrung für Christus zu hegen, oder die Frage aufwerfen kann, ob er einem Auftrag gerecht werden wollte, eine Gegenfigur zu Christus auf der Basis des bestehenden Glaubens zu schaffen.

AUCH DIE PYTHAGORÄER WEIHTEN IHRE ANWÄRTER NUR SCHRITTWEISE IN IHRE GEHEIMNISSE EIN.

ERST NACH ZWEI JAHREN DES ZUHÖRENS DURFTEN FRAGEN GESTELLT WERDEN.

APOLLONIUS VON TYANA BELEBTE DIE LEHREN DES PYTHAGORAS NEU.

DIE FREIMAURER

DIE FREIMAURER
WURDEN SCHON
FÜR SO GUT WIE
ALLE HISTORISCHEN
GROSSEREIGNISSE
VERANTWORTLICH
GEMACHT.

Welche Spekulationen sind über die Freimaurer nicht schon angestellt worden! Revolutionen sollen sie schon ausgelöst haben – von der Französischen bis zur Russischen Oktoberrevolution –, Regierungen sollen sie unterwandert und satanische Rituale vollzogen haben! Kaum eine Geheimgesellschaft ist Objekt zahlreicherer Vermutungen, Unterstellungen und Verschwörungstheorien geworden. Allein schon deshalb gebührt ihr in einem Buch über Geheimgesellschaften ein Ehrenplatz.

Vielleicht mag es daher ein wenig merkwürdig anmuten, wenn man feststellt, dass die modernen Freimaurerlogen heutzutage als ganz normale Vereine in den Vereinsregistern eingetragen sind, dass sich zahlreiche Logen auf öffentlich zugänglichen Internetseiten präsentieren und einige Staatsmänner ganz offen ihre Mitgliedschaft bekennen. Wie weit ist es also wirklich her mit dem Nimbus der mächtigen Geheimgesellschaft? Ist die Freimaurerei wirklich jene graue Eminenz im Hintergrund vieler Regierungen, Geheimdienste und mächtiger Organisationen? Oder bilden

HEUTE BETREIBEN
VIELE LOGEN UND
GROSSLOGEN
EIGENE WEBSITES.

die Freimaurer vielmehr, wie eine Reihe zeitgenössischer Autoren behaupten, bloß karitativ höchst engagierte Clubs, in denen harmlose, gut situierte ältere Herren vorzugsweise ihre Freizeit verbringen?

Lassen Sie uns zur Beantwortung all dieser Fragen zunächst einen Blick auf die Geschichte der Freimaurerei werfen, damit wir verstehen, woraus und wie sich diese traditionsreiche Vereinigung mitsamt ihren Ritualen, Symbolen und Regeln entwickelt hat. So viel sei jedenfalls schon gesagt: Der größte Teil der vor 300 und mehr Jahren festgelegten Elemente gilt noch heute.

✳ Die Anfänge der Freimaurerei

Die Geschichte der Freimaurerei ist zum Glück relativ gut erforscht, denn unter den Freimaurern waren und sind renommierte Historiker zu finden. Die Londoner Forschungsloge Quatuor Coronati Nr. 2076 widmet sich überhaupt ausschließlich der Erforschung der eigenen Geschichte. Und sie hat Schwesterlogen gleichen Namens in Deutschland (gegründet 1951 in Bayreuth) und in Österreich (gegründet 1974

den Römern; doch auch wenn es vielleicht bei manchen Bautechniken eine durchgehende Überlieferung gegeben haben mag, findet sich in der Geschichte allerdings kein Hinweis darauf, dass mit dieser Weitergabe von architektonischem Fachwissen auch die Übermittlung von spirituellen Weisheiten verbunden gewesen wäre. Die Baubruderschaften waren damals also – und darin stimmen heute die meisten Autoren überein – noch rein professionell orientiert.

Ihre Aufgaben beschränkten sich jedoch nicht nur auf die Aus- und Weiterbildung ihrer Mitglieder, zunehmend unterstützten sie auch kranke oder in Not geratene Brüder. Außerdem besaßen die Gildenhandwerker Sonderrechte, da sie durch eine päpstliche Bulle geschützt waren: Sie durften Grenzen frei passieren, unterstanden einer eigenen Standesgerichtsbarkeit, waren von Abgaben befreit und genossen eine gewisse Alters- und Invaliditätsabsicherung.

DIE BAUHÜTTEN VERSORGTEN IN NOT GERATENE MITGLIEDER.

Solche Privilegien mussten natürlich gegen Missbrauch durch Außenstehende geschützt werden, ebenso das große Fachwissen, das sich im Laufe der Zeit ansammelte und das für den Bau der gewaltigen gotischen Kathedralen auch notwendig war. Da Ausweise oder Papiere aufgrund des vorherrschenden Analphabetismus

▲ Auch der berühmte britische Premierminister Winston Churchill (1874–1965), hier auf einer Aufnahme von 1941, war Freimaurer.

in Wien), die sich mit ähnlichen Aufgaben im deutschen Sprachraum beschäftigen.

Die Wurzeln der Freimaurerei sind vielfältig. In ihren Bräuchen und Symbolen sind Einflüsse aus teilweise sehr alten Traditionen wie der Kabbala, den Rosenkreuzern oder den Templern erkennbar. Ihren eigentlichen Ursprung dürfte sie jedoch in den Bauhütten des Mittelalters haben. Diese waren Vereinigungen von Bauhandwerkern, die mit der Errichtung von Kirchen, Kathedralen und Klöstern beschäftigt waren.

IN DEN BAUHÜTTEN DES MITTELALTERS LIEGEN DIE WURZELN DER FREIMAUREREI.

Damals existierte noch keine strenge Aufgabenteilung zwischen Architekt, Baumeister und Maurer, wie es sie heute gibt; der Steinmetz war für die Statik eines Gebäudes ebenso zuständig wie für die künstlerische Ausführung und seine Verantwortung daher dementsprechend groß.

Vorläufer solcher Organisationen finden sich bereits in der Antike, etwa die *Collegia* bei

◄ Dieser Stich aus dem Jahr 1568 zeigt Grob- und Fein-Steinmetze bei der Arbeit.

kaum nützlich gewesen wären, wurden zum Schutz Erkennungszeichen entwickelt – Worte, Handzeichen, Handgriffe oder auch Fußstellungen, die entsprechend dem Grad der Ausbildung – Lehrling, Geselle, Meister – weitergegeben wurden. Nur wer die geheimen Zeichen kannte, kam in den Genuss der Privilegien. Wer sie nicht kannte, blieb aus der Bruderschaft ausgeschlossen.

Man muss sich dazu vor Augen halten, dass die Handwerker, insbesondere die Bauleute, im Mittelalter überaus mobil waren. War ein Auftrag vollendet, so zog oft ein ganzer Tross quer durch das Land zum nächsten Auftraggeber. Auch wenn ein Lehrling ausgelernt hatte,

▼ Westminster Abbey, eines der schönsten Werke der gotischen Baukunst in England, erhielt seine Türme zwischen 1722 und 1745.

begab er sich als Geselle auf Wanderschaft. Ein Meister musste einem solchen Gesellen, wenn er Mitglied der Gilde war, Arbeit geben. Hatte er keine, so musste er ihn mit Geld und Verpflegung ausstatten, damit der Geselle zu einem anderen Meister wandern konnte. Als Mitglied einer Maurerloge genoss man also ein hohes Maß an Sicherheit in einer sehr unsicheren Zeit.

Auf dem Kontinent wurde den Maurergilden während der Reformation vorgeworfen, sie würden geheime Versammlungen abhalten und die Gesetze des Staates und der Kirche missachten. Auch infolge der negativen Auswirkungen des Hundertjährigen Krieges verloren sie langsam an Einfluss und lösten sich im Laufe des 17. Jahrhunderts größtenteils auf. Nicht jedoch auf den Britischen Inseln.

✳ Vom Werkmaurer zum Freimaurer

Wie genau nun aus den professionellen Steinmetzgilden die spekulativen (das heißt nicht professionellen) Freimaurerlogen wurden, ist bis dato nicht eindeutig geklärt. Fest steht nur, dass einige schottische Bauhütten im 17. Jahrhundert damit begannen, zunächst als Ehrengäste *non operative masons* aufzunehmen, also Personen, die mit dem Bauhandwerk beruflich nichts zu tun hatten; darunter waren Adelige, Intellektuelle, Schriftsteller und Offiziere.

IN SCHOTTLAND WURDEN BEREITS IM 17. JAHRHUNDERT NICHT-MAURER IN STEINMETZGILDEN AUFGENOMMEN.

Einige Autoren führen dies darauf zurück, dass es mit den Aufträgen zur Errichtung großer Kirchenbauten im 17. Jahrhundert zu Ende ging, dass die Freimaurergilden aber Geld zur Versorgung ihrer Mitglieder benötigten und über ihre finanzkräftigen Ehrengäste zu willkommenen Einnahmen kamen.

Andere Autoren wiederum meinen, dass der Aufschwung der Bauwirtschaft in England und Schottland im 17. und 18. Jahrhundert zum gesellschaftlichen Aufstieg der Baumeister führte, die zu Bauunternehmern und

Architekten wurden und dem neu entstehenden Bürgertum angehörten. Ihren Freimaurerlogen schlossen sich immer mehr Nichtmaurer an, die am Brauchtum, den bruderschaftlichen Regeln und der abgeschlossenen Gesellschaft überhaupt interessiert waren.

Was der konkrete Anlass auch gewesen sein mag: Er traf sich mit den Anfängen einer geistigen Strömung, die das Geschick Europas und letztlich der gesamten westlichen Welt in den nächsten Jahrzehnten entscheidend beeinflussen und mitgestalten sollte: der Aufklärung.

Zur Erinnerung: Wir befinden uns in einer Zeit, in der Könige absolutistisch herrschten, Untertanen den Glauben ihres jeweiligen Landesherren anzunehmen hatten und das entstehende Bürgertum keinerlei politische Mitspracherechte hatte. Doch im Gefolge nicht nur der englischen Aufklärer, wie etwa Francis Bacon, Thomas Hobbes, John Locke oder David Hume, breiteten sich völlig neue Ideen über die Britischen Inseln aus: Gewissensfreiheit, freie Meinungsäußerung, religiöse Toleranz und Gleichheit vor dem Gesetz. Die Werte, für die die Aufklärung stand, passten mit der sozialen Ethik der Bauhütten gut zusammen – eines schien das andere ergeben zu haben.

Die Freimaurerlogen waren jedenfalls ein idealer Ort, wo man ungestört mit Gleichgesinnten über die neuen ethisch-moralischen Ansichten sprechen konnte: Aus diesen „angenommenen", das heißt akzeptierten Maurern – im Gegensatz zu den beruflichen „Werkmaurern" – ging das moderne Freimaurertum hervor: die spekulative, symbolische oder auch blaue Freimaurerei.

DIE FREIMAUREREI STREBTE NACH VERBESSERUNG DER GESELLSCHAFT DURCH VERVOLLKOMMNUNG DES EINZELNEN.

Die humanitär-aufklärerische Grundhaltung ist bis heute eines der wichtigsten Kennzeichen der Freimaurerei. Sie strebte stets die Verbesserung des Menschen und dadurch die ethische Stabilisierung der Gesellschaft an. Zumindest die offizielle freimaurerische Geschichtsschreibung bestreitet, dass Logen jemals Hort revolutionärer Aktivitäten gewesen seien. Daran dürfen jedoch, wie wir noch sehen werden, vor allem außerhalb Englands berechtigte Zweifel angemeldet werden.

Die angenommenen Freimaurer jedenfalls bedienten sich bei ihren Treffen traditioneller Steinmetzwerkzeuge als Symbole, insbesondere des Zirkels und des Winkelmaßes. Letzteres stand zum Beispiel, weil es der Messung und Einhaltung des rechten Winkels diente, symbolisch für die Rechtschaffenheit. Sie behielten auch andere Prinzipien der Bauhütten bei, vor allem das der Bruderschaft und der Verschwiegenheit.

Freimaurer als Begriff

Zum Ursprung des Wortes „Freimaurer", einer direkten Übersetzung der englischen Bezeichnung *freemason*, gibt es in der Literatur mehrere Theorien. Zum einen bezeichnete der Zusatz „frei" bis in jüngste Zeit einfach einen ausgelernten Handwerker, also einen Gesellen oder Meister. Andere Autoren meinen wiederum, „frei" bezöge sich auf die Privilegien der Steinmetzgilden, auf die Freiheit von gewissen Abgaben und Verpflichtungen. Wieder andere meinen, dass die als *freestone-masons* tätigen Steinbildhauer und Baumeister für die feineren Handwerksarbeiten zuständig waren, im Gegensatz zu den *roughstone-masons*, die gröbere Tätigkeiten ähnlich denen unserer heutigen Maurer übernommen haben.

WOHER DER ZUSATZ „FREI" KAM, IST BIS HEUTE NICHT GENAU GEKLÄRT.

Heute bezeichnet das Wort Freimaurer ausschließlich Mitglieder der Bruderschaft, das heißt der symbolischen Freimaurerei (in deren Reihen sich heute vermutlich auch der eine oder andere professionelle Baumeister oder Architekt aufhalten wird).

Der Begriff *freemason* findet sich zum ersten Mal in Dokumenten aus dem 14. Jahrhundert. Im sogenannten Regius-Manuskript wird in paarweisen Versen über die Gründung einer frühen Steinmetzgilde durch König Athelstan

im 10. Jahrhundert in York be-
richtet. Das vermutlich von einem
Priester verfasste Schriftstück enthält ethische und soziale Vorschriften, die an die Gebote der modernen
Freimaurerei erinnern.

Das aus der Zeit um 1450 stammende
Cooke-Manuskript entsprang der Feder eines
Steinmetzes und beschäftigt sich mit spekulativen, d.h. nicht fachlichen Fragen. Daraus bezogen die Gründerväter der modernen Freimaurerei offensichtlich einige Inspiration für
die freimaurerische Symbolik und ihre Rituale, da es unter anderem vom Bau des Salomon-
Tempels sowie den sieben freien Künsten handelt.

Die entscheidenden Impulse für die schriftlichen Quellen der freimaurerischen Geschichte gingen jedoch vermutlich von den Schaw
Statutes aus 1598 und 1599 aus. William
Schaw war Werkmeister am Hof von König
James VI. von Schottland. Er legte in den Statuten die Pflichten der Mitglieder fest, untersagte ihnen, mit unprofessionellen Steinmetzen zu arbeiten, und listete die
Strafen für unsachgemäße Arbeiten auf. Für die Geistesgeschichte
der Freimaurer ist das zweite Sta-
tut jedoch fast noch wichtiger, denn

es verlangte, die Merkfähigkeit der Mitglieder zu prüfen, und enthielt Hinweise auf eine
Gruppe, die sich mit spirituellen Überlieferungen beschäftigte. Darüber hinaus wurden die
Logen aufgefordert, schriftliche Aufzeichnungen zu führen, und das Dokument bestätigte,
dass zu dieser Zeit bereits die Kilwinning-Loge
aktiv war.

✳ Erste Initiation und erste Frauen

Schaws Forderung nach Schriftführung haben
wir also indirekt den frühesten Bericht über
eine Initiation zu verdanken. Dieser stammt
aus der Loge *St. Mary's Chapel* in
Edinburgh (Schottland), wo am
8. Juni 1600 Laird Boswell of Auchen-
leck initiiert wurde. Als Adeliger

dürfte der Betroffene kaum ein beruflicher
Steinmetz gewesen sein, deshalb gilt seine Initiation offiziell als erste spirituelle Erhebung
in den Freimaurerstand.

Die erste belegte Initi-
ation eines Freimaurers in
England ist die von Sir Robert Moray 1641 in New-
castle. Bereits aus 1621
datieren Dokumente der
ehrenwerten *Company of
Freemasons of London*, die

belegen, dass deren Mitglieder in „professionelle" und „angenommene" Maurer unterteilt
waren.

Das York-Manuskript No. 4 aus 1693, das
sich heute noch im Besitz der *Grand Lodge of
York* befindet, belegt sogar, dass damals auch
Frauen in die Logen aufgenommen wurden.
1712 wurde Elizabeth St. Leger, spätere Als-
worth, in die Loge No. 95 aufgenommen, die
noch heute in Cork existiert und interessan-
terweise von der *United Grand Lodge of England* anerkannt ist. Warum dieser Umstand
bemerkenswert ist, werden wir im Abschnitt
über die Organisation der Freimaurer noch erfahren. Wie häufig es vorkam, dass Frauen in
der Frühzeit der Freimaurerei in Logen aufgenommen wurden, konnte von der Forschung
bislang nicht eindeutig beantwortet werden.

✳ Die eigentliche Gründung

Die Zahl der „angenommenen", also nicht be-
rufsmäßigen Freimaurer stieg um die Wende
vom 17. zum 18. Jahrhundert in England rasant an. Durch zahlreiche Beitritte und Neu-
gründungen bestand die Gefahr, dass die ehrwürdige Bruderschaft und ihre Riten ins Chaos
getrieben und der Lächerlichkeit preisgegeben
werden könnten. Daher trafen sich einige ehrenwerte Gentlemen im Dezember 1716 in der
Apple Tree Tavern, um über den Aufbau einer
zentralen Organisation und eines Regelwerkes
zu beraten.

Das Ergebnis war der Beschluss, sich am
nächsten Johannistag, dem 24. Juni 1717,
zur Gründung der Londoner Großloge zu

treffen, der alle Beamten der Mitgliedslogen (Meister vom Stuhl, Stellvertretender Stuhlmeister, Aufseher) angehören sollten. Dieser Tag gilt den Freimaurern seither als höchster Feiertag und reguläre Freimaurerlogen werden auch als „Johannislogen" bezeichnet.

Allgemein gilt der 24. Juni 1717 also als Geburtsstunde der modernen Freimaurerei, als Konstitution der ersten Großloge, auch

VON DER GRÜN-DUNG DER ERS-TEN GROSSLOGE IST KEIN PROTO-KOLL ERHALTEN.

wenn dies nicht durch historische Quellen eindeutig belegt werden kann, da kein Gründungsprotokoll überliefert ist. Mit höchster Wahrscheinlichkeit schlossen sich jedenfalls an diesem Tag im Gasthaus *Goose & Gridiron* („Gans und Bratrost") in London vier Logen zur allerersten Großloge von London zusammen.

Bei diesen vier Logen handelte es sich um die Loge *Rummer and Grapes Tavern in Westminster*, die Loge *Apple Tree Tavern on Charles Street*, die Loge *Goose and Gridiron Ale House in St. Paul's Churchyard* und die Loge *Crown Ale House near Drury Street*. Wie man hier deutlich erkennt, gaben sich die Logen damals keine fantasiereichen oder besonders geheimnisvollen Titel, sondern benannten sich häufig schlicht nach der Schenke, in deren Hinterzimmer ihre Treffen stattfanden.

Bei diesem ersten Großlogentreffen wählten die 115 Mitglieder der vier Gründungslogen Anthony Sayer zu ihrem ersten Großmeister. Drei der vier Logen sind übrigens heute noch aktiv: *Goose and Gridiron* ist heute die *Antiquity Lodge No. 2*, *Rummer and Grapes*

DREI DER VIER GRÜNDUNGS-LOGEN EXISTIEREN HEUTE NOCH.

wurde zur *Royal Sommerset House and Inverness Lodge No. 4* und *Apple Tree* nennt sich heute *Lodge Fortitude and Old Cumberland No. 12*. Sie alle gehören heute der *United Grand Lodge of England* (UGLE) an.

▲ Die Taverne Goose & Gridiron, wo sich die vier Londoner Gründungslogen 1717 zur ersten Großloge zusammenschlossen

Die erste Großloge gewann rasch an Bedeutung. Bereits 1721, bei ihrer Umbenennung in *Premier Grand Lodge of England*, zählte sie mehr als 50 Logen aus London und Umgebung zu ihren Mitgliedern. Im gleichen Jahr wurde die Bestimmung eingeführt, dass jede reguläre Loge eine Gründungsurkunde von der Großloge benötigte, um als regulär anerkannt zu werden.

Innerhalb kürzester Zeit fanden auch hochrangige Adelige, ja sogar Mitglieder des Königshauses in die Reihen der Freimaurer, wo sie teils wichtige Positionen einnahmen. Und das, obwohl gleich zu Beginn ein Richtungsstreit zwischen den Mitgliedslogen („Neumaurer") und denen, die sich absichtlich nicht

JEDE LOGE BENÖTIGT EINE GRÜNDUNGSURKUNDE VON DER ZUSTÄNDIGEN GROSSLOGE.

angeschlossen hatten („Altmaurer"), entbrannt war, der erst 1813 mit der Bildung der Vereinigten Großloge von England (*United Grand Lodge of England*) ein Ende fand.

✳ Die „Alten Pflichten"

DIE „ALTEN PFLICHTEN" SIND BIS HEUTE DAS GRUNDLEGENDE REGELWERK DER FREIMAUREREI.

Das erste umfassende Regelwerk verfasste Dr. James Anderson, der Sohn eines berühmten schottischen Altmeisters, im Jahre 1723. Die sogenannten „Alten Pflichten" bilden auch heute noch eine Art Grundgesetz der regulären Freimaurerei. Sie handeln vom Verhältnis der Maurer zu Gott und zur Religion und regeln das Verhalten der Brüder in der geschlossenen Loge, den Umgang mit Brüdern und Personen außerhalb der Loge sowie das korrekte Betragen gegenüber der Obrigkeit.

Aus diesem Hauptwerk wird das Harmoniebestreben der Freimaurer deutlich: Man versuchte, Menschen unterschiedlichster Einstellungen, sei es nun in politischer, persönlicher oder religiöser Hinsicht, zusammenzubringen. Persönliche Streitereien mussten vor der Schwelle der Loge zurückgelassen werden und Diskussionen über politische oder religiöse Fragen waren und sind strikt verboten, soweit sie Tages- oder Parteipolitik betreffen.

▼ Nach den „Alten Pflichten", jener legendären Verfassung der Freimaurer von Dr. James Anderson, richten sich heute noch Freimaurer in aller Welt.

DAS VERHÄLTNIS DER FREIMAUREREI ZUR OBRIGKEIT IST WIDERSPRÜCHLICH.

Einzig die Passage über das Verhältnis der Freimaurerei zur Obrigkeit wird heute nicht mehr allzu begeistert betont. Sie untersagt den Maurern, sich an „Meuterei oder Verschwörung gegen den Frieden und die Wohlfahrt der Nation" zu beteiligen, und verpflichtet sie dazu, „friedfertige Untertanen" zu sein. Von aufklärerischen Idealen wie der Freiheit des Menschen keine Spur.

Bei näherer Betrachtung widerspricht die Verpflichtung zur Akzeptanz jeder herrschenden Macht jedoch den anderen Lehren der Freimaurerei, die Freiheit postulieren und sie einfordern, damit der Mensch wachsen könne. Unabhängig vom exakten Wortlaut muss man also annehmen, dass in Wahrheit nur „legitime" Herrscher gemeint waren, denen sich der Freimaurer zu beugen hat, also solche, die die Freiheit des Bürgers achten – und damit trug die Freimaurerei aus Sicht der europäischen Monarchien zumindest doch einen subversiven Zug.

NUR LEGITIMEN HERRSCHERN SCHULDET DER FREIMAURER GEHORSAM.

Moderne Historiker führen dieses scheinbare Anbiedern an die Herrschenden auf die nicht unberechtigte Angst der englischen Freimaurer zurück, mit der gescheiterten jakobitischen Verschwörung gegen das englische Königshaus in Schottland, dem „Geburtsland" der Freimaurerei, 1715 in Verbindung gebracht und verfolgt zu werden. (In Frankreich, wohin die Jakobiter nach ihrem Scheitern geflohen waren und an weiteren Umsturzversuchen arbeiteten, ein nicht ganz unberechtigter Vorwurf.)

Mit der neuen Großloge bot sich den Freimaurern nun die Chance, sich als anti-politisch, anti-religiös und anti-revolutionär darzustellen, und das taten sie denn auch. Aus der Notwendigkeit, im Streit zwischen Katholiken und Protestanten in England nicht parteiisch zu erscheinen, wird auch das Verbot religiöser Debatten in den Logen besser verständlich.

Gleichzeitig wird damit auch die große Anziehungskraft der Freimaurerei klarer: Ihre Grundsätze der Humanität, Toleranz, Freiheit und Brüderlichkeit, die sie in ihren Logen bereits zu leben strebten, mussten in einem obrigkeitlichen Staat und in einer Zeit, in der kirchlicher Dogmatismus der Verwendung der menschlichen Vernunft enge Grenzen setzte, höchst verführerisch wirken.

Da die Freimaurerei ein Kind der Aufklärung ist, stellt die kritisch-fragende Geisteshaltung bis heute ihr rationales Standbein dar, verbunden mit einer zutiefst ethisch-moralischen Einstellung. Von Anfang an unterschied sie sich jedoch von rein intellektuellen Debattierclubs durch ein zweites, ein emotional-irrationales Standbein. Dieses wird in der Freimaurerei durch Symbole, Rituale und eine mythologische Hintergrundgeschichte repräsentiert. Über die emotionale Schiene, die mit der rituellen Einführung oder Initiation beginnt, wird zunächst dem Lehrling, dann dem Gesellen und schließlich dem Meister das freimaurerische Gedankengut auf eingängige Weise vermittelt, und zwar viel tiefer und unmittelbarer, als das eine rein verbale Erklärung jemals vermag. Und so wird auch seine Bindung an die Bruderschaft tiefer und verpflichtender.

DURCH RITUALE WERDEN DIE EMOTIONEN DES SUCHENDEN ANGESPROCHEN.

▲ Symbolischer Bestandteil der Freimaurerbekleidung sind z. B. die weißen Handschuhe.

✳ Entwicklung in England

Das gute Verhältnis der Freimaurerei zur Obrigkeit blieb in Großbritannien bis heute erhalten und die Logen genießen dort ein hohes Ansehen. 1799 wurde zwar ein Gesetz erlassen, das sich gegen Geheimgesellschaften richtete, doch die Freimaurer waren ausdrücklich davon ausgenommen. Von nun an mussten sie jedoch den Behörden die Namen der Logen, der Beamten sowie Zeit und Ort ihrer Versammlungen bekannt geben. Doch im Großen und Ganzen sind die Beziehungen zwischen der englischen Freimaurerei einerseits sowie Staat und Kirchen andererseits durchwegs harmonisch verlaufen, da die britische Freimaurerei ihren Humanitätsbegriff von christlich-protestantischen Grundlagen ableitet und zur Demokratie ein positives Verhältnis pflegt.

Heute zählen die Logen in Großbritannien laut eigenen Angaben an die 800 000 Mitglieder, wobei es hier aber Doppelmitgliedschaften gibt, die abgezogen werden müssten. Trotzdem ist diese Zahl beachtlich. Die Logen tendieren dazu, eine Art Clubleben zu entwickeln, ein gesellschaftliches Treiben unter Einbeziehung von Familie und Freunden – natürlich nicht bei der sogenannten Tempelarbeit. Die UGLE ist fast schon eine amtliche Institution und jedes wichtige Vorkommnis innerhalb der Freimaurerei wird in den Tageszeitungen erwähnt.

IN ENGLAND ENTWICKELN DIE LOGEN EIN INTENSIVES CLUBLEBEN.

Ausgehend von schottischen und englischen Großlogen, die sich 1814 gegenseitig anerkannten, breitete sich die Freimaurerei durch britische Soldaten, Händler und Auswanderer in alle Welt aus, wobei es gleich im Nachbarstaat, der Republik Irland, zu Konflikten kam, da die katholische Kirche ihren Gläubigen verbot, Freimaurer zu werden.

IN IRLAND VERBOT DIE KATHOLISCHE KIRCHE DEN GLÄUBIGEN, FREIMAURER ZU WERDEN.

Bis heute hat der Vatikan die Freimaurerei übrigens in insgesamt zwölf offiziellen Stellungnahmen verurteilt, wobei die Enzyklika *Humanum Genus* von Papst Leo XIII. 1885 die Freimaurer sogar zur Sekte erklärte und jedem, der sich erdreistete, Mitglied zu werden, das Seelenheil absprach.

▶ Benjamin Franklin (1706–1790), einer der „Gründerväter" der Vereinigten Staaten, war einer der berühmtesten amerikanischen Freimaurer.

✳ Entwicklung in den USA

In den USA entwickelte sich die Freimaurerei so rasant, dass es dort heute angeblich rund 4 Millionen Freimaurer gibt. Viele der Gründerväter der Vereinigten Staaten waren nicht nur mutige Rebellen, sondern auch Freimaurer und weit weniger angepasst als ihre englischen Kollegen.

Vor dem Zusammenschluss waren die 13 Kolonien, aus denen später die USA werden sollten, höchst verschieden: Sie hatten jede ihre eigene Regierung, unterschiedliche religiöse Ausrichtungen, sozial sehr unterschiedliche Verhältnisse und setzten sich aus anderen Nationalitäten zusammen. In dieser Situation stellte die Freimaurerei den einzigen gemeinsamen Kontaktpunkt dar. Sie breitete sich in den höheren Schichten rasch aus, weil man hier Kontakte, Strukturen und ein soziales Ventil vorfand. Und aufgrund derselben Lehren – Brüderlichkeit, Gleichheit, Toleranz – begann bald ein reger Austausch zwischen den Logen in den unterschiedlichen Kolonien, denn in regulären Logen gilt gegenseitiges Besuchsrecht, und so entstand langsam etwas völlig Neues: ein Gefühl der amerikanischen Einigkeit.

DIE FREIMAUREREI WIRKTE ALS VERBINDENDES ELEMENT ZWISCHEN DEN SIEDLERN IN NORDAMERIKA.

Als einer der bekanntesten Brüder aus dieser Zeit sei Benjamin Franklin genannt, einer der begeistertsten Pioniere der Freimaurerei in Amerika, aber auch George Washington, der erste Präsident der USA, ebenso wie angeblich 20 seiner 22 Generäle und James Otis, einer der Organisatoren der Boston Tea Party, die den Startschuss zum amerikanischen Unabhängigkeitskrieg darstellte.

Zu Letzterer gibt es eine Anekdote: Die Bostoner Kaufleute ärgerten sich schon lange über die Zölle, die die britische Krone auf ihre Waren einhob. In der Nähe des Hafens traf sich die Loge *St. Andrew's* im Hinterzimmer der Taverne *Green Dragon Inn*. Im Jahr 1773 war ein enger Freund von Benjamin Franklin, der Chirurg Joseph Warren, Meister vom Stuhl. Am Nachmittag des 16. Dezember stürmte

▶ George Washington als Freimaurer (1866)

AN DER BOSTON TEA PARTY SOLLEN FREIMAURER BETEILIGT GEWESEN SEIN.

eine Gruppe von verkleideten Männern aus der Taverne zum Hafen, wo sie etwa 350 Kisten mit englischem Tee dem Hafenbecken übergaben. Danach kehrten sie laut singend wieder in den *Green Dragon* zurück. Ihre Identität wurde niemals gelüftet, doch die Aufzeichnungen der St. Andrew's-Loge vermerkten, dass an diesem Tag ein Treffen stattgefunden hatte. Mehr allerdings nicht …

Unter jenen Männern, die nach dem Krieg die Erklärung der Menschenrechte aufsetzten, waren zahlreiche Freimaurer, die sich bemühten, freimaurerische Grundprinzipien in diese Charta einzubringen, und das mit einigem Erfolg.

Bis heute gehören zahlreiche Prominente in den USA den Freimaurern an, darunter Präsidenten und Politiker wie Theodore und Franklin D. Roosevelt, Lyndon B. Johnson, Harry S. Truman oder George Marshall (Initiator des Marshall-Planes für Europa nach dem Zweiten

▼ Franklin Delano Roosevelt (1881–1945), der wie viele andere US-Präsidenten den Freimaurern angehörte, stand während des Zweiten Weltkriegs an der Spitze der Vereinigten Staaten.

Weltkrieg), Manager wie Jack Warner (Filmmanager, Mitgründer von Warner Bros.) und Walter Chrysler (Automobilhersteller), Schauspieler wie Clark Gable oder John Wayne und außergewöhnliche Menschen aus allen gesellschaftlichen Sparten, wie William F. Cody („Buffalo Bill"), Louis Armstrong (Jazzmusiker), Buzz Aldrin (der zweite Mann auf dem Mond), George Gershwin (Komponist) oder Charles Lindbergh (erster Überquerer des Atlantiks im Non-Stop-Flug).

✳ Entwicklung in Frankreich

Trotz des Verbots von politischen Debatten hat die Freimaurerei zweifellos aufgrund ihrer aufklärerischen Natur eine zentrale Rolle dabei gespielt, die Konzepte von Freiheit, Gleichheit und Brüderlichkeit in alle Welt zu tragen. Wie erging es ihr jedoch in jenem Land, das wir für gewöhnlich mit diesen drei Schlagworten verbinden?

In Frankreich herrschten völlig andere Verhältnisse als in England. Die katholische Kirche ging teilweise offen gegen die Freimaurer vor und untersagte den Katholiken, Logen beizutreten. Immer wieder drängte die Kirche auch die weltlichen Machthaber, Maßnahmen gegen die Freimaurerei zu ergreifen, die sich relativ rasch durch aus Schottland geflohene oder verbannte Maurer etablierte.

In den derart in die Defensive gedrängten französischen Logen entwickelte sich daher bald so etwas wie Kampfgeist, welcher bis heute in der französischen Freimaurerei spürbar ist: Für die Engländer war Freimaurerei respektabel, für die Franzosen aufregend. Hier blühten die Riten und mythologisch-allegorischen Geschichten auf und zahlreiche neue Grade und Hochgradsysteme entstanden. Das kämpferische Engagement der französischen Freimaurerei wurde zusätzlich genährt durch den aufgeflammten politischen Kampf gegen den Absolutismus, der schließlich in der Französischen Revolution gipfelte.

Dass die Freimaurer die Revolution geplant und geleitet hätten, wie immer wieder behauptet wird, ist jedoch sicherlich zu viel gesagt. Natürlich gehörten einige der führenden französischen Aufklärer und Revolutionäre – hier finden sich klingende Namen wie Diderot, Danton, Marat, Montesquieu, Talleyrand und Voltaire – den Freimaurern an, doch ihre Beteiligung an den revolutionären Geschehnissen kann kaum als organisiertes Vorgehen gewertet werden.

Der *Grand Orient de France* (Großloge von Frankreich, GOdF) wurde 1773 als zweite Großloge in Europa gegründet. Anders als die UGLE entwickelte sich der GOdF jedoch zu einer liberalen und wenig dogmatischen Vereinigung.

Der größte Unterschied besteht in der religiösen Einstellung. Während in den Logen der UGLE auf die Bibel geschworen wird und der Glaube an den „Allmächtigen Baumeister aller Welten" Voraussetzung für die Aufnahme ist, ist es im GOdF seit 1877 nicht mehr notwendig, an einen Gott zu glauben: Es werden auch Agnostiker und Atheisten als Freimaurer initiiert. Diese schwören auf ein „weißes Buch", das für jeden Freimaurer individuell ein anderes heiliges Buch der Weisheit symbolisieren kann. Obwohl der GOdF heute nur aus Männerlogen besteht, sind auch weibliche Freimaurer bei ihren Zeremonien zugelassen. Außerdem erkennt der GOdF im Gegensatz zur UGLE gemischte und rein weibliche Großlogen an. Als weltweites Unikum engagiert sich der GOdF darüber hinaus politisch liberal.

Aufgrund all dieser Unterschiede brach die UGLE 1913 ihre Beziehungen zum GOdF ab und erkannte ihm die Regularität ab.

Zu diesem Zeitpunkt war der GOdF jedoch bereits so stark, dass er seine liberale Linie weiter verfolgte. Heute zählt er mehr als 40 000 Mitglieder und in aller Welt, auch in Deutschland, existieren Logen, die nach der liberalen Konstitution des GOdF arbeiten.

Neben dem GOdF gibt es in Frankreich noch die 1913 gegründete und von der UGLE anerkannte *Grande Loge Nationale Française* (nach eigenen Angaben rund 50 000 Mitglieder). Als 2009 bekannt wurde, dass die Großloge mehrere Millionen Euro zur Förderung politischer Ziele verwendet hatte, trat der Großmeister zurück und vom Gericht wurde eine Nicht-Freimaurerin als Verwalterin der Loge bestellt. Im

VIELE UNABHÄNGIG-KEITSBEWEGUNGEN IN ALLER WELT WURDEN VON FREIMAURERN ANGEFÜHRT.

Zuge dieser Krise entzogen ihr die Großloge von England (UGLE) und weitere europäische Großlogen vorübergehend die Anerkennung, setzten diese jedoch 2014 (deutsche Großlogen: 2015) wieder in Kraft.

Die drittgrößte Loge in Frankreich, die *Grand Loge de France*, hat eigenen Angaben zufolge rund 30 000 Mitglieder, wurde jedoch von UGLE nie anerkannt. Sie ist aber eines der elf Mitglieder der *Confederation of the United Lodges of*

DIE ERSTE IN DEUTSCHLAND GEGRÜNDETE LOGE EXISTIERT HEUTE NOCH.

Europe, zu der auch die Großlogen von Griechenland, Portugal und Russland gehören.

Auch in anderen Ländern finden sich Freimaurer unter den Anführern von Unabhängigkeitsbewegungen; so etwa Mazzini, Cavour und Garibaldi in Italien oder Simon Bolívar, der die Unabhängigkeitsbewegung in den heutigen südamerikanischen Staaten Venezuela, Kolumbien, Panama, Ecuador, Peru und Bolivien anführte.

✳ Entwicklung in Deutschland

Nach Deutschland war der freimaurerische Funke aus England bereits 1737 übergesprungen: Die damals in Hamburg gegründete Loge *Absalom zu den drei Nesseln* existiert heute noch. Dort engagierten sich Männer, die nicht

▲ Auch in Italien waren die Freimaurer aktiv: Tasche mit Freimaurersymbolen

mehr rechtlose Untertanen der absolutistischen Obrigkeit sein wollten, sondern in der Freiheit des Geistes, der Religion und des Gewissens an der politischen Willensbildung teilnehmen wollten.

Die Freimaurerei als Hort kritisch-dynamischen Gedankenguts entwickelte auch im deutschsprachigen Raum rasch große Anziehungskraft. Philosophen, Dichter, Komponisten, aber auch Politiker und Militärs schlossen sich ihr an, darunter Berühmtheiten wie Fichte, Herder, Goethe, Lessing, Gneisenau, Scharnhorst, Iffland, Stresemann oder Tucholsky. Auch Herzöge, Fürsten und Angehörige des preußischen Königshauses erhielten das Licht der „Königlichen Kunst", so etwa Friedrich II. der Große von Preußen (der „Alte Fritz"), Wilhelm I. oder Friedrich III.

AUCH DER „ALTE FRITZ" WAR FREIMAURER.

Im Lauf des 19. Jahrhunderts entwickelte sich die deutsche Freimaurerei, der immer mehr hochrangige und vor allem wohlhabende Mitglieder der Gesellschaft angehörten, zu einer eher auf die Erhaltung des Status quo ausgerichteten Vereinigung, in der sich Liberalismus mit einer gehörigen Portion Nationalismus traf. Nach der Niederlage Deutschlands im Ersten Weltkrieg wetterte insbesondere der gescheiterte Generalstabschef Erich Ludendorff gegen sämtliche überstaatlichen Mächte, namentlich die Jesuiten, die Freimaurer und die Juden. In dieses bereits vorbereitete Fahrwasser sprangen im Anschluss daran die Nazis und bis heute sind immer noch viele der

▼ Generalstabschef Erich Ludendorff wetterte nach der Niederlage im Ersten Weltkrieg gegen die Freimaurer.

damals ausgesprochenen Diffamie-rungen und Verdächtigungen im Um-lauf. Insbesondere das nationalso-zialistische Gerücht über die angebliche Verwobenheit der Freimaurerei mit dem Judentum zu einer Art „Welt-verschwörung" hält sich hartnäckig. Dazu trage die „Heimlichtuerei" der deutschen Freimau-rerei selbst einiges bei, wie immer wieder auch von eigenen Logenbrüdern kritisiert wird.

Nach der Machtübernahme durch die Nati-onalsozialisten 1933 versuchten die deutschen Freimaurer, einem Verbot zu entgehen, indem sie die Logen „Ariern" vorbehielten und Par-teifunktionären Zutritt zu allen Tempeln und Riten gewährten. Das nützte ihnen allerdings wenig, denn nach einer Brandrede von Joseph Goebbels, in der er von einer Weltverschwö-rung aus Judentum, Freimaurerei und Mar-xismus gegen Deutschland sprach, dauerte es nicht mehr lange bis zum Verbot 1935. Was blieb, war das blaue Vergissmeinnicht als ge-heimes Erkennungszeichen, das bis heute ge-tragen wird.

Von angeblich 80 000 Logenmitgliedern sollen 62 durch die Nazis ermordet worden sein, durch Verluste im Krieg und Austritte schrumpfte die Zahl der Freimaurer 1945 auf 8000.

Heute sind die etwa 500 deutschen Frei-maurerlogen mit ihren rund 15 000 Mitglie-dern in fünf Großlogen zusammengeschlossen: die *Großloge der Alten Freien und Angenom-menen Maurer von Deutschland*, die *Große Lan-desloge der Freimaurer von Deutschland*, die *Große National-Mutterloge „Zu den drei Welt-kugeln"*, die *American Canadian Grand Lodge* A. F. & A. M. und die *Grand Lodge of British Freemasonry in Germany*. Diese fünf sind in der *Vereinigten Großloge von Deutsch-land* zusammengeschlossen; sie betreibt eine Website, wo sich In-teressierte informieren und Kon-takte knüpfen können.

Wer sich lieber vor Ort informieren möchte, kann das zum Beispiel im Museum der Großen Landesloge der Freimaurer von Deutschland tun; es gehört zu den größten Freimaurer-Museen Europas. Im Schloss Kuckuckstein in Sachsen kann ein Raum mit historischer Frei-maurer-Ausstattung besichtigt werden, und im Stadtmuseum Aschersleben ist ein Teil des Tempels der Loge *Zu den drei Kleeblättern* öf-fentlich zugänglich.

Wie viele deutsche Wirtschaftsbosse und Politiker heutzutage Freimaurer sind, bleibt ein Geheimnis. Dass man sich gegenseitig fördere und Aufträge zuschanze, schließt der deutsche Großmeister Klaus Kott nicht kate-gorisch aus, denn man erkenne einander tat-sächlich an einem geheimen Handschlag. Die Zahl der Freimaurer sei jedoch so klein, mein-te Kott anlässlich eines Interviews 2009, dass er viele Hände schütteln müsste, bis er einem Bruder begegnete.

✳ Entwicklung in Österreich

Im mehrheitlich katholischen Österreich stand die Entwicklung der Freimaurerei stets in engem Zusammenhang mit der starken Zentralregierung, die über weite Strecken die Kirche in ihren Bestrebungen, progressive und nach Freiheit drängende Strömungen zu unter-drücken, unterstützte.

Doch das Verhältnis zwischen Herrschen-den und Freimaurertum war nicht immer ganz eindeutig: 1731 wurde Franz Stefan von Loth-ringen, der spätere Gemahl der österreichi-schen Kaiserin Maria Theresia, im niederländi-schen Den Haag als Freimaurer aufgenommen, was es seiner späteren Gemahlin schwer mach-te, gegen die von ihr mit höchstem Misstrau-en verfolgte Bruderschaft vorzugehen. Er hielt seine schützende Hand über die Freimaurer, selbst als der Papst 1738 eine Bulle erließ, in der er die Freimaurerei als Sekte verdammte.

Diese Bulle sollte nicht die letzte sein, trotzdem blühte unter Maria Theresias Sohn Josef II. die Freimaurerei in Österreich auf. Es waren Freimaurer, die ihn in sei-nem Vorgehen gegen kleri-kale Anmaßung und gegen das Klosterunwesen unter-stützten und bedeutende

▲ Kaiserin Maria Theresia (1717–1780), eine entschiedene Gegnerin der Freimaurer, hatte das Problem, dass ihr Gemahl Franz Stefan von Lothringen selbst Freimaurer war.

Positionen in Politik, Wissenschaft und Kultur besetzten. 1784 wurde die Große Landesloge von Österreich mit insgesamt 62 Mitgliedslogen gegründet (17 davon in den österreichischen Niederlanden). Bereits zu dieser Zeit kam es innerhalb der Freimaurerei jedoch zu heftigen Richtungsstreitigkeiten zwischen eher „rational" und eher „mystisch" orientierten Logen, die die Bruderschaft einiges an Anhängerschaft kosteten.

Infolge der Vorwürfe, die Freimaurer wären führend an der Französischen Revolution beteiligt gewesen, beschränkten Josefs Nachfolger aus Angst, der revolutionäre Funke würde auch auf Österreich überspringen, deren Tätigkeit immer weiter, sodass die Freimaurerei letztlich – auch aufgrund eines katastrophal missglückten inneren Reformversuchs – bereits einigermaßen geschrumpft war, als Staatskanzler Metternich in der ersten Hälfte des 19. Jahrhunderts seinen Polizei- und Spitzelstaat errichtete, in dem das freimaurerische Leben schließlich völlig zum Erliegen kam.

Erst nach dem Zusammenbruch der Monarchie erlebte die österreichische Freimaurerei einen Aufschwung, den manche Autoren als ihre „glanzvollste Zeit" bezeichnen. Freimaurer waren federführend an der Gründung von Fürsorgeeinrichtungen in der Ersten Republik beteiligt. Erst durch das katholisch-autoritäre Ständeregime unter Kanzler Dollfuß geriet die Freimaurerei wieder unter schweren Druck, durch den sich fast die Hälfte der rund 2000 Mitglieder zum Austritt gezwungen sah. Während des Nationalsozialismus war die Freimaurerei verboten – der letzte Großmeister Dr. Richard Schlesinger starb in Gestapo-Haft.

1945 erstarkte die Freimaurerei auch in Österreich wieder, wo sie seit 1955 unter dem Dach der *Großloge der Alten, Freien und Angenommenen Maurer von Österreich* vereint und von der UGLE als regulär anerkannt ist. Ein Museum der österreichischen Freimaurerei befindet sich heute in Schloss Rosenau im Waldviertel.

Zu den bekanntesten österreichischen Freimaurern zähl(t)en Joseph Haydn, Wolfgang Amadeus Mozart und sein Vater Leopold, Ex-Bundespräsident Franz Jonas, Schauspieler Fritz Muliar, Menschen-für-Menschen-Gründer Karlheinz Böhm, Ex-Bundeskanzler Fred Sinowatz und der ehemalige Bürgermeister von Wien, Helmut Zilk.

▲ Der wohl berühmteste Freimaurer Österreichs: Wolfgang Amadeus Mozart (1756–1791)

✳ Freimaurerinnen

In den meisten Ländern gibt es heute auch gemischte Logen und reine Frauenlogen. Die größte gemischte Organisation ist der am 14. März 1893 in Frankreich gegründete *Droit Humain*, zu Deutsch: *Internationaler Orden der Co-Freimaurerei für Männer und Frauen*, der in der Folge Logen in aller Welt gründete, die bis heute existieren. Die größte Frauenloge, Deutschlands ist heute die *Frauen-Großloge von Deutschland* mit Sitz in Berlin. Sie war 1949 als erste rein weibliche Freimaurerloge gegründet worden – „gemischte" deutsche Logen hatte es bereits in den 1920er-Jahren gegeben. Heute sind darin 24 feminine Logen zusammengeschlossen.

In Österreich existieren etwa zehn gemischte Logen mit rund 250 Mitgliedern, davon ein verschwindend geringer Anteil an Männern. Von der UGLE werden sie allerdings nicht als regulär anerkannt, da die „Alten Pflichten" gemischte Logen untersagten.

In den Reihen der Freimaurerinnen finden sich Frauen wie Josephine Baker (Sängerin), Caroline Bonaparte (die Schwester von Napoleon I.) oder Gabriela Mistral (Literaturnobelpreisträgerin).

AUCH DIE SCHWESTER VON NAPOLEON BONAPARTE WAR FREIMAURERIN.

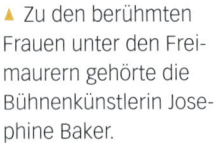

▲ Zu den berühmten Frauen unter den Freimaurern gehörte die Bühnenkünstlerin Josephine Baker.

✳ Der mythologische Hintergrund

Neben der realen altehrwürdigen Geschichte, auf die die Freimaurerei tatsächlich verweisen kann, gab sie sich selbst auch einen umfangreichen, weit zurückreichenden mythologischen Hintergrund, denn eine Vereinigung war und ist umso ehrenwerter, je weiter ihre historischen Wurzeln zurückreichen.

In den Ritualen und der Symbolik der Freimaurer finden sich zahlreiche Elemente, aus denen viele Autoren auf eine Verbindung zu dem geheimnisumwitterten Templerorden oder den mysteriösen Rosenkreuzern schließen. Andere stellen Assoziationen zum römischen Mithraskult, zu den urchristlichen Essenern oder zu griechischen und ägyptischen Mysterienkulten her. Diese Bezüge waren zum Teil beabsichtigt, zum Teil stammen sie aus den vielfältigen Einflüssen, denen die Freimaurerei in ihrer langen Geschichte unterworfen war.

Anderson, der Autor der *„Alten Pflichten"* und damit so etwas wie der „Chefideologe" der Freimaurer, führte die Freimaurerei auf den Tempelbau unter König Salomon zurück. Ein realer Zusammenhang lässt sich jedoch in keinem der angesprochenen Fälle nachweisen, schon gar keine direkte durchgehende historische Entwicklungslinie.

Wozu dann überhaupt dieses ganze esoterisch anmutende, mythologische Brimborium, die Symbole, Rituale und Allegorien? Wenn die Freimaurer all ihre Lehren und ihr Lernen in symbolisches Handeln und Werkzeuge verpacken, so zeugt dies eindeutig davon, dass sie eines sehr früh begriffen haben: dass der Mensch alles andere als ein rein rationales Wesen ist. Lehren, die er wirklich verinnerlichen und zum Teil seines Wesens machen soll, muss er erleben, möglichst intensiv und emotional.

Ein solches Erleben ist natürlich nicht durch reine Lektüre oder Vorträge zu erreichen. Wenn ein Mensch begreifen soll,

MANCHE LEHREN MUSS MAN NICHT LERNEN, SONDERN ERLEBEN.

was es bedeutet, sich selbst zu beherrschen, dann muss er tatsächlich zum Lehrling gemacht werden, muss sich der Entkleidung all seiner Statussymbole unterwerfen, muss seine Triebe und Bedürfnisse spüren, um sie sich dann mit den ihm überreichten Werkzeugen untertan machen zu können.

Es gibt heute eine Reihe von Psychotherapien und Schulen zur Persönlichkeitsentwicklung, die Ähnliches anbieten: von der Gestaltpsychologie, die den Klienten ein

AUCH PSYCHOTHERAPEUTISCHE SCHULEN ARBEITEN MIT ALLEGORIEN.

Kissen anstelle einer verhassten Person schlagen lässt, bis zum Psychodrama, bei dem der Klient tatsächlich in die Rollen seiner Kontrahenten schlüpft, um deren Sicht der Dinge nachzuempfinden und sich dadurch von Zwängen und Ängsten zu befreien und zu einem tieferen Verständnis der Situation zu kommen. (Eine moderne Form dieser Erkenntnisschule sind die „systemischen Aufstellungen", in denen Ähnliches passiert wie in einem freimaurerischen Ritual: Ein Thema wird stilisiert dargestellt.)

Die Schlüsselworte sind jedenfalls „empfinden", „erleben" und „verstehen". Nur über den Weg der Emotionen und des Unterbewusstseins kann das Erlebte im Kandidaten eine intensive Entwicklung in Gang setzen und letztlich sogar eine tiefe Wandlung bewirken – was in der Freimaurerei durch den Weg

vom Lehrling über den Gesellen bis zum Meister dargestellt wird oder auch durch den Weg vom „rauen", also unbehauenen Stein, den der Initiand darstellt, zum „Meister-Werk".

Die Beschäftigung mit Symbolen eröffnet dem Geist überdies neue Wege des Begreifens, sodass Vernunft und Emotion, Denken und Fantasie auf einer neuen Ebene zusammengeführt werden.

❋ Der legendäre Tempelbau

In den reichlich vorhandenen Legenden der Freimaurer finden sich Verweise auf den Turmbau zu Babel, bei dem sich die Baumeister nur durch Zeichen verständigen konnten, und auf die Sage von Noah, den seine Söhne auf der Suche nach seinem Nachlass aus dem Grab zu heben versuchten. Die „fünf Punkte", an denen sie angeblich seinen Leichnam anhoben, gehören ebenso zu den geheimen Erkennungszeichen, die erst dem Meister mitgeteilt werden, wie das geheime „Maurerwort", das sich je nach bereits erworbenem Grad ändert.

Hiram Abif, der legendäre Baumeister des salomonischen Tempels, schuf unter anderem die für die Freimaurer so wichtigen Säulen Jachin und Boas, die die Grundpfeiler der Humanität – Stärke und Toleranz – repräsentieren. Der Tempel selbst galt als perfektes Bauwerk und wurde zum Symbol für ein gerechtes, weises und frommes Leben. Da König Salomon selbst den Tempelbau überwachte, wurde die Kunst der Errichtung „königliche Kunst" genannt – bis heute ein Synonym für die Freimaurerei. Um jedoch dieses vollendete Bauwerk zu erschaffen, bedurfte es eines besonderen Wissens, eines Geheimwissens, über das nur Meister Hiram verfügte.

Von ihm wollten drei Gesellen das Meisterwort, also das geheime Wissen um die Kunst,

BAUMEISTER HIRAM NAHM DAS GEHEIME MEISTERWORT MIT IN SEIN GRAB.

erpressen. Als er sich weigerte, wurde er von ihnen mit dem Hammer, dem Winkelmaß und schließlich dem Zirkel erschlagen. Hiram nahm das geheime Wort jedoch mit in sein Grab.

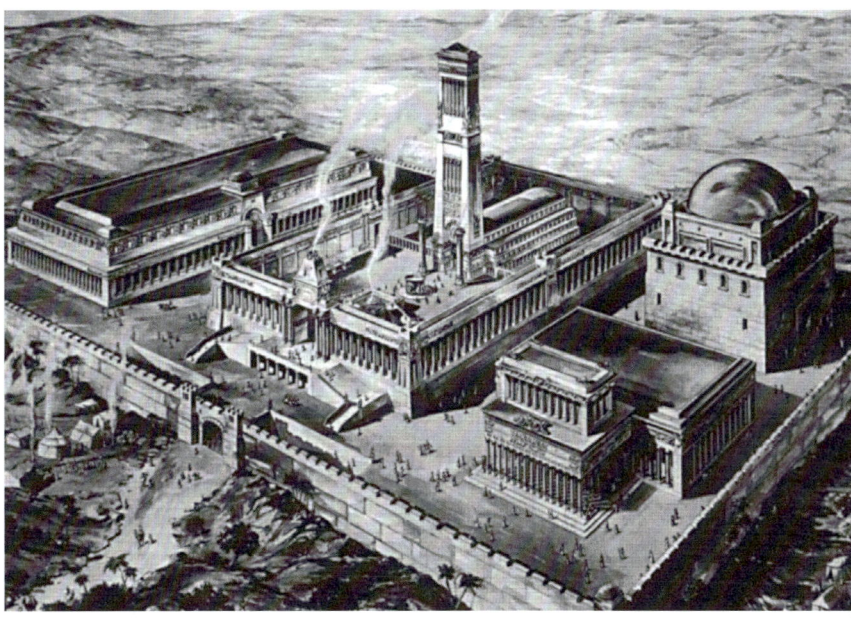

Auch sein Leichnam wurde mithilfe der fünf Punkte – Fuß, Knie, Brust, Wange und Hand am Rücken – aus dem Grab gehoben und der Ausruf sowohl von Noahs Söhnen als auch der Gehilfen bei Hirams Exhumierung wurde zum Ersatz für das Meisterwort, das man nun ja nie mehr erfahren konnte: „Macbenac", auch „Mohabone", „Mahabyne" oder Ähnliches, mit der Bedeutung: „Es ist noch Fleisch an den Knochen." Die englische Übersetzung lautet „Here is yet marrow in this bone", wobei „marrow" auch den Bruder, den Kameraden bezeichnen kann. Das Wort kann daher als Umschreibung für das Wesen der Bruderschaft überhaupt gesehen werden. Es wurde allerdings auch eine Fülle anderer Übersetzungen und Herleitungen für das Meisterwort angeboten.

Die Gründungslegende vom salomonischen Tempelbau ist mehr als nur eine Geschichte von der Errichtung eines protzigen Tempels. Durch den Bau entstand gleichzeitig ein Staat, der das alltägliche Leben des Volkes und sein Verhältnis zum Schöpfer ordnete – ein Sinnbild für das Streben der Freimaurerei bis heute: eine brüderliche Menschheit, die in Freiheit, Gleichheit und Gerechtigkeit lebt. Man kann sich leicht vorstellen, dass das viele Menschen zur Zeit der Aufklärung zum Beitritt in die geheime Bruderschaft motivierte und bis heute motiviert.

▲ Die Version des Salomon-Tempels von John W. Kelchner aus dem Jahr 1913 vermittelt einen Eindruck von dem gigantischen Bauwerk.

RUND UM DEN TEMPELBAU ENTSTAND ZUGLEICH EIN GANZER STAAT.

✳ Grade und Symbole

Traditionell wird man, entgegen anders lautenden Gerüchten, nicht danach gefragt, ob man Freimaurer werden will, und dann empfohlen. Man muss seinen potenziellen Mentor selbst danach fragen, am besten bei drei Gelegenheiten, um seine Ernsthaftigkeit als Suchender unter Beweis zu stellen.

Die drei „echten" Grade der symbolischen oder spekulativen Freimaurerei sind Lehrling, Geselle, Meister. Bei den damit verbundenen Ritualen erlebt der Bruder eine Abfolge von symbolischen Handlungsabläufen, untermauert mit bedeutsamen Aussagen, die ihm eine Art Bewusstseinserweiterung vermitteln und ihn Schritt für Schritt dabei unterstützen sollen, zu einem besseren Menschen zu werden. Dabei folgt er den Leitsätzen „Der Lehrling schaue in sich", „Der Geselle schaue um sich" und „Der Meister schaue über sich".

Der erste Schritt, die feierliche Initiation, erfolgt im Rahmen der sogenannten Tempelarbeit. Gemäß dem Lehrsatz der ersten Erkenntnisstufe, „Der Lehrling schaue in sich", wird im ersten Grad das Thema der Selbsterkenntnis bearbeitet: Wie kann aus dem „rauen Stein" ein behauener werden, der sich in das gemeinsame Bauwerk einfügt? Vor dem Betreten der Loge hat der Kandidat dann sämtliche Statussymbole abzulegen und gewisse symbolische Kleidungsstücke und andere Gegenstände anzulegen. Im Rahmen des Rituals wird er sodann mehrmals auf bestimmten Wegen in der Loge herumgeführt und muss dann vor dem Altar, der den Glauben, das Licht und Gottes Segen symbolisiert, einen Eid (in vielen Logen nur noch ein feierliches Gelöbnis) ablegen, der ihn dadurch doppelt bindet: an Gott und an seine nunmehrigen Mitbrüder.

Auf dem Altar begegnet der Kandidat erstmals den „drei großen Lichtern" der Freimaurerei: Das „offene Buch" symbolisiert die Aufforderung, sein Verhalten in allen Beziehungen zu anderen davon leiten zu lassen, und betont die Bedeutung der Beziehung des Menschen zum Göttlichen. Das „Winkelmaß" steht (nicht nur in der Freimaurerei) für Ehrlichkeit, Wahrheit und Moral – nicht umsonst werden irreguläre Logen auch „Winkellogen" genannt. Der „Zirkel" hingegen verkörpert Kunstfertigkeit, Wissen und Zurückhaltung; schädliche und egoistische Dinge bleiben aus dem Kreis ausgeschlossen, innerhalb des Kreises herrscht Vertrauen.

Winkelmaß und Zirkel zusammen sind das berühmteste freimaurerische Symbol überhaupt und stehen für das Gleichgewicht von geistigen und materiellen Kräften. Gemeinsam mit dem Buch können sie auch als Parallele zu den drei Graden gesehen werden, von denen der erste für den Körper (Winkelmaß), der zweite für den Geist (Zirkel) und der dritte für die Seele steht (Buch). Das „G", das manchmal in diese Symbole eingeschrieben wird, steht für Gott, Geometrie oder Gnosis (Erkenntnis) – Begriffe, die alle einen starken Bezug zur Freimaurerei haben. Die neuere freimaurerische Forschung hält das „G" aber für eine ursprüngliche 6, was auf kabbalistische Einflüsse

BEVOR DER SUCHENDE DIE LOGE BETRITT, MUSS ER ALLE STATUSSYMBOLE ABLEGEN.

◄ Zirkel und Winkelmaß auf einem Türknauf: zwei der „drei großen Lichter" der Freimaurerei

▼ Die Gestaltung des Maurerschurzes als Symbol der Arbeit unterscheidet sich nicht nur nach dem Grad des Trägers, sondern auch nach dem Ritus, dem die Loge folgt.

◄ Das „G" steht für Gott, Geometrie oder auch Gnosis, kann aber auch auf kabbalistische Einflüsse aus dem 18. Jahrhundert hinweisen.

im 18. Jahrhundert zurückzuführen sei. Die 6 steht für das Sonnenzentrum im Baum des Lebens und bedeutet „Schönheit". Sie ist auch das „Ich-Zentrum", quasi der Bereich der Selbstfindung, was gut zum obersten Leitsatz der Freimaurerei, „Erkenne dich selbst!", passt.

Ein weiteres berühmtes Freimaurersymbol, dem der Lehrling nun begegnet, ist der Maurerschurz, der früher aus Lammfell gefertigt war, heute jedoch meist einfach aus weißem Stoff besteht. Der Schurz des Gesellen ist blau eingefasst, der des Meisters weist zusätzlich drei blaue Rosetten auf. Er symbolisiert die Arbeit. Dazu trägt der Freimaurer weiße Handschuhe, als Symbol der reinen Gesinnung und des ehrlichen Handelns.

Die Werkzeuge des Lehrlings sind der Spitzhammer und der 24-Zoll-Maßstab. Mit Letzterem soll der Bruder daran gemahnt werden, die 24 Stunden des Tages mit Weisheit einzuteilen. Mit dem Spitzhammer wiederum werden am „rauen Stein" Ecken und Kanten geglättet, der Lehrling soll also seine Schwächen und Laster ablegen.

Im zweiten Grad, dem Gesellengrad, geht es darum, Wissen zu sammeln und den Geist unter die Kontrolle der Persönlichkeit zu bringen. So wie der erste Grad an die Lektionen der Jugend, die Kontrolle über Triebe erinnert, so handelt der zweite Grad mit seinem Leitsatz „Blicke um dich!" von Erwachsensein und Voranschreiten.

Der Geselle hat als Werkzeuge das Winkelmaß der perfekten Genauigkeit, die Wasserwaage der Gleichheit und das Senkblei des richtigen Urteils. Im Ritual spielt die Treppe, die den

Gesellen durch den sinnbildlichen Salomon-Tempel aufwärts führt, eine große Rolle und ebenso die Zahl 3; er erhält als Lohn für seine Mühen dreierlei: Korn, Wein und Öl.

Ziel dieser Phase ist es, zu lernen und den Geist für die Erleuchtung zu erweitern, was durch die zugehörigen Symbole ausgedrückt wird: das offene Ohr, die belehrende Zunge und die treue Brust. Hier noch symbolische Erläuterungen anzufügen, erübrigt sich wohl, da die Kleinodien für sich sprechen.

Im Meisterritual übernimmt der von körperlichen Lastern gereinigte, geistig geschärfte und intellektuell bereicherte Bruder die Rolle des Hiram Abif, des Baumeisters des salomonischen Tempels, der brutal ermordet wurde. Dies geschieht symbolisch auch dem Bewerber, doch er erlebt seine Wiederauferstehung, lässt nun seine früheren Makel zurück und wird in ein spirituelles Leben hineingeboren, in dem er den Weg des ewigen Lernens beschreitet. Der Leitsatz des Meisters lautet: „Schaue über dich!"

DIE WERKZEUGE DES GESELLEN SIND DAS WINKELMASS, DIE WASSERWAAGE UND DAS SENKBLEI.

◄ Im zweiten Grad soll der Geselle Wissen sammeln, um sich und die Welt zu verbessern.

Die Werkzeuge des Meistergrades sind international unterschiedlich. In englischen Logen sind es Richtschnur, Stift und Lineal, in deutschen Reißbrett und Setzhammer. Alternativ dazu heißt es in manchen Gebieten, der Meister verfüge über sämtliche Werkzeuge der Freimaurerei. Hier ist der dritte Grad häufig vor allem mit der Kelle verbunden, mit der Verbindungen zementiert werden, was die Verbreitung der brüderlichen Liebe symbolisiert. Der Hammer steht für die Kraft, Dinge zusammenzufügen, aber auch für die Gefahr der Zerstörung.

Die Legende von Tod und Wiedergeburt ist Teil vieler Mysterienkulte und hat überall eine ähnliche Bedeutung der Reinigung. Hat der Kandidat die Lektionen der beiden ersten Stufen ernsthaft verinnerlicht, so wird er das Ritual auf der dritten Erkenntnisstufe als Erleuchtung erleben. Fehlen ihm allerdings diese Voraussetzungen, so wird dieser Kern des freimaurerischen Mysteriums kaum mehr als eine reine Pro-forma-Handlung sein.

Wenn hier ständig von „blicken" die Rede war, so soll noch ein wichtiges Symbol erwähnt werden, das oft im Zusammenhang mit der Freimaurerei genannt wird: das „Allsehende Auge", auch „Auge der Vorsehung". In vielen Logen ziert es die Wand im Osten, über dem Stuhl des Meisters, in dessen Gradritual es eine bedeutende Rolle spielt. Das offene Auge

steht für die sich enthüllende Wahrheit und fordert zu Weisheit auf. In manchen Variationen wird das Auge von einem „G" geziert oder durch diesen Buchstaben ersetzt, der dann für den *Grand Architect* steht, den „Allmächtigen Baumeister aller Welten", der das Göttliche in der Freimaurerei verkörpert.

Einer bei Verschwörungstheoretikern beliebten These zufolge sollen das Auge und die Pyramide auf dem Siegel der Vereinigten Staaten, wie sie heute auch noch auf der Ein-Dollar-Note zu sehen sind, den Einfluss der Freimaurer bei der Gründung der USA beweisen. Das „Allsehende Auge" wird in der Freimaurerei jedoch nie mit einer Pyramide in Zusammenhang gebracht und nur äußerst selten in einem Dreieck dargestellt. Bei letzterer Darstellung steht darüber hinaus meist der numerologische Bezug zur Zahl 3 im Vordergrund, die Bewegung, Schöpferkraft und Ausdruck repräsentiert.

Andere Konspirationsgläubige ordnen das Symbol den Illuminaten zu (und unterstellen diesen dann auch gleich, die Herrschaft in den USA anzustreben), was allerdings ein völliger Missgriff sein dürfte, da sich die Illuminaten selbst als Symbol die Eule zuordneten und ein Zusammenhang zwischen dieser Geheimgesellschaft und dem „Allsehenden Auge" nie nachgewiesen werden konnte.

✳ Hochgradsysteme

Während die eher in Deutschland verbreiteten, nach dem Schutzheiligen der Steinmetze benannten „Johannislogen" keine weitere Gradeinteilung kennen, haben die schottischen, nach dem Schutzheiligen ihres Landes benannten „Andreaslogen" eine in bis zu 33 Graden aufsteigende Hierarchie; sie sind vor allem in den angelsächsischen Ländern verbreitet.

Hat ein Freimaurer die ersten drei Stufen durchlaufen, so kann er seine Arbeit in einem der Hochgrad-

systeme vertiefen. Unabhängig davon, welchen weiteren Lehren sich ein Meister in welchem Hochgradsystem auch immer unterzieht, sind laut Grundprinzipien alle Meister gleich.

Am stärksten verbreitet sind der *York-Ritus* und der *Schottische Ritus* (korrekt: *Alter und Angenommener Schottischer Ritus*, kurz AASR, siehe Seite 122). Bei den entsprechenden Ritualen werden Szenen nachgestellt, in denen es symbolisch um das Thema des jeweiligen Grades geht. Den berühmten 33. Grad des Schottischen Ritus kann man allerdings nicht aus eigenem Streben erlangen; er wird nur auserwählten Meistern des 32. Grades verliehen, die der Freimaurerei einen außerordentlichen Dienst erwiesen haben.

DER ALTE UND ANGENOMMENE SCHOTTISCHE RITUS BESITZT 33 GRADE.

Die Titel nehmen nicht nur Bezug auf den biblisch-mythologischen Überbau der Freimaurerei, sondern stellen manchmal auch direkt Bezüge zur mittelalterlichen Gewölbebaukunst her, so etwa im *Royal Arch*, dem „Königlichen Gewölbe", einer anderen Bezeichnung für den *York-Ritus*.

✳ Das Innenleben der Loge

Die Loge ist nicht nur der Ort, an dem die Freimaurer zusammenkommen. Sie ist, wie schon bei den Steinmetzen die Dombauhütte, auch Werkstätte, Lehrstätte, Aufenthalts- und Besprechungsort.

Es gibt sie in allen Formen und Größen, jedoch sind die allermeisten rechteckig, womit an die antike Vorstellung erinnert wird, das Rechteck sei ein Abbild der Erde, über der sich der Himmel wölbt. Manchmal sind sie nur ein Hinterzimmer in einer Schenke, manchmal echte Prachtbauten, die nur diesem Zweck dienen.

DIE LOGE IST ZUGLEICH TREFFPUNKT UND LEHRSTÄTTE.

Jede Loge besitzt einen besonders eingerichteten Raum, den „Tempel", der nach Ost-West ausgerichtet ist. Traditionell ist der Boden, der für die Erde steht, teilweise in schwarz-weißem Schachbrettmuster ausgelegt, die Decke – der Himmel – könnte mit der Sonne oder Bildern geschmückt sein. Im Osten befindet sich der Platz des *Meisters vom Stuhl*, im Westen stehen ihm die beiden Aufseher gegenüber. Am wichtigsten ist jedoch, dass die

DER TEMPEL EINER LOGE IST NACH MÖGLICHKEIT NACH OST-WEST AUSGERICHTET.

▲ Ein dramatischer Moment während eines Meisterrituals

✳ Die 33 Grade des AASR (Alter und Angenommener Schottischer Ritus)

Die Grade des *Schottischen Ritus* AASR werden in fünf Abteilungen bearbeitet. In Deutschland werden die Grade 4, 18, 30, 32 und 33 bearbeitet. Der 33. Grad wird, wie erwähnt, ehrenhalber verliehen. Die dazwischen liegenden Grade werden sozusagen „mitverliehen":

Blaue Grade

Grundvoraussetzung – zählen nicht zum Ritus

1 Lehrling
2 Geselle
3 Meister

Perfektionslogen

4 Geheimer Meister
5 Vollkommener Meister
6 Geheimer Sekretär
7 Vorgesetzter und Richter
8 Intendant der Gebäude
9 Auserwählter Meister der Neun
10 Auserwählter Meister der Fünfzehn
11 Erhabener Auserwählter Ritter
12 Großmeister-Architekt
13 Meister des Neunten Bogens
14 Großer Auserwählter

Kapitel

15 Ritter des Degens
16 Prinz von Jerusalem
17 Ritter vom Osten und Westen
18 Ritter Rosenkreuzer

Areopage

19 Groß-Pontifex
20 Großmeister aller Symbolischen Logen
21 Preußischer Ritter
22 Prinz von Libanon
23 Chef des Tabernakels
24 Prinz des Tabernakels
25 Ritter der ehernen Schlange
26 Prinz der Gnade
27 Ritter-Kommandeur des Tempels
28 Ritter der Sonne
29 Ritter des heiligen Andreas von Schottland
30 Ritter Kadosh

Konsistorien

31 Inquisitor-Meister
32 Ritter und Prinz des Königlichen Geheimnisses

Oberster Rat

33 Souveräner General-Großinspekteur

✳ Die Grade des York-Ritus

Der *York-Ritus* oder auch „Amerikanischer Ritus", der vor allem in den USA bearbeitet wird, setzt ebenfalls den 3. Grad der Johannisfreimaurerei („Meister") voraus und gliedert sich in drei Abschnitte:

Kapitel

4 Markmeister
5 Altmeister
6 Sehr vortrefflicher Meister
7 Maurer vom Königlichen Bogen *(Royal Arch)*

Konzil oder Kryptische Grade

8 Königlicher Meister
9 Auserwählter Meister *(Super Excellent Master)*

Komturei

10 Ritter vom Roten Kreuz von Babylon
11 Ritter von Malta
12 Tempelritter

DIE „DREI GROSSEN LICHTER" DER FREIMAUREREI SIND DAS HEILIGE BUCH, DAS WINKELMASS UND DER ZIRKEL.

„unverrückbaren Kleinodien" ausgestellt sein müssen, die „drei großen Lichter" der Freimaurerei. Dies sind das Buch der heiligen Schriften – im angloamerikanischen Raum häufig die Bibel, aber auch jedes andere heilige Buch wie der Koran, die Veden oder die Tora kann aufgelegt werden; in liberalen Logen werden zum Beispiel die Menschenrechte verwendet –, das Winkelmaß und der Zirkel.

Am Eingang des Tempels stehen zwei Säulen, die an die biblischen Säulen im Vorhof des Salomon-Tempels erinnern und die Grundpfeiler der Humanität symbolisieren. In der freien Mitte des Tempels stehen drei Säulen, die in einem Dreieck angeordnet sind und je eine Kerze tragen. Diese „drei kleinen Lichter" der Freimaurerei verkörpern Weisheit, Stärke und Schönheit. Auf ihnen soll dereinst das Dach jenes geistigen Gebäudes ruhen, an dem die Freimaurer in aller Welt bauen: der „salomonische Tempel" oder der „Dom der Menschheit".

Zwischen den Säulen liegt der „Tapis", der Arbeitsteppich, auf dem die wichtigsten Maurerwerkzeuge dargestellt sind, wie etwa die Wasserwaage (für die Gleichheit aller Menschen) oder das Senkblei (das gerechte Urteil). Häufig ist auch der flammende fünfzackige Stern im Tempel abgebildet, der in seiner Mitte nicht selten das Auge Gottes im Dreieck trägt. Das Pentagramm wird auch „Siegel Salomos" genannt (im Gegensatz zum „Siegel Davids", dem sechszackigen Stern).

Jede Tempelarbeit ist eine feierliche Angelegenheit. Selbst wenn kein Ritual zu feiern ansteht, legen die Maurer im Vorraum Schurz und Handschuhe an, manchmal auch das „Bijou", das Wappen der Loge, bevor der Abend mit dem geordneten Einzug der Brüder in den Tempel zu den Hammerschlägen des Stuhlmeisters und der beiden Aufseher beginnt und die Tempelarbeit mit dem Entzünden der Lichter eröffnet wird.

In jeder Loge gibt es bestimmte Funktionen, die von den Brüdern abwechselnd für einen bestimmten Zeitraum wahrgenommen

◄ Ein englischer Freimaurer aus dem 19. Jahrhundert in vollem Staat mit Schurz und Bijou

werden. So steht etwa der Ziegeldecker bei Ritualen zum Schutz außen vor der Logentür und trägt als Symbol ein Schwert. Der Wachhabende ist sein Gegenstück im Inneren der Loge, mit dem er mittels Klopfzeichen kommuniziert. Der Erste Schaffner dient als Sprachrohr des Stuhlmeisters, begrüßt Besucher und führt den Suchenden bei einer Initiation. Die Aufseher koordinieren die Aktivitäten der Loge und assistieren dem Stuhlmeister. Die Gabenpfleger sind für das leibliche Wohl der Brüder zuständig, der Kaplan ist mit der Sorge um das heilige Buch betraut. Der Armenpfleger sorgt dafür, dass die Logenmitglieder untereinander in Kontakt bleiben, der Almosenpfleger ist für die karitativen Ziele der Loge zuständig. Nicht zuletzt gibt es, wie in jedem gewöhnlichen Verein auch, einen Schatzmeister, dessen Verantwortung sich wohl selbst erschließt, und natürlich den Meister vom Stuhl, den ranghöchsten Beamten der Loge. Letzterer muss eine Unmenge an Texten auswendig lernen, um seine wichtige Rolle bei sämtlichen Ritualen korrekt wahrnehmen zu können; er leitet Diskussionen,

DER MEISTER VOM STUHL MUSS SÄMTLICHE RITUALTEXTE AUSWENDIG LERNEN.

wählt die anderen Beamten der Loge für ein Jahr aus, genehmigt die finanziellen Aktivitäten und kommuniziert mit der Großloge.

Nicht alle Funktionen sind in jeder Loge vorhanden, teilweise variieren auch die Funktionsbezeichnungen. Für eine Initiation sind mindestens sieben Logenbeamte erforderlich; wenn es in einer Loge noch keine sieben Meister gibt, kann sie noch keine Initiationen durchführen. Außerdem darf eine Loge nicht eröffnet werden, wenn keiner der drei hohen Beamten anwesend ist.

Jeder Meister kann Logenmeister werden, das heißt, eine Loge leiten. Wer einen Zusammenschluss mehrerer Logen leitet, wird Großmeister genannt, wer aus dieser Funktion ausgeschieden ist, ist ein Altstuhlmeister.

EINE LOGE DARF NUR ERÖFFNET WERDEN, WENN MINDESTENS EINER DER DREI HOHEN BEAMTEN ANWESEND IST.

✳ Das Geheimnis der Freimaurerei

Das „Geheimnis" der Freimaurerei besteht auf mehreren Ebenen:

✳ Die Freimaurer sind über die Identität ihrer Mitbrüder sowie über den Ablauf und den Inhalt der Rituale zur Verschwiegenheit verpflichtet.

✳ Der Beitritt ist nur mit Empfehlung möglich und mit einer Initiation verbunden.

✳ Die innere Bedeutung der Symbole und Rituale erschließt sich erst auf einer sehr persönlichen Ebene durch die Teilnahme an denselben, auch wenn in diversen Publikationen und im Internet unzählige Details nachzulesen sind.

NACH WIE VOR VERPFLICHTEN SICH DIE FREIMAURER ZUM STILLSCHWEIGEN ÜBER IHRE BRÜDER UND IHRE RITUALE.

Die viel zitierte Geheimniskrämerei wird auch von einigen Freimaurern selbst infrage gestellt, da sie für eine festzustellende Unflexibilität, einen Mangel an Modernität und eine gewisse Verschrobenheit verantwortlich sei. Zum einen behauptet die Freimaurerei immer wieder, sie sei keine Geheimgesellschaft und habe

kein Geheimnis. Zum anderen ist es jedoch eine Tatsache, dass sich die Freimaurer bei ihren Ritualen zur Verschwiegenheit verpflichten. Diese mag zwar in der Anfangszeit der Freimaurerei, als es lebensgefährlich war, für die Werte der Aufklärung einzutreten, eine unabdingbare Notwendigkeit gewesen sein, doch dieser Punkt wäre in den meisten Nationen wohl heute obsolet.

Tatsächlich bestehen zwischen den einzelnen Landeslogen auch große Unterschiede in der Handhabung des Logenlebens: In den USA ist die Freimaurerei fast so etwas wie ein Familienereignis, soweit nicht die feierlichen Rituale betroffen sind, und auch in der Heimat der Freimaurerei, in Großbritannien, ist das Logenleben einschließlich der Tatsache der Mitgliedschaft in weiten Teilen öffentlich.

IN DEN USA IST DIE FREIMAUREREI EIN GESCHEHEN FÜR DIE GANZE FAMILIE.

Doch in Deutschland, wo die Freimaurerei lange Zeit auf das Schärfste diffamiert wurde und verboten war, scheinen diese Angriffe das Ansehen der Bruderschaft bis heute zu beeinträchtigen. Hinzu kommt, vor allem im katholischen Österreich, sicherlich auch noch die vehemente Gegnerschaft der katholischen Kirche. Immerhin war die Zugehörigkeit zur Freimaurerei noch bis 1983 mit Exkommunikation belegt und Freimaurer ausdrücklich von einem kirchlichen Begräbnis ausgeschlossen. (Sie haben dafür ein angeblich sehr berührendes Beisetzungsritual, das heute vielerorts sogar vor der christlichen Feier abgehalten wird.)

DIE ZUGEHÖRIGKEIT ZUR FREIMAUREREI WAR NOCH BIS 1983 VON EXKOMMUNIKATION BEDROHT.

Auch wenn die Freimaurer seit geraumer Zeit um Annäherung bemüht sind, kann das Verhältnis jedenfalls bis heute nicht als „entspannt" bezeichnet werden. Daher mag es so manchem Freimaurer im deutschsprachigen Raum bis heute vorteilhaft erscheinen, über seine Mitgliedschaft im Bund Stillschweigen zu bewahren.

IM DEUTSCHSPRACHIGEN RAUM BEWAHREN DIE BRÜDER HÄUFIG STILLSCHWEIGEN ÜBER IHRE MITGLIEDSCHAFT.

Sich selbst zu outen, ist den Brüdern – zumindest im angloamerikanischen Sprachraum – gestattet, nicht jedoch, seine Mitbrüder zu „verraten". Viele Freimaurer haben sich bereits erklärt und stehen offen zu ihrer Mitgliedschaft und den damit verbundenen Werten und Einstellungen. Ebenso sind heutzutage der Inhalt und der Ablauf der Initiations- und Erhebungsrituale in vielen Büchern und im Internet nachzulesen. Man sollte also meinen, die Freimaurerei hätte kaum noch etwas Geheimnisvolles an sich – doch weit gefehlt!

Das Geheimnis, das die Freimaurerei zu bieten hat, liegt nicht in einem Handschlag, einem Wort oder einer Geste. Das Geheimnis der Freimaurerei liegt im Maurer selbst. Wenn ein Neuling das Licht erhält, also als Lehrling aufgenommen wird, betritt er einen Pfad, der ihn Schritt für Schritt zu sich selbst als einem besseren Menschen führen soll. Dies wird er mittels Allegorien und symbolischen Bezügen zum Werkmaurertum Schritt für Schritt bewältigen und so zum Gesellen und schließlich zum Meister aufsteigen.

Modern gesprochen, kann man sich diesen Weg vermutlich am ehesten als Persönlichkeitsbildung vorstellen, die andere Menschen mittels Selbsterfahrungsseminaren, Therapien oder auch Hobbys zu bewerkstelligen versuchen. Welche Mysterien sich ihm auf diesem Weg enthüllen, welche Fragen und Antworten er hier vorfinden wird, wird auf immer ein Geheimnis bleiben, denn dies kann niemand vorher wissen. Auch der Initiand selbst wird das Rätsel seiner selbst erst nach und nach auflösen, und so wie schon unzählige fragende Menschen vor ihm wird ihn sein Weg immer weiter führen, solange er lebt.

DER WEG DES FREIMAURERS IST NIE ZU ENDE.

▲ Die Freemason Hall in der Great Queen Street in London

✳ Zahlen und Fakten

Um dieses rational-mystische Thema der Freimaurerei jedoch nicht so salbungsvoll enden zu lassen, sollen noch einmal ein paar Zahlen ins Gedächtnis gerufen werden:

In mehr als 130 Ländern dieser Erde sind rund sechs Millionen Menschen in etwa 40 000 Logen engagiert, in denen der Anteil an einflussreichen Personen weitaus höher liegt als im Bevölkerungsdurchschnitt. Außerdem haben alle Brüder, deren Großlogen sich gegenseitig anerkennen, Besuchsrecht in den Brüderlogen in aller Welt. Um die Sachlage also vorsichtig auszudrücken: Wie harmlos, karitativ und brüderlich sich die Freimaurerei heute auch gibt und sein mag – einiges an Macht und Einfluss können die Freimaurer trotzdem nicht verleugnen. Schließlich kann es nicht wirklich ein Nachteil sein, wenn man Mitglied einer Organisation ist, der einige der namhaftesten und einflussreichsten Personen der Zeit angehören, und man noch dazu das Recht besitzt, diese sozusagen in ihrem

Clublokal zu besuchen und mit ihnen gleichberechtigt – gewissermaßen von Bruder zu Bruder – zu kommunizieren.

In der berühmtesten und zugleich berüchtigtsten Loge der Welt – die zu dem Zeitpunkt, als sie berühmt wurde, allerdings gar keine reguläre Freimaurerloge mehr war – zeigte sich jedenfalls ein bisschen etwas davon, was im Rahmen einer im Verborgenen operierenden Gruppierung alles möglich ist, wenn nur die „richtigen" Personen Mitglieder derselben Bruderschaft sind: die *Propaganda Due* oder P2.

ES KANN KAUM SCHADEN, ZUM GLEICHEN CLUB ZU GEHÖREN WIE DIE MÄCHTIGEN DIESER WELT.

✳ Die Loge P2

Es ist eine Ironie des Schicksals, dass die Freimaurer die größte Publizität mit einer Sache erlangten, die sie eigentlich nichts (mehr) anging: mit dem Skandal um die ehemalige Freimaurerloge *Propaganda Due* (P2).

DIE P2 WAR ZUM ZEITPUNKT DES SKANDALS LÄNGST KEINE REGULÄRE LOGE MEHR.

Sie wurde ursprünglich Ende des 19. Jahrhunderts in Rom unter Anerkennung durch den *Grande Oriente d'Italia* gegründet, jedoch während des italienischen Faschismus aufgelöst und erst 1944 vom italienischen Matratzenfabrikanten Licio Gelli neugegründet, der 1967 zu ihrem Großmeister wurde.

1967 WURDE LICIO GELLI GROSSMEISTER DER LOGE P2.

Gelli hatte als Freiwilliger bei den „Schwarzhemden" auf Seiten der Franco-Faschisten im Spanischen Bürgerkrieg gekämpft, war später italienischer Verbindungsoffizier zur Deutschen Wehrmacht gewesen und hatte nach dem Ende des Zweiten Weltkriegs ehemaligen Nazi-Größen wie Klaus Barbie mit Unterstützung des Vatikans und der CIA zur Flucht verholfen. Außerdem war er Mitglied von Gladio, einer geheimen Organisation der US-amerikanischen CIA, der NATO und des britischen Geheimdienstes MI6, die Europa vor dem Kommunismus schützen sollte und zu diesem Zweck illegale Operationen bis hin zu Terrorakten durchführte.

Als Großmeister der P2 warb Gelli hochrangige Persönlichkeiten aus Militär, Polizei, Justiz, Wirtschaft, Finanzwelt, Politik und katholischer Kirche an – teilweise mit gehörigem Nachdruck, denn wenn sich jemand weigerte beizutreten, fand Gelli aufgrund seiner guten Kontakte zur CIA in deren Dossiers stets ein Druckmittel, das den Betroffenen dann doch zur Unterstützung der P2 bewegte.

Ziel dieser Zusammenführung der einflussreichsten Männer war es, für den Fall eines kommunistischen Wahlsieges in Italien eine Machtübernahme der Kommunisten zu verhindern, notfalls auch durch einen Putsch. Nach Angaben des CIA- und Mossad-Mitarbeiters Richard Brenneke unterstützte die US-Regierung die P2 in den 1970er-Jahren mit bis zu zehn Millionen Dollar im Monat.

Mit freimaurerischer Gesinnung und Tätigkeit hatte das alles nur mehr wenig zu tun, was auch dem italienischen Großorient zu Ohren kam, der der Loge 1976 die Regularität aberkannte. Gelli aber dachte nicht im Traum daran, die Lichter der Loge zu löschen, im Gegenteil. Seine Machtfülle war enorm angewachsen und seine Kontakte waren erstklassig.

TROTZ ABERKENNUNG DER REGULARITÄT STELLTE GELLI DEN BETRIEB DER P2 NICHT EIN.

Anlässlich einer Steuerfahndung wurde 1981 bei einer Hausdurchsuchung in Gellis Villa in Arezzo eine umfangreiche Mitgliederliste gefunden, auf der die Namen von 926 Logenbrüdern verzeichnet waren.

Darunter befanden sich die Geheimdienstchefs Santovitto und Grassini, der Chef der Finanzpolizei Giannini, Minister und Politiker aller Couleurs, 44 Parlamentsabgeordnete, 30 Generäle, acht Admirale, Journalisten, Verleger, Industriebosse und Kirchenfürsten sowie der Rechtsanwalt und Bankier Michele Sindona (dem enge Kontakte zur Mafia nachgesagt wurden) und der „Bankier Gottes" Roberto Calvi (Präsident des Banco Ambrosiano, der beste Kontakte zur Vatikanbank unterhielt) – nebst einer Sammlung von Personen mit engen und engsten Kontakten zur Mafia.

1981 KAM EINE HOCHBRISANTE MITGLIEDERLISTE ZUM VORSCHEIN.

▲ Der wohl prominenteste Mann auf der Mitgliederliste der Loge P2: der ehemalige italienische Ministerpräsident und einer der reichsten Männer Italiens, Silvio Berlusconi

Letztere fanden in der P2 ideale Möglichkeiten, um über Geschäftsleute und Politiker problemlos ihre Drogen- und Schutzgelder zu waschen.

Der prominenteste Name auf der Liste ist jedoch vermutlich der des Medienmoguls Silvio Berlusconi, der zwischen 1994 und 2006 mehrmals Ministerpräsident Italiens war. Er wurde übrigens wegen Meineides verurteilt, da er seine Mitgliedschaft geleugnet hatte (er trug aber die Mitgliedsnummer 1816 und bekleidete den Rang eines Lehrlings), wurde jedoch umgehend amnestiert.

Roberto Calvi saß 1981 bereits wegen illegalen Geldtransfers in Untersuchungshaft, konnte sich jedoch absetzen und wurde 1982 nach dem Zusammenbruch seiner Bank erhängt unter der Blackfriars Bridge in London aufgefunden. Obwohl die Selbstmordannahme, von der die englische Polizei jahrelang ausging, von Anfang an bezweifelt wurde, wurde Calvis Leichnam erst 2003 exhumiert. Gerichtsmediziner stellten aufgrund der vorhandenen Druckstellen an Armen und Handgelenken fest, dass Calvi nicht allein am Themse-Ufer gestanden hatte. Er war bis zur Bewusstlosigkeit stranguliert und dann, mit Ziegelsteinen in den Taschen und einer Schlinge um den Hals, in die Strömung gehängt worden, wo er qualvoll erstickte. Kurz vor seinem Tod soll er gesagt haben: „Wenn mir etwas passiert, muss ein Papst abtreten."

Die Liste der weiteren angeblichen „Selbstmorde", die mit dieser Affäre in Verbindung standen, ist lang und reicht bis zum Vergiftungstod von Michele Sindona 1986, der einem Journalisten im Hochsicherheitsgefängnis von Voghera ein Interview gegeben hatte und dafür mit einer Tasse Espresso à la Zyankali belohnt wurde.

1982 wurde die P2 vom italienischen Parlament für aufgelöst erklärt, doch es gilt als gesichert, dass sie bis in die 90er-Jahre weiterexistierte. Wie viele der damals geknüpften Bande heute noch funktionieren, ist eine Frage, die unbeantwortet bleibt.

Eine parlamentarische Untersuchungskommission unter dem Vorsitz der christdemokratischen Abgeordneten Tina Anselmi kam zu dem Schluss, dass der P2 keine direkten Vergehen nachgewiesen werden konnten. Die Wäsche der Drogen- und Mafiagelder blieb ebenso unbewiesen. Für eine Beteiligung der CIA oder anderer Geheimdienste konnte selbstverständlich auch kein Nachweis gefunden werden.

Für den Ruf der Freimaurerei war diese Affäre aber trotz allem alles andere als förderlich. Und sämtliche Verschwörungstheoretiker – ob sie nun recht haben oder nicht – erhielten neue Nahrung, vor allem, da immer wieder durchschimmerte, dass hinter der P2, sozusagen in ihrem Schatten, noch ein ganzer Wust von undurchsichtigen Organisationen und Geheimbünden, offizielle und kriminelle, ihre Machenschaften weiterverfolgten.

Die undurchsichtigen Verbindungen sollen sogar bis in das katholische Opus Dei reichen und im Jahr 1998 gerüchteweise zur Ermordung des Kommandanten der Schweizer Garde im Vatikan und seiner Gattin sowie eines weiteren Schweizergardisten geführt haben. Die Hintergründe dieser Vorgänge wurden nie zufriedenstellend aufgeklärt.

DIE P2 SOLL BIS IN DIE 1990ER-JAHRE WEITEREXISTIERT HABEN.

HINTER DEN MACHENSCHAFTEN DER P2 SOLLEN UNDURCHSICHTIGE DRAHTZIEHER GESTANDEN HABEN.

DIE
ILLUMINATEN

An Verschwörungstheorien, deren Kern sie waren, und Umsturzverdächtigungen, deren Opfer sie wurden, stehen die Illuminaten den Freimaurern wohl kaum nach. Die Französische Revolution wäre ihr Werk gewesen und die Pyramide mit dem „Allsehenden Auge" auf der Ein-Dollar-Note der Vereinigten Staaten würde noch heute belegen, wie tief sie in die Geschicke der USA verstrickt waren und bis heute sind. Denn angeblich gibt es sie auch heute noch, die „Erleuchteten": Sie würden im Dunkeln werken, im schattigen Hintergrund von Regierungen, Geheimdiensten und Militärs, wo sie die Fäden der Weltgeschichte ziehen. Behaupten zumindest zahlreiche Bestsellerautoren Marke Dan Brown (*Illuminati*) oder auch Umberto Eco (*Das Foucault'sche Pendel*).

In diesen Romanen werden sie stets als dunkle, skrupellose Fieslinge und Verschwörer dargestellt, die seit Jahrhunderten versuchen, die Weltherrschaft an sich zu reißen. Abgesehen davon werden die wildesten Gerüchte über ihre Verbreitung aufgestellt: Galileo Galilei (1564–1624) sei ebenso Mitglied gewesen wie Gian Lorenzo Bernini (1598–1680), ungeachtet der Tatsache, dass die Illuminaten zu deren Lebenszeit noch gar nicht existierten.

Wenn man jetzt bedenkt, dass es diese Gesellschaft historisch belegt gerade mal acht Jahre gegeben hat – im Gegensatz zu den Freimaurern, deren älteste Wurzeln man bis in das 16. Jahrhundert und weiter zurückführen kann –, dann ist diese Menge an Verdächtigungen eine beachtliche Leistung. Die Illuminaten haben, wie wir sehen werden, allerdings auch einiges dazu getan, um sich einen Platz unter den größten der vorgeblichen Verschwörergesellschaften zu verdienen.

❋ Die Anfänge

Gründer des Illuminatenordens war Adam Weishaupt, ein 1748 geborener Philosophieprofessor, der bereits in jungen Jahren eine Professur für Kirchenrecht und praktische Philosophie an der Universität Ingolstadt erhielt.

EIN JUNGER PHILOSOPHIEPROFESSOR RIEF DEN ILLUMINATENORDEN INS LEBEN.

Weishaupt war von den Jesuiten erzogen worden, jenem direkt dem Papst unterstellten Orden, der als selbstherrlich, religiös fanatisch und konspirativ in derart argen Verruf geraten war, dass er 1773 von Papst Clemens XIV.

▲ Adam Weishaupt (1748–1830), der Gründer des Illuminatenordens

Perfektibilisten" (von lateinisch „*perfectibilis*": zur Vervollkommnung fähig), mit dessen Hilfe er „die menschliche Gesellschaft zu einem Meisterstück der Vernunft gestalten" wollte.

Als Mittel zur Erreichung dieses hehren Zieles galt vor allem die Bildung des Geistes und des Herzens, sodass die gemeinschaftliche Lektüre und Diskussion antiklerikaler und aufklärerischer Schriften die Hauptbeschäftigung der Gründungsmitglieder darstellte – natürlich im Verborgenen, denn die Verbindungen der Jesuiten waren auch in der Zeit ihres Verbotes vielfältig und man musste kein Paranoiker sein, um in dieser Zeit die Nachstellungen der katholischen Kirche zu fürchten.

Ein weiteres wichtiges Motiv für die Gründung war Weishaupts Ablehnung jeglicher esoterisch-mystischer Bestrebungen, wie sie sich zum Beispiel in Form der Rosenkreuzer zur damaligen Zeit unter Studenten, Beamten und Offizieren wachsender Beliebtheit erfreuten. Weishaupt sah darin eine ernste Gefahr für seine Studenten, die er mit den Ideen der Aufklärung, nicht mit Okkultismus und christlicher Esoterik durchdrungen sehen wollte.

GRÜNDER WEISHAUPT LEHNTE DIE BESCHÄFTIGUNG MIT MYSTIK AB.

aufgehoben werden musste. Da die Jesuiten in Bayern jedoch eine große Zahl an einflussreichen Positionen besetzt hatten und auch nach dem Ordensverbot in diesen Ämtern verblieben waren, beherrschten sie de facto nach wie vor die Universität ebenso wie einen Großteil des Bildungswesens überhaupt – sehr zum Ärger Weishaupts, der sie nicht ausstehen konnte.

DIE JESUITEN HATTEN DAS BILDUNGSWESEN FEST IM GRIFF.

Weishaupt vertiefte sich lieber in die Schriften der Aufklärung, die in Bayern teilweise auf dem Index der verbotenen Bücher standen. So geriet der als schwierig geltende Gelehrte rasch in Widerspruch zum Rest des (jesuitischen) Lehrkörpers, von dem er sich zusehends isolierte. Er fühlte sich viel mehr von den Studenten angezogen, insbesondere den begabten, mit denen er die Ideen der Aufklärer und deren Gesellschaftskonzeption diskutieren wollte.

URSPRÜNGLICH NANNTEN SICH DIE ILLUMINATEN „BUND DER PERFEKTIBILISTEN".

Um ausgewählten Studiosi den Zugang zu den verbotenen Büchern zu ermöglichen, gründete Weishaupt schließlich gemeinsam mit vier Studenten in aller Stille und Bescheidenheit den „Bund der

Entgegen anders lautenden Gerüchten war das Symbol des Geheimbundes nicht das „Allsehende Auge", auch nicht umgeben von einer Pyramide, wie es heute auf der Ein-Dollar-Note bzw. dem Siegel der Vereinigten Staaten zu sehen ist. Im Gegenteil, es konnte nie ein direkter Zusammenhang zwischen diesem Symbol und den Illuminaten nachgewiesen werden, so hartnäckig sich das Gerücht auch hält. Viel wahrscheinlicher hierbei ist ein Zusammenhang mit freimaurerischen Einflüssen, da einige Gründerväter der USA aktive Mitglieder der Bruderschaft waren und die Freimaurer das „Allsehende Auge" teilweise in abgewandelter Form als Symbol für den „Allmächtigen Baumeister aller Welten" verwendeten – sehr selten auch in einem Dreieck, so gut wie nie jedoch in Verbindung mit einer Pyramide.

DAS SIEGEL DER VEREINIGTEN STAATEN VON AMERIKA GEHT NICHT AUF DIE ILLUMINATEN ZURÜCK.

Als Symbol für die erlesene Gesellschaft wählte Weishaupt vielmehr die Eule, das Zeichen von Pallas Athene bzw. Minerva, der Göttin der Weisheit. Die Namensdiskussion wurde übrigens über zwei Jahre hinweg fortgesetzt. Weishaupt selbst schlug vor, sich „Bienenorden" zu nennen, da er die Mitglieder als Drohnen sah, die unter der Leitung einer Bienenkönigin (wohl eher eines Bienenkönigs) den Nektar der Weisheit sammeln sollten.

Erst nach umfangreichen Diskussionen gab man sich den Namen „Bund der Illuminaten" und schließlich „Illuminatenorden" (lateinisch *illuminati*: die „Erleuchteten").
In dieser Namensdiskussion spiegelt sich viel vom Selbstverständnis der eigenen Identität des Ordens wider.
Man sah sich selbst als Elite der Aufklärung, als besondere, von Weisheit erleuchtete Menschen, die das Licht der Aufklärung verbreiten wollten.

DIE ILLUMINATEN SAHEN SICH SELBST ALS ELITE DER AUFKLÄRUNG.

Wie sich bald zeigte, sollte diese Erleuchtung den Mitgliedern jedoch nur Schritt für Schritt, Stufe für Stufe zuteilwerden. Zu Beginn nicht viel mehr als ein antiklerikaler Lesezirkel mit kaum mehr als 20 Mitgliedern, nahm der Orden bald einen Aufschwung, nachdem er 1778 von einem ehemaligen Schüler Weishaupts, dem späteren Regierungspräsidenten der Pfalz, Franz Xaver von Zwack, reorganisiert worden war. Das entscheidende Jahr für den Orden war jedoch 1779, als es dem Offizier Costanzo di Costanzo gelang, den Reichsfreiherrn Adolph von Knigge für die Illuminaten zu werben.

In gemeinsamer Arbeit mit Weishaupt gab Knigge dem Orden der Erleuchteten, dessen Aufbau bislang zum großen Teil nur in Weishaupts Kopf existierte, eine den Freimaurerlogen ähnliche Struktur – und damit begann nun die eigentliche, wenn auch kurze Blütezeit der Illuminaten.

◄ Das „Auge der Vorsehung" im Strahlenkranz über der Pyramide auf der Ein-Dollar-Banknote – eine Idee der Freimaurer oder der Illuminaten?

✳ Der innere Aufbau

Jeder Illuminat, egal welchen Grades, hatte grundsätzlich Ausschau nach geeigneten Kandidaten für den Geheimbund zu halten. Wer sich zum Beitritt bereit erklärte, musste sich einer umfangreichen Befragung unterziehen, die bis in privateste Dinge hineinreichte. Neben der Offenlegung seiner finanziellen, beruflichen und privaten Verhältnisse musste er zum Beispiel auch Auskunft darüber geben, wen er zu heiraten beabsichtigte oder in wen er sich auch nur verliebt hatte.

JEDER ILLUMINAT MUSSTE SEINE VERHÄLTNISSE OFFENLEGEN UND INTIMSTE DETAILS PREISGEBEN.

Die peinlich genaue Befragung war darauf zurückzuführen, dass Weishaupt davon überzeugt war, nur die genaueste Beobachtung – oder, um es weniger fein auszudrücken: Bespitzelung – der Ordensmitglieder wäre ein Garant für dessen Erfolg. Darüber hinaus war der Orden ohnehin ständig damit beschäftigt, Geld für die teilweise sehr teuren Bücher aufzutreiben, mittels deren sich die Mitglieder weiterentwickeln sollten. Bücher stellten als Medium damals so etwas dar wie heute etwa das Fernsehen oder das Internet, sie waren die Informationsquelle schlechthin. Noch dazu waren bestimmte Schriften nicht überall oder nicht leicht zugänglich, insbesondere wenn sie sich mit Okkultismus, Hermetik, Alchemie und Gnostik befassten, und mussten unter Mühen beschafft

DURCH AUSGEWÄHLTE LEKTÜRE SOLLTEN SICH DIE ILLUMINATEN WEITERENTWICKELN.

werden, was ihre Kosten wiederum in die Höhe trieb. Das Wissen, das man aus ihnen beziehen konnte, betrachtete der Orden als seine wichtigste Waffe, und das bildete das große Geheimnis der Illuminaten.

Ansonsten gab sich die erleuchtete Gesellschaft egalitär wie andere der zahlreichen Vereine, die im 18. Jahrhundert kennzeichnend für die Zeit der Aufklärung waren. Zumindest theoretisch

BEI DEN ILLUMINATEN KONNTE MAN ÜBER STANDESGRENZEN HINWEG DISKUTIEREN.

konnte man hier wie bei den Freimaurern über Standesgrenzen hinweg zusammenkommen und diskutieren. Anders als Letztere, die ja bestrebt waren, sich jeglicher parteipolitischen oder konfessionellen Diskussion zu enthalten (wie weit es tatsächlich damit her war, ist im Kapitel über die Freimaurer nachzulesen), hatten die Illuminaten ausgesprochen politische Ziele. Außerdem war den Freimaurern stets gestattet, sich selbst zu einer Mitgliedschaft zu bekennen, was ein Illuminat nie tun durfte.

Im Aufbau ihrer Struktur glichen sich die beiden Organisationen sehr stark: Es gab Illuminatenlogen, die sogenannten Minervalkirchen, und ein Gradsystem, in dem man mit zunehmendem Engagement durch fantasievoll entworfene Rituale aufsteigen konnte. Im ersten, „Pflanzschule" genannten Abschnitt wurden die „Profanen", wie man Außenstehende nannte, über drei Grade in das Wesen des Geheimbundes eingeführt, in der „Maurerklasse" über fünf Grade weitergebildet, um dann in der „Mysterienklasse" mit ihren vier Stufen den krönenden Abschluss zu finden.

Dass Weishaupt mit der Ausarbeitung der zugehörigen Rituale nicht fertig wurde, beweist, wie überhastet und wenig durchdacht das ganze Unternehmen angegangen worden war und wie rasch es vorzeitig endete. Vor allem die letzten beiden Grade blieben fragmentarisch.

Wenn ein Novize dem Orden beitrat, erhielt er zunächst einen Decknamen. Weishaupt wählte für sich „Spartakus", den antiken Anführer des Sklavenaufstandes, Knigge nannte sich „Philo" nach einem jüdisch-hellenistischen Philosophen. Zu Beginn kannte der Neuling nur seinen persönlichen Betreuer, der ihn für die Aufnahme empfohlen hatte und sein direkter Vorgesetzter im Orden war und blieb, sowie die anderen Novizen seiner Klasse, und das nur mit ihren Ordensnamen. Der Betreuer hatte sowohl über seinen Schützling als auch über sich selbst, egal welcher Stufe er selbst angehörte, regelmäßig Berichte abzuliefern.

JEDER, DER BEITRAT, ERHIELT EINEN DECKNAMEN.

Dieses „Spitzelwesen" blieb auf allen Ebenen erhalten, ebenso das tagebuchartige Berichten

I. Klasse „Pflanzschule":

1. Novize
2. Minerval
3. Illuminatus minor

II. Klasse „Maurerklasse":

4. Lehrling
5. Geselle
6. Meister
7. Illuminatus major
8. Illuminatus dirigens

III. Klasse „Mysterienklasse":

9. Priester (Presbyter)
10. Regent (Princeps)
11. Philosoph (Weltweiser, Magus)
12. Dozent (Rex)

▼ Der Illuminat Adolph Freiherr von Knigge (1752–1796) ging durch sein Werk „Über den Umgang mit Menschen" als Sinnbild für gutes Benehmen in die deutsche Sprache ein.

über die eigenen Fortschritte in sogenannten *Quibus-licet*-Heftchen (lateinisch: *quibus licet* = wem es [die Lektüre, Anm. d. Verf.] erlaubt ist). Waren die Fortschritte nicht befriedigend oder das Heft nicht ordnungsgemäß geführt, schickte der Ordensobere einen *Reproche*-Zettel (französisch: *reproche* = Tadel).

Auch wenn ein Mitglied unbotmäßig wurde und so frech war, zur falschen Zeit zu viel Wissen oder Kenntnis der Ordensgeheimnisse einzufordern, wurde es streng zurechtgewiesen, gleichzeitig jedoch darauf hingewiesen, dass es ja jederzeit austreten könne – nicht ohne an seinen Verstand zu appellieren und die freundschaftliche Gesinnung seines Betreuers zu betonen.

Da sich die Mitglieder in den ersten beiden Graden nur mit den Decknamen kannten, trug deren Verwendung zur Verwirklichung von Gleichheit innerhalb des Ordens bei, da niemand wissen konnte, ob es sich bei „Cato" oder „Gaius Marius" um einen Adeligen, Bürgerlichen, Studenten oder Professor handelte. Doch durch das Betreuer- und Berichtswesen entstand eine strenge, straff geführte Hierarchie innerhalb des Ordens. Noch dazu musste jedes Mitglied bei der Initiation allen Oberen „unverbrüchliche Treue und Gehorsam" schwören.

Der oberste Rat, der *Areopag*, blieb geheim. In jedem Grad wurde dem Mitglied gerade so viel von den Ordensangelegenheiten, Zielen, Strukturen und Personen des Ordens eröffnet, wie man es angesichts seiner Zuverlässigkeit und seines Wirkungskreises sowie zur Erhaltung seines Vertrauens und seiner Begeisterung für richtig bzw. erforderlich erachtete.

Der Mentor versorgte seinen Schützling mit einem monatlichen Leseprogramm, das dieser zu absolvieren hatte. Die Auswahl der Bücher, die dem Mitglied zugänglich gemacht wurden, hing stark von seinem Grad ab; die Priesterklasse enthielt zum Beispiel viel esoterisches, hermetisches und gnostisches Wissen. In den nächsten Grad durfte nur aufsteigen, wer sich als arbeitsam, zuverlässig und berichtswillig

erwiesen hatte, wobei Weishaupt betonte, dass derjenige, der den Novizen mit Literatur versorgte, aus jedem neuen Stück Wissen ein Geheimnis machen sollte, um das Interesse des Betroffenen aufrechtzuerhalten. Nichts dürfe vorher darüber bekannt werden, denn dann würden die Inhalte an Wert verlieren; darüber hinaus würde das Vergnügen am Engagement im Orden bald enden, wenn der Kandidat nur Dinge erführe, die er bereits wüsste.

Auch ein skurriles Detail soll nicht unerwähnt bleiben: Um Briefwechsel und Notizen nicht zu durchschaubar zu gestalten, wurden die Brüder nicht nur angewiesen, in Chiffren und verklausulierten Redewendungen zu schreiben. Man rechnete sogar mit einem der persischen Zarathustra-Religion entliehenen Kalender, dessen Jahr am 21. März begann, und benannte auch Städte neu: München wurde zu „Athen", Frankfurt am Main zu „Edessa", Jena zu „Syrakus" und Ingolstadt zu „Eleusis"; mit letzterer Benennung spielte man offenbar auf die antiken Kulte in Eleusia an, bei denen die Rückkehr der Persephone aus der Unterwelt und damit die Wiedergeburt allen pflanzlichen Lebens im Frühjahr gefeiert wurde – anscheinend sah sich Weishaupt selbst als Priester der Eleusischen Mysterien, als er den Orden erschaffen hatte.

Durch die straffe Hierarchie, die Offenbarungsstufen und das strenge Berichtswesen ähnelte der Illuminatenorden bald jener Organisation, die sein Gründer so abgrundtief verabscheute: den Jesuiten. Weishaupts System war „jesuitischer, als es je ein Jesuit hätte entwickeln können" (Klaus-Rüdiger Mai). Anscheinend hatte er seine erzieherischen Wurzeln nicht ablegen können. So arbeitete der Orden der radikalen Aufklärung also mit den Mitteln der Maßregelung, des Unter-Druck-Setzens und der Bespitzelung, was bei den

Jesuiten durch Kadavergehorsam und Beichte verkörpert wurde. Daher standen die Illuminaten von Anfang an in der Spannung, aufklärerische Ideale mit nicht-aufklärerischen Mitteln durchsetzen zu wollen.

✳ Absichten und Ansichten

DIE WAHREN ZIELE DES ORDENS BLIEBEN DEN UNTEREN OFFENBARUNGSSTUFEN VERBORGEN.

Geheimnisvoll blieben für den Bruder der unteren Stufen auch die eigentlichen Ziele des Ordens: in modernen Worten ausgedrückt, die Unterwanderung des Systems. Natürlich war der Bund der Illuminaten dem Ideal der Aufklärung – Freiheit, Gleichheit, Brüderlichkeit – verpflichtet und strebte auch die Vervollkommnung seiner Mitglieder als Individuen an. Letztere sollte durch Bildung nicht nur des Verstandes, sondern vor allem auch „des Herzens" (das bedeutet: eine sittliche Lebensführung) erreicht werden.

Doch diese Perfektion war letztlich nur ein Mittel, um allgemeine Freiheit zu erreichen. Wer sich nämlich selbst beherrsche, der benötige keinen Herrscher mehr. Dadurch würde der „Despotismus" der absolutistischen Fürsten, aber auch der geistige Despotismus der katholischen Kirche überflüssig werden.

DIE ILLUMINATEN DACHTEN, DASS SICH WELTLICHE UND GEISTLICHE HERRSCHAFT EINES TAGES ERÜBRIGEN WÜRDEN.

Die Gesellschaft wäre dann also das Zusammenleben von freien, gleichen und sittlichen Bürgern ohne Herrschaft und Kirche – eine durchaus modern-anarchistisch anmutende Vorstellung.

Im Unterschied zu den Anarchisten des 19. Jahrhunderts wollten die Illuminaten ihr Ziel jedoch ohne Gewalt, ohne Umsturz oder Revolution erreichen. Weishaupt meinte, die Geschichte auf seiner Seite zu haben, da er die Entwicklung der Menschheit wie den Reifungsprozess des Menschen sah, der nach seiner „Kindheit", in der es weder Staaten noch Eigentum noch Herrschaft gegeben habe, in seiner „Jugendepoche" in Despotismus verfallen

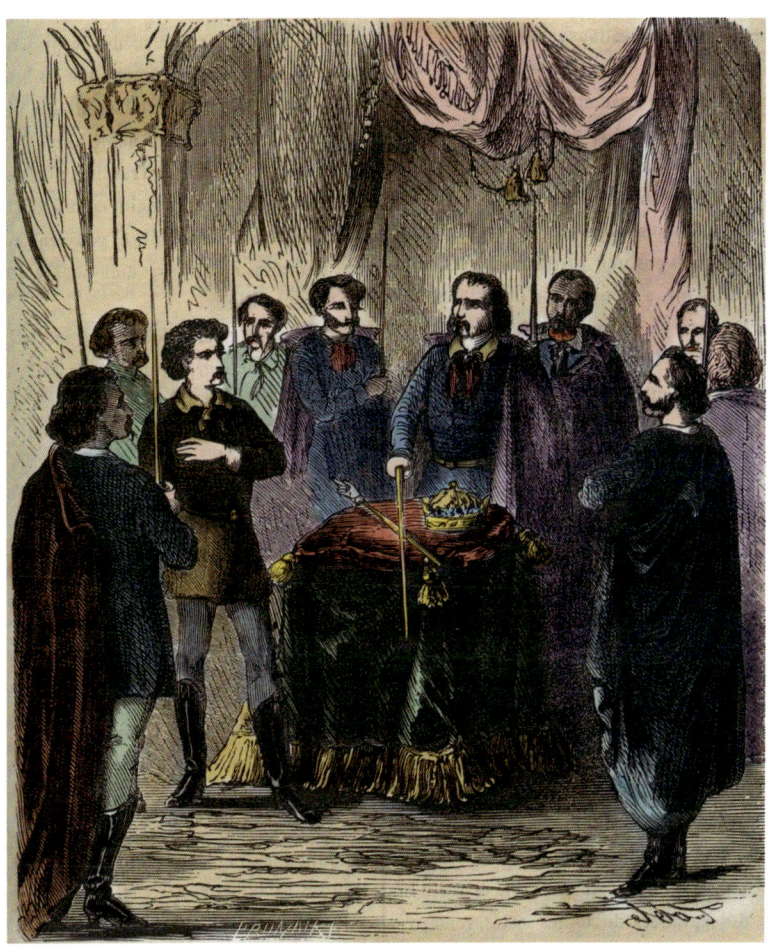

▲ Aufnahme in den Illuminatenorden; Gravur aus dem Jahre 1879

wäre und nun, in seiner „Reifezeit", aus Sehnsucht nach dem verlorenen Paradies durch die Aufklärung lernen würde, sich selbst zu beherrschen und dadurch den Despotismus gewaltlos zu überwinden.

Für die Verbreitung dieser Aufklärung zu sorgen, wäre die Aufgabe sogenannter „Weisheitsschulen", die Weishaupt in direkter Denktradition über die Freimaurer bis zum Urchristentum zurückführte.

WEISHEITSSCHULEN SOLLTEN FÜR DIE VERBREITUNG DER AUFKLÄRUNG SORGEN.

Dazu bedürfe es keiner Revolution, sondern nur gezielter Personalpolitik: Junge Leute, die nach Möglichkeit Karriere machen würden, sollten parallel zum Orden auch in der Gesellschaft aufsteigen. Im Idealfall würden sie schließlich als Berater dem Fürsten zur Seite stehen und diesen benutzen, um ihre Ziele zu verfolgen. Um das zu erreichen, sollten sich die

Brüder gegenseitig fördern und zu Positionen mit hohem Ansehen bzw. Macht verhelfen. Ob die Illuminaten am Schluss dieser Entwicklung, wenn die Fürsten und Staaten abgeschafft wären, sich ebenfalls als überflüssig auflösen oder einen Platz als „führende Aufgeklärte" für sich beanspruchen würden, darüber finden sich keine Angaben.

Eine Revolution wollte Weishaupt übrigens nicht aus humanitären Gründen vermeiden, sondern weil er der Ansicht war, dass sich ein gewaltsamer Umsturz nur schwer kontrollieren ließ und daher zu große Risiken barg. Dem ungebildeten Volk traute er ohnehin keine vernünftigen Entscheidungen zu, die nur Männer mit herausragenden Fähigkeiten und Charakterbildung fällen konnten – Philosophen wie er zum Beispiel.

Neue Mitglieder wurden über das Ziel des Ordens nicht nur nicht unterrichtet, sondern mitunter auch bewusst getäuscht, denn in den „Pflanzschulen" erklärte man ihnen noch, dass der Orden keineswegs weltliche und geistliche Regierungen unterwandern oder sich der Herrschaft bemächtigen wolle. Erst im obersten Grad erfuhr der Bruder dann, dass es dem Orden sehr wohl darum ging, die Menschen zu regieren und zum Guten zu leiten. Was das Gute war – dieses Wissen beanspruchten die Illuminaten natürlich ganz für sich allein. Weishaupt begründete dies damit, dass man bei den unteren Klassen nicht wüsste, wie sie so etwas aufnehmen würden; sie müssten erst eingehend darauf vorbereitet werden.

✳ Blütezeit

Kaum hatten die Illuminaten und Weishaupt und Knigge eine neue Struktur, gelang es ihnen prompt, unzählige neue Mitglieder anzuwerben. Diese bezogen sie mehrheitlich aus Logen der Freimaurer, die damals in Deutschland in einer tiefen Krise steckten. Sie galten als unpolitisch, romantisierend und mystizistisch – und damit als langweilig, nicht nur für den energiegeladenen und begeisterungsfähigen Knigge. Für ihn stellten die Illuminaten eine Chance dar, seinen Enthusiasmus endlich für ein großes Ziel einsetzen zu können, und es gelang ihm rasch, die Freimaurerlogen zu unterwandern.

Auf einem Kongress, den die Freimaurer 1782 zwecks Zusammenführung ihrer konkurrierenden Systeme abhielten, warben Knigge und der Schriftsteller und Herausgeber Johann Joachim Christian Bode offen für die Illuminaten, mit dem Ergebnis, dass sich viele Freimaurer angezogen fühlten und als Novizen in den Weisheitsbund eintraten.

Einer Untersuchung der Sozialstruktur der Illuminaten zufolge waren die 1500 bis 2000 Mitglieder in den 70 Städten des deutschen Reiches zu rund einem Drittel Freimaurer. Etwa ein Drittel der Erleuchteten waren Adelige, immerhin 12 Prozent Geistliche, fast ein Viertel Handwerker, etwa 10 Prozent Kaufleute. Nahezu drei Viertel aller Mitglieder hatten eine akademische Ausbildung, ebenso viele waren Staatsdiener (Beamte, Offiziere). Die Illuminaten waren im Hinblick auf ihr Ziel, den Herrschaftsapparat zu unterwandern, also ganz gut aufgestellt.

Besonders deutlich war der Unterwanderungseffekt am Arbeitsergebnis der bayerischen Zensurstelle zu bemerken, die – da sie fast ausschließlich mit Illuminaten besetzt war – plötzlich aufklärerische Literatur förderte und klerikale sowie gegen die Aufklärung

▲ Johann Wolfgang von Goethe bewarb sich um eine Aufnahme bei den Illuminaten.

gerichtete Schriften verbot. Diesem Treiben setzte der Kurfürst erst 1784 ein Ende.

Um Aufnahme bewarben sich unter anderen auch Johann Wolfgang von Goethe (Deckname „Abaris") und Herzog Ernst von Sachsen-Gotha – wie manche Autoren meinen, nicht nur aus Neugier, sondern um als treue Freimaurer ihrerseits den Orden gezielt auszuspionieren. Für den Erfolg waren im Übrigen vielleicht auch die Ausnahmeregelungen verantwortlich, die hier und da für hochrangige Interessierte gemacht wurden,

FÜR PROMINENTE WURDEN AUSNAHMEN VON DEN STRENGEN REGELN GEMACHT.

sowohl beim Einstieg als auch beim Aufstieg innerhalb des Ordens. Einen Goethe oder einen Fürsten konnte man sich als Novizen vermutlich schlecht vorstellen.

Einige Autoren meinen, der rasche Erfolg der Illuminaten könne nicht darüber hinwegtäuschen, dass eher zweitklassige Akademiker die Mitgliedschaft suchten, da sie sich davon bessere Chancen bei ihrer Karriere versprachen. Außerdem seien führende Vertreter der deutschen Spätaufklärung, wie Schiller, Kant

oder Lessing, dem Orden ferngeblieben. Andere traten wiederum bald aus, da sie von den rigiden Strukturen innerhalb des Bundes enttäuscht oder gar schockiert waren. Daher hätte der Orden sein Ziel, die intellektuelle und politische Elite des Landes zu bilden, kaum erreicht.

✳ Zwist und Niedergang

In der Zwischenzeit traten Fürst Ferdinand von Braunschweig und der hessische Herzog Karl den Illuminaten bei – und auch Kronprinz Friedrich Wilhelm, der spätere König, interessierte sich für den Geheimbund. An der Frage, ob es sinnvoll wäre, regierende Fürsten aufzunehmen, entzündete sich jedoch ein Konflikt zwischen Weishaupt und Knigge.

Ersterer fürchtete, der hohe Herr könnte eines Tages auf die Idee kommen, den Orden umzufunktionieren und ihn zu einem Organ seiner Politik zu machen. Noch dazu wusste Weishaupt ganz genau, dass die Inhalte und die philosophische Legitimation mit der raschen Organisationsentwicklung nicht Schritt halten konnten. Darüber hinaus hatte Weishaupt von Bayern aus den wachsenden Erfolg Knigges mit Eifersucht verfolgt und nun Angst, dass der junge Heißsporn ihm, dem großen Gründer, den Rang ablaufen könnte. Schließlich einigte man sich jedoch darauf, auf die Mitgliedschaft des preußischen Kronprinzen zu verzichten.

WEISHAUPT BEFÜRCHTETE, DASS KNIGGE IHM DEN RANG ABLAUFEN WÜRDE.

Trotzdem spitzte sich der Konflikt zwischen Weishaupt und Knigge immer mehr zu. Auf dem Kongress 1784, der als Schiedsgericht zu den strittigen Fragen einberufen worden war, wurde entschieden, dass das Führungsgremium, der *Areopag*, gänzlich neu zu besetzen war, damit die beiden führenden Persönlichkeiten nicht durch ihre Streitigkeiten den Orden spalten konnten. Von außen besehen schien das ein tragbarer Kompromiss, doch in Wahrheit stellte es eine Niederlage für Knigge dar, denn es war natürlich abzusehen, dass Weishaupt allein schon aufgrund seiner Eigenschaft als Ordensgründer einigen Einfluss

KNIGGE GAB ALLE PAPIERE
ZURÜCK UND TRAT 1784
AUS DEM ORDEN AUS.

behalten würde. Am 1. Juli 1784 verließ Knigge nach Rückgabe aller Papiere enttäuscht den Orden und kehrte der „Mode-Torheit" den Rücken. Sein Traum, die Gesellschaft durch einen Geheimbund ändern zu können, war geplatzt.

Weishaupt sorgte selbst für seine moralische Disqualifizierung, indem er seine Schwägerin, mit der er nach dem Tod seiner Frau zusammenlebte, zur Abtreibung ihres gemeinsamen Kindes nötigte. Als der Umstand bekannt wurde, dass genau jener Mann, der in seinem Orden die größten Ansprüche an die Sittlichkeit des Menschen stellte, ein solch unmoralisches Verhalten an den Tag gelegt hatte, hatte sich jede weitere Diskussion erübrigt. Weishaupt zog sich resigniert zurück. Er flüchtete 1787, als er den katholischen Glauben annehmen sollte, zunächst nach Regensburg und dann an den Hof von Herzog Ernst in Gotha, wo er bis zu seinem Tode 1830 lebte. Die Ordensleitung hatte schon zuvor Johann Martin Graf zu Stolberg-Roßla übernommen.

WEISHAUPT DISQUALIFIZIERTE SICH SELBST DURCH UNSITTLICHES VERHALTEN.

▲ Kurfürst Karl Theodor (1724–1799), hier auf einem Porträt von Anna D. Therbusch, sprach 1787 das Verbot des Illuminatenordens aus.

✳ Das Ende

Nicht nur von innen drohte dem Orden Gefahr, die fast noch größere Bedrohung kam von außen. Bereits 1784 hatte der bayerische Kurfürst Karl Theodor – unter dem Einfluss eines stark jesuitisch gesinnten Kreises rund um Herzogin Maria Anna und den Rosenkreuzer Pater Frank, der noch dazu sein Beichtvater war – ganz allgemein alle Gesellschaften und Verbindungen verboten, die ohne seine ausdrückliche Genehmigung gegründet worden waren. Aus Angst vor einem Putsch kam im Jahr darauf ein weiteres Edikt heraus, in dem nun die Illuminaten und die Freimaurer beim Namen genannt und als religionsfeindliche und landesverräterische Vereinigungen verboten wurden.

Bei Hausdurchsuchungen fand man entsprechende Papiere, die als weitere Indizien für deren staatsfeindliche Gesinnung galten. Daraufhin wurde die Anwerbung von Mitgliedern für die genannten

DIE ILLUMINATEN WURDEN WEGEN BEFÜRCHTETER REGIERUNGSFEINDLICHER UMTRIEBE VERFOLGT.

Bünde 1787 unter Todesstrafe gestellt. Illuminatenchef Graf Stolberg-Roßla hatte den Orden bereits 1785 für suspendiert, also vorübergehend ausgesetzt, erklärt. In Weimar versuchte J. J. Ch. Bode, den Bund weiterzuführen, indem er die „Minervalkirche" und den „Orden der unsichtbaren Freunde" gründete, doch seine Bemühungen waren vergeblich.

ES KAM ZU HAUSDURCHSUCHUNGEN UND VERHAFTUNGEN.

Als Nachweis für die vereitelte Verschwörung veröffentlichte Karl Theodor die gefundenen Papiere, darunter auch einige Decknamen. Die Verfolgungen, denen sich einige Ordensmitglieder ausgesetzt sahen, hielten sich aber in Grenzen. Einige weitere Häuser wurden durchsucht, einige Illuminaten zu kurzen Haftstrafen verurteilt und manche des Landes verwiesen. Natürlich fragten sich nun zahlreiche Illuminaten, darunter Goethe und Herder, wozu denn ein Geheimbund gut war, dessen Ansichten und Absichten man öffentlich einsehen konnte.

✳ Illuminatenhysterie

Nach den Veröffentlichungen setzte eine Illuminatenhysterie ein, überall wurden Umtriebe des Geheimbundes vermutet. Sogar der Papst, Pius VI., sah sich bemüßigt zu erklären, dass eine Mitgliedschaft nicht mit dem katholischen Glauben vereinbar war. Noch heftiger wurde die Geheimbundhysterie nach der Französischen Revolution: Die Angst vor den Jakobinern verschmolz mit der Angst vor den Illuminaten zu einem großen Horrorszenario. So kam es, dass der bayerische Staatsminister Montgelas bei seinem Amtsantritt 1799 und neuerlich 1804 alle Geheimbünde verbieten ließ, obwohl (oder weil?) er selbst Illuminat gewesen war.

NACH DER FRANZÖSISCHEN REVOLUTION BRACH EINE REGELRECHTE GEHEIMBUND-HYSTERIE AUS.

Insgesamt war die Öffentlichkeit in dieser Zeit von dunklen Geheimbünden und mysteriösen Geheimgesellschaften fasziniert, was sich auch am reichen literarischen Output zu diesem Thema in jener Zeit manifestierte (als Beispiele seien hier nur Schillers *Geisterseher*, Jean Pauls *Unsichtbare Loge* oder Goethes *Groß-Kophta* genannt).

▲ Einer der Irrtümer der Verschwörungstheoretiker: Das Zeichen des Illuminatenordens war nicht das „Allsehende Auge", sondern die Eule der Weisheitsgöttin Minerva, hier auf einer Silbermünze aus Athen (ca. 2. Jh. v. Chr.).

◄ 4./5. August 1789 – die verfassungsgebende Nationalversammlung in Frankreich hebt die Feudalrechte der Adeligen auf.

Im Allgemeinen geht die Forschung heute davon aus, dass sich der Orden nach der Suspendierung 1785 relativ rasch auflöste. Mit dazu bei trug ein Ereignis, das auch sie nicht gewollt hatten, für das sie jedoch – in trauter Vereinigung mit den Freimaurern – verantwortlich gemacht wurden: die Französische Revolution.

Das Einzige, was sie mit den tatsächlichen Revolutionären teilten, waren die Ideen; uneins waren sie jedoch über die Mittel, mit denen sie ihre hehren Ziele erreichen wollten. Das jedoch glaubte ihnen die Öffentlichkeit nicht. Je blutiger sich die Kämpfe in Paris gestalteten, umso größer wurde die Angst vor geheimbündlerischen Umtrieben in Deutschland. Um nicht selbst Opfer der Nachstellungen zu werden, gingen die Illuminaten in Deckung.

Manch einer erschrak vor dem, was er selbst bis vor Kurzem noch gelesen, ernsthaft diskutiert oder gar geschrieben hatte. Vor dem Hintergrund der in Paris bald ständig beschäftigten Guillotine wirkten Sätze aus den veröffentlichten Dokumenten der Illuminaten, die vorher harmlos oder spannend geklungen hatten, plötzlich gefährlich: Der Orden könne, wenn er in einem Ort die „obersten Stellen" besetzt hätte, „denen, die nicht folgen, fürchterlich werden, sie empfinden lassen, wie gefährlich es ist, den Orden zu beleidigen und zu entheiligen." Aus pubertären Allmachtsfantasien war in Frankreich blutiger Ernst geworden.

✳ „Posthume" Verdächtigungen

Der Illuminatenorden wurde unmittelbar nach seiner Auflösung zum Objekt wilder Spekulationen. Das erklärte Ziel der Illuminaten, heimlich ihre Anhänger in wichtige Positionen zu schleusen, machte sie nach ihrem Ende noch mehr zum Opfer von Verdächtigungen und Mutmaßungen. Der französische Ex-Jesuit Abbé Barruel unterstellte ihnen, sie seien zusammen mit den Freimaurern und den Philosophen verantwortlich für die Französische Revolution. Darüber hinaus seien diese Gruppierungen Teil einer großen, uralten Verschwörung gegen die katholische Kirche, den französischen König, ja gegen Religion, Regierung und Privatbesitz überhaupt.

DIE SPEKULATIONEN BEGANNEN UNMITTELBAR NACH DER AUFLÖSUNG DES ILLUMINATENORDENS.

Barruels Werk schlug ein, heute würde man sein Buch als Bestseller bezeichnen: Es verkaufte sich großartig, wurde bis 1812 in zehn europäische Sprachen übersetzt, darunter auch Deutsch und Russisch, und beeinflusste zahlreiche verschwörungstheoretische Publikationen bis weit in das 20. Jahrhundert hinein.

DER FRANZÖSISCHE EX-JESUIT BARRUEL WARF DEN ILLUMINATEN VOR, SIE HÄTTEN SICH GEGEN DIE KATHOLISCHE KIRCHE UND DEN FRANZÖSISCHEN KÖNIG VERSCHWOREN.

Ebenso beschuldigte der schottische Philosophieprofessor John Robison die Illuminaten, die eine Perversion der Freimaurerei wären, dunkler Absichten und böser Taten. Auch sein Buch erlebte zahlreiche Auflagen und ist bis heute noch immer lieferbar. Obwohl der erste Autor die Illuminaten von katholischer Seite aus angriff, der zweite aus protestantischer Sicht, hatten sie doch etwas gemeinsam: Beide sahen großzügig darüber hinweg, dass die Illuminaten im Herrschaftsgebiet römisch-deutscher Kaiser beheimatet waren und somit als Urheber der Französischen Revolution eher weniger infrage kamen.

In den USA, wo Robisons Buch rasch Verbreitung fand, hatte die Kirche seit der Verfassung von 1776, in der die Trennung von Kirche und Staat verankert war, einen schweren Stand. Umso gelegener kamen die Illuminaten dem Prediger Jedidiah Morse, um sein Mitmischen in der Politik zu rechtfertigen. Ab 1798 wetterte er gegen die gottlosen „Illuminated", die heimlich am Sturz von „Thronen und Altären" arbeiten würden, und behauptete sogar, er verfüge über eine Liste mit den Namen von 100 Illuminaten – Franzosen –, die der freimaurerische Grand Orient von Frankreich in Virginia angesiedelt habe. Es war ihm in seinem Eifer offenbar ebenfalls entgangen, dass die Illuminaten aus deutschen Gebieten kamen.

Das schmälerte die Wirkung seiner Predigten jedoch nicht – sie lösten eine wahre Illuminatenhysterie aus, und das obwohl bei vernünftiger Betrachtung nicht die Spur eines Illuminaten in den USA auszumachen war. Bis heute müssen die „Illuminati" in den USA für Verschwörungstheorien aller Art herhalten, in vorgeblichen Sachbüchern und Romanen gleichermaßen.

AUCH IN SCHOTTLAND UND IN DEN USA WURDEN DIE ILLUMINATEN DUNKLER UMTRIEBE BEZICHTIGT.

AUCH HEUTE NOCH STELLEN DIE ILLUMINATEN EIN BELIEBTES OBJEKT VON VERDÄCHTIGUNGEN DAR.

Die historische Realität zeigte allerdings ein anderes Bild: Die tatsächliche Verschwörung des Illuminatenordens – die Unterwanderung bestehender Machtstrukturen – ist binnen weniger Jahre gescheitert. Die Illuminaten lagen zwar im Trend der Zeit und erzielten daher raschen Zulauf, doch genau an diesem zerbrachen ihre Strukturen. Außerdem war die Vorstellung, die Freiheit des Einzelnen durch eine Geheimgesellschaft durchzusetzen, von Anfang an ein Widerspruch in sich, den die junge Vereinigung nicht auszuhalten imstande war.

DIE ILLUMINATEN WAREN VON DEM ENORMEN ANDRANG ÜBERFORDERT.

Hatte doch schon der kühle Machttheoretiker Machiavelli gesagt: „Viele Verschwörungen werden unternommen, aber nur wenige gelingen."

✳ Zum Erfolg von Verschwörungstheorien

Warum nur waren gerade die Verschwörungstheorien über die Illuminaten historisch so erfolgreich, dass sie sich bis heute halten konnten, obwohl der Orden in der Realität nur acht Jahre existierte?

Eine erfolgreiche Verschwörungstheorie benötigt mehrere Faktoren. Ihre Grundlage muss etwas sein, das bereits als Aberglauben oder Misstrauen in der Bevölkerung vorhanden ist, etwa gegen eine soziale, ethnische oder religiöse Gruppe. Hierbei handelt es sich nicht um belegbares Wissen, sondern um Vorurteile, dumpfe Ahnungen oder Gefühle. Dadurch wird gewährleistet, dass eine Verschwörung zumindest prinzipiell für möglich gehalten wird. Im Deutschland des 18. Jahrhunderts waren zum Beispiel viele Menschen davon überzeugt, dass die Vertreter der Aufklärung die Herrschaft an sich reißen wollten.

GRUNDLAGE FÜR EINE ERFOLGREICHE VERSCHWÖRUNGSTHEORIE IST EIN LATENT VORHANDENER VERSCHWÖRUNGSGLAUBE.

Auf diesem emotionalen Morast bauen dann die diversen Verschwörungstheorien auf. Sie müssen gar nicht besonders logisch sein – Hauptsache ist, sie stimmen mit dem Weltbild der Adressaten überein. Dann neigen Menschen dazu, auch die unsinnigsten Behauptungen oder offensichtlich unlogische Theorien zu akzeptieren.

Manche Theorien funktionieren sogar durch Schlussfolgerungen, die sich selbst beweisen sollen, zum Beispiel:

BEHAUPTUNG: *„Die Illuminaten stecken hinter den Aktionen der US-Regierung."*
GEGENARGUMENT: *„Aber es wurde noch nie ein Mitglied einer US-Regierung als Illuminat entlarvt."*
TRUGSCHLUSS: *„Da siehst du mal, wie gut die im Verborgenen arbeiten!"*

Untermauert werden solche Theorien oft mit scheinbar logischen Elementen, deren Wahrheitsgehalt im konkreten Fall allerdings nie überprüft wird. Es ist zum Beispiel eine Tatsache, dass Verschwörer am besten im Geheimen operieren – folglich wird behauptet, der Illuminatenorden habe sich nicht aufgelöst, sondern hätte seine konspirative Tätigkeit im Untergrund weiterhin ausgeübt und sich dabei in alle Welt verbreitet.

VIELE GLAUBEN, DER ILLUMINATENORDEN HABE IM VERBORGENEN WEITEREXISTIERT.

Noch besser hält sich eine solche Theorie, wenn sie mit ähnlichen Vorurteilen gegen andere Gruppierungen gepaart wird; im Falle der Illuminaten waren dies die Freimaurer, danach die Juden bzw. wahlweise die Zionisten und die Kommunisten, wobei die Elemente einzeln angeknüpft oder zu einer teilweise schon skurril anmutenden Gesamtheit verbunden wurden. So behauptete etwa der rechtsextreme Fernsehprediger Pat Robertson in seinem 1991 erschienenen Buch *The New World Order*, die Illuminaten wären für die Französische und die Russische Revolution verantwortlich und in der Folge auch für den internationalen Kommunismus; ihre unlauteren Machenschaften würden von skrupellosen jüdischen Bankiers unter der Führung des Bankhauses Rothschild finanziert.

So bizarr diese Beschuldigungen auch klingen mögen – sie wurden durchaus ernst genommen, denn von Robertsons Buch wurden mehrere hunderttausend Exemplare verkauft.

Ein ähnliches Motiv, mit dem eine Gruppierung im wahrsten Sinne des Wortes noch stärker verteufelt werden kann, ist ihre Dämonisierung. Tatsächlich gibt es Autoren, die sogar von der „dämonischen Religion der Illuminaten" sprechen.

Dass all diese Verschwörungstheorien, die davon ausgehen, die Illuminaten hätten nach ihrer Aufhebung als Geheimgesellschaft weiter bestanden, jeder realen historischen Grundlage entbehren, versteht sich wohl von selbst.

AUCH DIE BIZARRSTEN BESCHULDIGUNGEN WERDEN GEGLAUBT, WENN SIE AUF ENTSPRECHEND VORBEREITETEN BODEN FALLEN.

POLITISCHE

GEHEIM-
GESELLSCHAFTEN

In diesem Kapitel geht es nun tatsächlich um wirklich „heiße Eisen" – schließlich wollen politische Geheimgesellschaften Einfluss auf unser Leben, unseren Alltag, unsere Regierungen nehmen. Und vielleicht tun sie das ohnehin bereits seit Langem. Jedenfalls glauben fast drei Viertel aller US-Amerikaner, dass ihre Regierung regelmäßig in geheime und verschwörerische Aktivitäten verwickelt ist. Mögen es im obrigkeitshörigen Europa auch ein paar Verschwörungsgläubige weniger sein, so ist trotzdem das Misstrauen gegen Politiker und politische Organisationen groß. Zu Recht?

FAST DREI VIERTEL DER US-AME-
RIKANER GLAUBEN AN GEHEIME
MACHENSCHAFTEN IHRER
REGIERUNG.

Wir werden uns zunächst einem kurzen historischen Rückblick widmen und dann Nachschau halten, welchen Einfluss die „inoffiziellen" Kreise hinter den Kulissen der Parteien, Gewerkschaften und Vereinigungen auf das politische und wirtschaftliche Geschehen in unseren Ländern nehmen und auf welche Weise sie es tun.

POLITISCHE GEHEIM-
BÜNDE GAB ES
SCHON IMMER.

Politische Geheimgesellschaften gibt es, seit es Herrschaft gibt. Immer existierten Menschen, die sich aufgrund ihrer gemeinsamen Abneigung gegen die herrschende Klasse, Partei oder Person zusammenschlossen – zumeist mit dem Ziel, diese zu stürzen. Viele unserer aktuellen politischen Parteien gehen auf Geheimbünde zurück oder haben zumindest ein paar solcher Wurzeln.

Zum Beispiel wurde die Keimzelle sämtlicher kommunistischer, sozialistischer und sozialdemokratischer Parteien Europas von Karl Marx und Friedrich Engels 1847 in London als „Bund der Kommunisten" gegründet. Es handelte sich dabei um eine Vereinigung mit revolutionärem Gedankengut und internationalem Anspruch, die sich die Befreiung der

ALLE SOZIAL-
DEMOKRATISCHEN
PARTEIEN LASSEN
SICH AUF DEN GE-
HEIMEN BUND DER
KOMMUNISTEN
ZURÜCKFÜHREN.

Arbeiterschaft vom Joch des Kapitalismus auf die Fahnen geschrieben hatte. In den damals stark repressiven politischen Verhältnissen war der Bund, der die Schaffung einer klassenlosen Gesellschaft anstrebte, natürlich gezwungen, im Untergrund, also im Geheimen zu arbeiten.

Heute hingegen würde niemand mehr der deutschen SPD, der österreichischen SPÖ oder der britischen Labour Party umstürzlerische Bestrebungen vorwerfen – und daran zeigt sich eines der historischen Phänomene von Geheimgesellschaften: Es kommt vor, dass ihre Ziele im Lauf der Zeit oder durch historische Ereignisse plötzlich gesellschaftsfähig und damit öffentlich werden. In einigen Fällen erübrigte sich dann die Existenz der Geheimgesellschaft überhaupt. Etwas Ähnliches geschah etwa im Fall der berüchtigten Thule-Gesellschaft.

MANCHMAL MACHEN DIE EREIGNISSE EINE GEHEIMGESELLSCHAFT ÜBERFLÜSSIG.

Manchem Verschwörungstheoretiker zufolge sind es heutzutage ohnehin schon längst nicht mehr die Politiker, welche die Fäden ziehen und hinter dem Weltgeschehen stecken. Je nach Weltanschauung und Grad der individuellen Paranoia werden Ketzer, Juden, Kommunisten, Kapitalisten, andere Nationen und/oder ganze Berufsgruppen (Bankiers …) verantwortlich gemacht – oder eben diverse Geheimgesellschaften. Oft werden dabei einer der bereits erwähnten Vereinigungen – vor allem den Freimaurern und den Illuminaten – unlautere Motive unterstellt. Das ist einfach, schließlich greift man dabei ja auf bestehende Vorurteile

VERSCHWÖRUNGSTHEORIEN ARBEITEN OFT MIT VORHANDENEN VORURTEILEN.

gegen die oben genannten Gruppen zurück. Wie viel Macht sie wirklich haben, weiß niemand zu sagen.

Schlecht einschätzbar ist auch die Macht jener „Clubs", von denen nicht jeder weiß – Bilderberger, Skull & Bones, Cambridge Apostles. Nicht alle dieser Geheimgesellschaften würden einen gewaltsamen Umsturz im politischen System befürworten oder gar anstreben. Den meisten reicht es vermutlich, als „graue Eminenz" aus dem Hintergrund großen Einfluss auf das Geschehen in den vorderen Reihen zu haben. Solange man seine Interessen auf diesem bequemen Weg verfolgen kann, muss man sich dem Risiko revolutionärer Vorgänge nicht aussetzen – schließlich birgt jedes umstürzlerische Ereignis die Gefahr, aus dem Ruder zu laufen und sich in eine ungewollte Richtung zu entwickeln.

REVOLUTIONEN BERGEN IMMER EIN GEWISSES RISIKO, ANDERS ZU VERLAUFEN ALS GEWÜNSCHT.

Dass es heute Geheimgesellschaften dieser Art gibt, ist unbestritten. Wie weit deren Macht jedoch geht, darüber scheiden sich die Geister. Einige schreiben ihnen alle Verantwortung für das Weltgeschehen zu – und würden ihnen vermutlich auch noch ein paar Naturkatastrophen in die Schuhe schieben, wenn ihnen dazu ein kluges Argument einfiele –, andere bezweifeln, dass die „grauen Eminenzen" weit über ihren Tellerrand hinaus schauen, geschweige denn etwas bewirken könnten.

Da es leider zum Wesen von Geheimgesellschaften gehört, dass möglichst nichts über ihre Taktik, Vorgehensweise und Ziele an die Öffentlichkeit dringt, müssen wir uns wohl vorläufig mit Vermutungen begnügen. Aber wer weiß, vielleicht klopft uns bald ein altvertrauter Bekannter in hervorragender beruflicher Stellung auf die Schulter und fragt uns, ob wir vielleicht Interesse an einer kollegialen Verbindung hätten, er würde da jemanden kennen …

ES LIEGT IN DER NATUR DER SACHE, DASS MAN BEI GEHEIMGESELLSCHAFTEN AUF VERMUTUNGEN ANGEWIESEN IST.

DIE THULE-GESELLSCHAFT

Diese antisemitische Geheimgesellschaft wurde 1918 von Rudolf von Sebottendorf als Dachorganisation alldeutscher, vaterländischer und völkischer Verbände in München gegründet. Sebottendorf hatte bis dahin den Germanenorden geführt, in dem sich viele kleinere antisemitische Gruppierungen vereinigt hatten.

✳ War Hitler dabei?

Bald scharte er einflussreiche Anwälte, Universitätsprofessoren, Aristokraten und Wirtschaftstreibende um sich, darunter auch den späteren Leibarzt von Adolf Hitler, Morell, Heinrich Himmler oder Hermann Göring. Die Mitgliederlisten lesen sich wie ein Who is who der NSDAP in ihrer Anfangszeit. Nur das Gerücht, Adolf Hitler selbst sei ebenfalls Mitglied gewesen, kann nicht bestätigt werden, im Gegenteil: Er hat sich öfter abwertend über die in der Thule-Gesellschaft hochgehaltenen esoterischen Theorien und Mythen geäußert. Allerdings dürfte Hitler sehr wohl bei einigen Vorträgen der Gesellschaft im bayrischen Hotel *Vier Jahreszeiten* zugegen gewesen sein.

UNTER DEM DACH DER THULE-GESELLSCHAFT VEREINTEN SICH ALLDEUTSCHE UND VÖLKISCHE VERBÄNDE.

✳ *Think Tank* der Nationalsozialisten

Die gezielte Anwerbung einflussreicher Männer als Mitglieder sollte der Thule-Gesellschaft politischen Einfluss verschaffen und der Verbreitung rassistischer Propaganda dienen. Ihr Emblem zeigte das Hakenkreuz mit einem Strahlenkranz hinter einem senkrecht stehenden Schwert. Intern war sie im Stil einer Freimaurerloge organisiert, doch sie beschäftigte sich mit den „jüdisch-freimaurerischen" Weltverschwörungstheorien von Alfred Rosenberg, der als einer der Chefideologen des

◄ Reichsleiter Alfred Rosenberg um 1940

DIE „PROTOKOLLE DER WEISEN VON ZION" SIND EINE DER GRÖSSTEN UND TRAGISCHSTEN FÄLSCHUNGEN DER WELTGESCHICHTE.

Nationalsozialismus galt. Die theosophischen Überlegungen der Okkultistin Helena Blavatsky spielten ebenso eine Rolle wie die „Protokolle der Weisen von Zion" (eine der größten und leider tragisch-folgenreichsten antisemitischen Fälschungen der Weltgeschichte). In der Ideenwelt der Thule-Gesellschaft vermischten sich somit völkische Vorkriegstraditionen mit okkult-heidnischen Rassengedanken.

Wie groß der Einfluss solcher Ideen auf die Entwicklung und den Erfolg der Nationalsozialisten war, kann nur gemutmaßt werden. Personell gab es jedenfalls zahlreiche Überschneidungen und auch Teile der Ideologie der Thule-Gesellschaft fanden Eingang in die Ideologie der jungen NSDAP. Als diese zur Macht aufstieg, erübrigte sich die Thule-Gesellschaft anscheinend. Vielleicht waren bereits zu viele ihrer Ziele in Verwirklichung begriffen? Spätestens 1937 endete ihre Existenz endgültig, als die Nationalsozialisten sämtliche Logen und logenähnlichen Organisationen im Deutschen Reich verboten.

DIE THULE-GESELLSCHAFT WURDE VON DEN POLITISCHEN EREIGNISSEN ÜBERHOLT.

▲ Die Mitgliederliste der Thule-Gesellschaft enthielt viele hochrangige NSDAP-Funktionäre, darunter Morell und Himmler, aber auch Göring (siehe Bild, Mitte links neben Hitler). Ob Hitler selbst Mitglied war, ist nicht bestätigt.

◄ Das Emblem der deutschnationalen Thule-Gesellschaft

◄ Helena Blavatsky, Okkultistin deutsch-russischer Herkunft. Ihre Werke trugen maßgeblich zur Begründung der modernen Theosophie bei und beeinflussten weite Bereiche der modernen Esoterik.

DER CLUB 45

Viele Absprachen in der Politik passieren nicht nur einfach von Person zu Person, oftmals gibt es auch einen organisatorischen Rahmen. Die beteiligten Akteure treffen sich an geheimen Orten zu geheimen Zeiten mit anderen ebenso einflussreichen Personen – und viele kennen sich schon von der Universität, der Ausbildung oder von anderswo. Und sie alle haben natürlich nur das Wohl im Sinn – ihr eigenes und das ihrer Mitbrüder.

Doch wie weit geht der Einfluss der „Hinterzimmer"-Gesellschaften? Wie schlimm ist die Lage? Werden wir wirklich nicht von unseren gewählten Regierungen beherrscht, sondern von geheimen, weit verzweigten, undurchschaubaren Herrenrunden, die nur ihre eigenen Interessen im Sinn haben?

WER HERRSCHT NUN WIRKLICH ÜBER UNSER GESCHICK?

In Österreich gründeten einige Männer, die sich aus ihren Tagen im Verband Sozialistischer Studenten kannten, mittlerweile jedoch zu einflussreichen Politikern, Anwälten oder Wirtschaftstreibenden geworden waren, Anfang der 1970er-Jahre unter der Federführung des späteren Wiener Bürgermeisters und Außenministers Leopold Gratz den „Club 45". Dieser sollte ein exklusiver Zirkel nach dem Muster englischer Clubs werden, auch wenn sich britische Elite und österreichische Sozialdemokratie auf den ersten Blick nicht vertragen – doch in der „Ära Kreisky" erwiesen sich viele scheinbar widersprüchliche Brückenschläge als höchst erfolgreich.

◄ Der ehemalige Außenminister und Bürgermeister von Wien, Leopold Gratz (1929–2006), war viele Jahre Präsident des Club 45.

Der Club 45 logierte im 4. Stock des noblen Wiener Konditoreihauses Demel, das der schillernde Gratz-Freund Udo Proksch kurz vor der Gründung erworben hatte. Der Mitgliedsbeitrag war für damalige Verhältnisse relativ hoch – doch die infrage kommenden Sozialdemokraten und deren Sympathisanten konnten es sich leisten. Und sie leisteten es sich gern, denn nirgendwo sonst bot sich eine derart große Chance, zwanglos mit Topmanagern, Spitzenpolitikern und Bankdirektoren zu plaudern – stets in der Hoffnung, davon zu profitieren. Bald drängten sich Sektionschefs und Firmenleiter, Generaldirektoren und Gemeindebeamte um die Mitgliedschaft, sodass in den Räumlichkeiten zeitweise ein ziemliches Gedränge geherrscht haben muss.

Die Ansammlung von „Sozis" in der noblen Wiener Innenstadt rief auch Kritiker auf den Plan, darunter viele aus dem Lager des politischen Gegners, der christlich-konservativen Volkspartei (ÖVP).

DIE VIELEN „SOZIS" IN DER WIENER INNENSTADT ERREGTEN DAS MISSFALLEN DER KONSERVATIVEN.

Im Übrigen blieben die Männer im Club 45 unter sich, auch wenn unter der sozialistischen Alleinregierung eine nicht geringe Zahl fähiger Frauen in der Politik mitmischte.

✳ Trügt der Schein?

Der Club 45 ist aus heutiger Sicht ein historischer Beweis für die Richtigkeit so mancher Verschwörungstheorien. Viele, die schon einmal mehr als zwei Zentimeter in die Politik hineingeschnuppert haben, berichten, dass gerade hier nicht immer alles so ist, wie es scheint.

Es sieht für den Außenstehenden zum Beispiel auf den ersten Blick so aus, als würden in den verschiedenen Gremien der Politik tatsächlich echt neue Beschlüsse gefasst. Als würden die Anträge, die auf Tagungen und Kongressen eingebracht werden, tatsächlich eine Auswirkung darauf haben, in welche Richtung die zugehörige politische Organisation oder

IN DER POLITIK IST NUR WENIG SO, WIE ES SCHEINT.

▲ Im 4. Stock der noblen Wiener Konditorei Demel lagen die Räumlichkeiten des „roten" Club 45.

Partei weiterarbeitet. Als würden Vorsitzende und Vorstände tatsächlich von den Generalversammlungen gewählt. Manchmal mag das tatsächlich auch so sein, in manchen Parteien öfter, in manchen seltener. Doch offenbar handelt es sich bei dieser Ansicht um eine naive Perspektive.

Man muss nicht einmal ein großartiger Insider oder paranoid sein, um zu ahnen, dass das, was auf Generalversammlungen beschlossen wird, in den allermeisten Fällen schon

▲ Martin Kippenberger und Kurt Kalb, zwei Mitglieder der Kunstszene, 1985 im legendären Club 45 – hier traf sich, was Rang und Namen hatte.

✳ Realpolitik und Clubwesen

Unvorhergesehenes passierte auch im Club 45: Etwa als Udo Proksch im Winter 1984 die Exponenten des Konfliktes um die Hainburger Au im späteren Nationalpark Donau-Auen im Club 45 vor eine Mahlzeit setzte und klar machte, dass er sie erst dann den Raum verlassen ließe, wenn eine Einigung erzielt wäre. Wie es weiterging, ist längst ein Stück Zeitgeschichte: Der sozialdemokratische Bundeskanzler Fred Sinowatz rief den „Weihnachtsfrieden" aus und schließlich wurde der umstrittene Kraftwerksbau ganz abgeblasen.

Der Stern des Club 45 begann gemeinsam mit dem von Udo Proksch zu sinken, der im Zuge des Lucona-Prozesses (es ging um sechs Tote und Versicherungsbetrug) zu lebenslänglicher Haft verurteilt wurde. Der Club wurde zum Synonym für Korruption und „Freunderlwirtschaft". Der Skandal um den Bau des neuen Allgemeinen Krankenhauses (AKH; es ging um Schmiergeld und die Kostenexplosion) gab dem roten Edeletablissement den Rest. Nach 19 Jahren wurde der Club 45 1992 für aufgelöst erklärt.

> DER FALL LUCONA UND DER AKH-SKANDAL WAREN DAS ENDE FÜR DEN CLUB 45.

längst vorher ausgehandelt und mit Handschlag besiegelt worden ist. In Wien beim Heurigen oder beim kleinen Braunen, anderswo auf dem Golfplatz, in der Sauna, im Fünf-Sterne-Restaurant oder im privaten Wohnzimmer, weil man mit dem politischen Gegner persönlich sehr gut befreundet ist. Das, was dann in den Gremien passiert, ist meistens nur noch der hochoffizielle Vollzug dessen, was vorher „gemauschelt" wurde.

Wenn es tatsächlich einmal vorkommt, dass in den offiziellen Gremien etwas anderes stattfindet, als ausgemacht wurde – wenn ein überraschender Initiativantrag gegen alle Erwartungen angenommen wird, ein Kandidat mehr Streichungen erhält, als seiner innerparteilichen Reputation zuträglich ist, ein bereits vereinbartes Ergebnis nicht die Zustimmung der Basis findet –, dann sind die Medien voll davon und Feuer am Dach. Die Politik ist ein gut geschmiertes (häufig in mehrfachem Sinn des Wortes) Getriebe, dessen Räder gut ineinander greifen – solange nichts Unvorhergesehenes passiert.

Der langjährige Präsident des Clubs, Leopold Gratz, meinte später, dass er keine Gemeinschaft zur gegenseitigen Begünstigung hätte sein sollen, doch man hätte auch nicht verhindern können, dass manche den Club zu ebensolchen Zwecken ausgenutzt hätten.

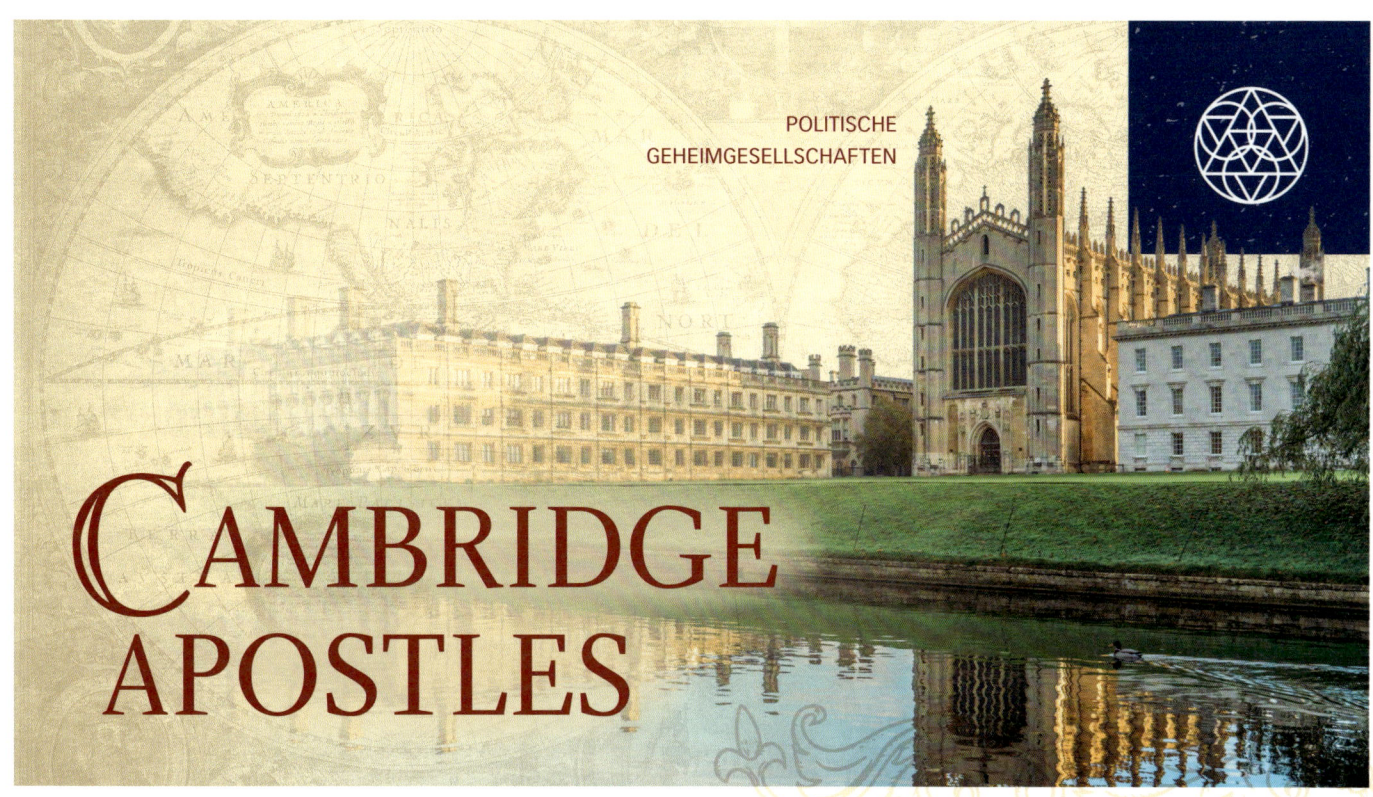

CAMBRIDGE APOSTLES

Studentische Gemeinschaften sind auf amerikanischen und englischen Universitäten – im Gegensatz zu den europäischen Hochschulen – sehr verbreitet. Auch Seniorstudentenverbindungen wie Skull & Bones, in denen jeweils nur der letzte Jahrgang vertreten ist, sind etwas völlig Gewöhnliches. Dennoch stechen einige durch besondere Geheimhaltung, besonders strenge Aufnahmebestimmungen oder einfach aufgrund ihrer reichen Tradition und einem dementsprechenden Ruf heraus.

STUDENTEN-VEREINIGUNGEN SIND AN UNIVERSITÄTEN IM ANGLOAMERIKANISCHEN RAUM SEHR VERBREITET.

An der englischen Eliteuniversität Cambridge heißt die entsprechende Geheimorganisation „Cambridge Apostles" – in Anspielung auf die zwölf Apostel Christi, da sich hier die zwölf begabtesten Studenten der Universität zusammenschlossen. Gegründet wurde die Vereinigung 1820 von einem gewissen George Tomlinson, der sie nach dem Muster einer Freimaurerloge strukturierte. Erst 1985 wurde die erste Frau aufgenommen.

Im Normalfall werden Studienanfänger, die als Kandidaten in Erwägung gezogen werden (sogenannte „Embryos"), bei als Studentenpartys getarnten Meetings beurteilt und bei einem positiven Ergebnis zum Apostle initiiert. Wenn ein Apostle sein Studium abgeschlossen hat, wird er zum „Angel" („Engel").

1975 wurden die Cambridge Apostles auf einen Schlag bekannt, als die unter dem Schlagwort „Cambridge-Spionagering" bekannt gewordene Spionageaffäre aufflog. Vier Männer in hohen Stellungen in der Regierung und in staatlichen Institutionen wurden überführt, geheime Informationen an den sowjetischen Geheimdienst KGB weitergegeben zu haben. Zwei davon waren ehemalige Apostles. Da die beiden homosexuell waren, hieß es eine Zeit lang, Homosexualität wäre eine Bedingung für die Mitgliedschaft bei den Apostles, was allerdings jeder realen Grundlage entbehrt.

DIE CAMBRIDGE-SPIONAGEAFFÄRE ZOG SICH IN EINFLUSSREICHE KREISE.

Zu den berühmtesten Mitgliedern gehörten der Schriftsteller Aldous Huxley (*Schöne Neue Welt*), der Bankier Victor Rothschild und die Philosophen Bertrand Russel und Ludwig Wittgenstein.

▲ Blick auf das Clare College und die King's Chapel – sie sind Teil der altehrwürdigen Cambridge University, die mehr Nobelpreisträger hervorgebracht hat als jede andere Universität – und anscheinend auch mehr Spione.

SKULL & BONES

kull & Bones („Schädel & Knochen") ist eine Seniorstudenten-Vereinigung an der altehrwürdigen US-amerikanischen Eliteuniversität Yale. Dort existiert sie seit 1832 ganz offiziell und unterhält auch ein Clubhaus auf dem Universitätscampus, das *Tomb* („Gruft"), *Temple* („Tempel") oder *Boodle* („Schmiergeld", „Beute") genannt wird.

So gesehen ist Skull & Bones nur eine von vielen Studentenvereinigungen, doch eine der bekanntesten und berüchtigtsten. Sie wird auch *The Order of Death* („Orden des Todes"), *Loge 322* oder *The Eulogian Club* („Der eulogianische Club") genannt. Wer dazugehört, ist ein *Bonesman* („Knochenmann"), ein *Knight of Eulogia* („Ritter der Eulogia") oder ein *Boodle Boy*. Seit 1991 gibt es auch *Boneswomen* („Knochenfrauen"), *Ladies of Eulogia* („Hohe Damen von Eulogia") bzw. *Boodle Girls*. Diese Titel werden für das gesamte Leben verliehen.

◄ Unter dem gruseligen Logo der „Knochenmänner" sollen sich dem Anspruch nach nur
die Besten des Abschlussjahrgangs versammeln.

Skull & Bones hat in jedem Jahrgang genau 15 aktive Mitglieder, die jeweils von den vorjährigen Mitgliedern durch das sogenannte *Tapping* (von „*tap*": „auf die Schulter klopfen") ausgewählt werden, und zwar nur aus jenen Studierenden, die sich in ihrem letzten Studienjahr befinden. Bis 1970 wurden die Mitgliederlisten in Zeitschriften veröffentlicht, die in der Bibliothek von Yale einsehbar waren und sind. Die „Gruft" ist jedoch nur für Mitglieder und ausnahmsweise auch auf besondere Einladung zugänglich.

Es gibt keine Probezeit. Wer das *Tapping* annimmt, wird in einer feierlichen Zeremonie in den Orden eingeführt, wobei er als Erstes unbedingte Verschwiegenheit schwören muss. Alles, was innerhalb des Ordens passiert, unterliegt absoluter Geheimhaltung.

Die zweite wichtige Regel ist, dass man einander nach Kräften zu unterstützen hat – und das ebenfalls lebenslang. Wer einmal in den elitären Club aufgenommen wurde, kann nach Beendigung seines Studiums mit der Protektion der älteren Jahrgänge rechnen, die meist sehr hohe Positionen in der Wirtschaft,

JEDER JAHR-
GANG HAT NUR
15 MITGLIEDER,
DOCH ES GIBT
ZAHLREICHE
SENIORS.

in der Politik, in den Medien oder im Militär erreichen. Denn es gilt: einmal ein *Bonesman*, immer ein *Bonesman*.

Da Yale allerdings eine teure Eliteuniversität ist, kann es durchaus vorkommen, dass einige junge Knochenmänner die Protektion gar nicht wirklich benötigen – weil sie nämlich selbst aus einfluss- und traditionsreichen Familien stammen, die ihrerseits ein eigenes Netz in den höchsten gesellschaftlichen Etagen gesponnen haben. Die Verknüpfung von Familie und Orden ist dann natürlich besonders nützlich. Manche Familie kann bereits auf eine Ahnengalerie an *Bonesmen* und -*women* zurückblicken, zum Beispiel die des ehemaligen Präsidenten George W. Bush, dessen Vater George H. W. Bush und Großvater Prescott Bush alle Mitglieder im *Order of Death* waren.

Weltanschauliche Differenzen spielen dabei kaum eine Rolle, wie im Präsidentschaftswahljahr 2004, als George W. Bush und John Kerry gegeneinander kandidierten, offensichtlich wurde: Beide waren *Bonesmen*. Als sie in Interviews danach gefragt wurden, gaben sie

DIE FAMILIE BUSH IST SEIT MEHREREN GENERATIONEN IN SKULL & BONES VERTRETEN.

zwar ihre Mitgliedschaft zu, doch alle weiteren Fragen wurden abgeblockt.

Zum Einfluss von Skull & Bones auf die Karriere seiner Mitglieder meinte die Autorin Alexandra Robbins, die sich intensiv mit dieser Geheimgesellschaft beschäftigt und mehr als 100 *Bonesmen* interviewt hat: „Ohne Skull & Bones wäre ein so mittelmäßiger und inkompetenter Politiker wie George W. Bush niemals Präsident der USA geworden."

✳ Geheime Beichte

Doch warum funktioniert die Geheimhaltung bei Skull & Bones so hervorragend? Das dürfte zumindest zu einem guten Teil damit zu tun haben, wie neue Mitglieder in den Orden integriert werden.

Zunächst erhält jeder einen Ordensnamen, wie das auch in anderen Geheimgesellschaften üblich ist. Diese sind der griechischen und

▲ Der Eingang zur legendären „Gruft" auf dem Universitätscampus von Yale

römischen Mythologie, aber auch der klassischen Literatur und der Geschichte entlehnt. Der Ordensname von George W. Bush lautet zum Beispiel „Temporary".

Das eigentliche bindende Element sind jedoch die „Beichten", die vor den anderen Ordensmitgliedern abgelegt werden müssen. In deren Rahmen müssen die Neulinge ihre bisherige Lebensgeschichte analysieren und dabei über sämtliche Vergehen und auch ihre sexuellen Erfahrungen Auskunft geben. Derjenige mit den meisten sexuellen Erfahrungen wird *Magog* genannt, der mit den wenigsten *Gog*.

DURCH DIE ART DER AUFNAHME WIRD DIE DISKRETION GESICHERT.

Durch diese Bekenntnisse werden die *Bonesmen* in hohem Maße voneinander abhängig: Wer meint, sich von der Pflicht zur Geheimhaltung drücken zu können, wird eine unliebsame Überraschung erleben, wenn pikante Details aus seinem Intimleben an die Öffentlichkeit getragen werden. Abgesehen davon lernen sich die Mitglieder dabei natürlich überaus intensiv kennen und können daher umso besser einschätzen, mit welchen Kollegen sie auch in Zukunft hervorragend zusammenarbeiten können.

BEI SKULL & BONES WERDEN BANDE FÜRS LEBEN GEKNÜPFT.

✳ Relikte und Beutezüge

Gerüchten zufolge soll die „Gruft", das Haus des Ordens, nicht nur voller besonderer „Beutestücke" sein, sondern auch voller Schädel und Knochen – was nach den Gesetzen von

Connecticut eigentlich verboten ist. Diese sollen bei einigen Zeremonien herangezogen werden. In vielen Fällen soll es sich dabei nicht bloß um die sterblichen Überreste irgendwelcher Menschen handeln, sondern um die Gebeine von Prominenten, wie etwa den Schädel des Indianerhäuptlings Geronimo, den Prescott Bush (der Großvater von George W.)

SKULL & BONES SOLL ZAHLREICHE GESTOHLENE KNOCHENRELIKTE IN DER „GRUFT" VERBORGEN HALTEN.

gemeinsam mit einigen Ordensbrüdern aus dem Fort Sill gestohlen haben soll. Die Vorwürfe konnten nie einwandfrei entkräftet werden.

Auch andere Stücke in der Sammlung des Ordens sollen auf zweifelhafte Weise in dessen Besitz gekommen sein. Merkwürdigerweise konnten die mit Grabschändungen und Einbrüchen zusammenhängenden Polizeimeldungen aber nie aufgeklärt werden. Ordensintern dürften solche „Unternehmungen" allerdings einiges zum Zusammenhalt der Gruppe beitragen.

✳ Verschwörungsverdacht

Das heimlichtuerische Treiben rief natürlich schon früh das Interesse übereifriger Forschergemüter auf den Plan. Bereits im 19. Jahrhundert gab es Versuche, mehr über das Innenleben des Studentenbundes herauszufinden: Immer wieder wurde in die „Gruft" eingebrochen.

Material, das aus Einbrüchen stammt, sowie Berichte der Einbrecher dienen bis heute als Quellen, ebenso wie die wenigen Dokumente, die von vereinzelten Mitgliedern der Öffentlichkeit zugespielt wurden, oder Berichte und Einzelheiten aus Prozessen, die Skull & Bones mit anderen austrug.

MATERIAL ÜBER DEN ORDEN STAMMT OFT AUS EINBRÜCHEN IN DIE „GRUFT".

Die meisten dieser Materialien sind nicht überprüfbar und auch die Geheimhaltung der *Bonesmen* scheint ziemlich gut zu funktionieren. Daher ist wilden Spekulationen natürlich Tür und Tor geöffnet.

Eine der ersten Unterstellungen, die getätigt wurden, beruhte auf der Tatsache, dass der Gründer von Skull & Bones, William Huntington Russell, ein Jahr an einer Universität in Deutschland studiert hatte. Daher wird

▲ Ein solches Foto mit Pendeluhr wird von jedem Skull-&-Bones-Jahrgang angefertigt; diese Aufnahme des Jahrgangs 1947 zeigt George H. W. Bush (den Vater von George W.) von uns aus gesehen links neben der Uhr.

vermutet, Skull & Bones sei ein Ableger einer deutschen Geheimgesellschaft oder gar der Illuminaten. Letztere hätten nämlich nach ihrer offiziellen Auflösung im Jahre 1785 im Untergrund weiterexistiert und mit dem *Order of Death* eine „Filial-Organisation" in den USA eröffnet.

Als Beweis für die Verflechtungen mit Deutschland werden oft weitere *Bonesmen* herangezogen, die einige ihrer Studienjahre an deutschen Universitäten absolviert oder nach Abschluss ihres Studiums mit deutschen Kollegen kooperiert haben, wie etwa der spätere Yale-Präsident Timothy Dwight V. mit dem Begründer der Experimentalpsychologie Wilhelm Wundt in der zweiten Hälfte des 19. Jahrhunderts.

Ebenso gilt die Tatsache, dass Prescott Bush und einige seiner Ordenskollegen noch während des Handelsembargos gegen das Dritte Reich Geschäfte mit den Nazis machten, als höchst verdächtig.

Bis heute wird Skull & Bones daher vorgeworfen, er wäre eine rassistische, tendenziell nazi-freundliche, antisemitische und machtversessene Steigbügelhaltergesellschaft der WASP-Elite (*White Anglo-Saxon Protestant* = Weiße angelsächsische Protestanten) an der amerikanischen Ostküste, die Angehörige anderer Ethnien oder Glaubensgemeinschaften nur alibimäßig aufnehmen würde. Doch das ist natürlich eine sehr überspitzte Sicht der Dinge, die sich nur schwerlich überprüfen ließe.

Einig sind sich die meisten Autoren allerdings darin, dass Skull & Bones sehr wohl Günstlingswirtschaft betreibt, indem bei der Vergabe öffentlicher Ämter oder bei der Besetzung wichtiger Positionen in der privaten Wirtschaft Ordensbrüder – manchmal auch unabhängig von ihrer tatsächlichen Qualifikation – bevorzugt würden. Immerhin hat Skull & Bones seit seinem Bestehen drei Präsidenten der USA hervorgebracht (die erwähnten Herren George W. Bush und George H. W. Bush sowie William Howard Taft, 27. Präsident der USA), ungezählte Minister und Senatoren, ebenso viele Konzernchefs, Vorstandsvorsitzende und General Manager – darunter Frederick W. Smith (S&B-Jahrgang 1966), der Gründer von FedEx, Robert Gow (S&B-Jahrgang 1955), Präsident von Zapata-Oil, oder Harold Stanley (S&B-Jahrgang 1908), der Gründer des Investmentunternehmens Morgan Stanley.

SKULL & BONES BRACHTE DREI AMERIKANISCHE PRÄSIDENTEN UND ZAHLREICHE INTERNATIONAL ERFOLGREICHE GESCHÄFTSLEUTE HERVOR.

Andere Autoren halten dagegen, dass es sich bei all diesen Personen ganz schlicht und einfach um Abgänger einer Elite-Universität handelt. Daher wäre ein gewisser überdurchschnittlicher Anteil an erfolgreichen Politikern und Geschäftleuten völlig logisch.

Jedenfalls ist in diesem Zusammenhang auch eine latente Angst vorhanden, die Mitglieder von Skull & Bones würden sich – egal, in welche gesellschaftlichen Positionen sie auch aufstiegen – in erster Linie ihrem Orden und dann erst ihrem Amt verpflichtet fühlen.

Ein weiterer gegen den *Order of Death* gerichteter Verdacht ist seine Nähe zum amerikanischen Geheimdienst CIA (Central Intelligence Agency), der sich an der Verknüpfung zwischen der Universität Yale und der CIA orientiert. Der Yale-Professor für Geschichte, Gaddis Smith, meinte, die CIA hätte bisweilen gar „den Charakter eines Klassentreffens" für Yale-Absolventen. Daher wird auch der Orden bei sämtlichen Vorkommnissen, in denen die CIA laut Verschwörungstheoretikern ihre Finger im Spiel haben soll, verdächtigt, so etwa bei der Ermordung von Präsident John F. Kennedy in Dallas 1963 oder bei den Anschlägen auf das World Trade Center am 11. September 2001.

Auch wenn die meisten Verdächtigungen und Unterstellungen völlig unberechtigt oder frei erfunden sein mögen, eines kann man über Skull & Bones sicherlich zu Recht sagen: dass dieser Bund eine Vereinigung zur Herausbildung und Aufrechterhaltung einer Elite ist, auch wenn er kein politisch verschwörerischer Geheimbund im eigentlichen Sinne – nämlich mit dem Ziel, eine Regierung zu stürzen – sein mag. Der Sturz einer wirtschaftsfreundlichen Regierung (und welche amerikanische Regierung der letzten zweihundert Jahre wäre das nicht gewesen?) wäre wohl auch kaum im Interesse von Personen, die in ebendiesem System ihre Karrieren und ihr Vermögen gemacht haben. Revolutionen und Umstürze schaden der Wirtschaft, weil sie so schwer zu kontrollieren sind.

Besser ist da schon ein eng geknüpftes Netzwerk, dessen Strickleitern in alle Führungsetagen von Staat und Wirtschaft führen. Hier haken allerdings schon wieder einige Verschwörungstheoretiker ein, die behaupten, auch ein gelegentlicher Krieg läge im Interesse des angeblich mächtigsten Geheimbundes in den USA, da zunächst die Rüstungsindustrie und später dann, in der Wiederaufbauphase, die anderen Industrie- und Dienstleistungszweige profitieren würden. Doch der Krieg sollte nach Möglichkeit natürlich nicht im eigenen Land geführt werden, sondern irgendwo in Übersee …

Letztlich können all die Vorwürfe nicht einwandfrei geklärt, bestätigt oder entkräftet werden, ohne selbst in den Verdacht der Paranoia zu geraten. Und vielleicht erreicht der „Orden des Todes" damit erst genau das, was er eigentlich will: Ablenkung von und Desinformation über seine eigentlichen Ziele und Tätigkeiten. Denn irgendwie lebt Skull & Bones ja auch von seinem Ruf: Seine Macht hat er nur dann, wenn jeder glaubt, er funktioniere wirklich so effizient, wie alle fürchten.

▲ Im Präsidentschaftswahlkampf 2004 traten zwei *Bonesmen* gegeneinander an: John Kerry (oben) für die Demokraten, George W. Bush (unten) für die Republikaner. Es gibt außerdem verschiedene Hinweise darauf, dass der Wahlkampf-Finanzmanager von Donald Trump im Wahlkampf 2016, Steven Mnuchin, ebenfalls Mitglied des Ordens ist.

MANCHE MEINEN, KRIEGE WÜRDEN DIE WIRTSCHAFT ANKURBELN.

DIE BILDERBERG-KONFERENZ

Das Kürzel „Bilderberg" löst in manchen Kreisen eine wahre Verschwörungsmanie aus. Dabei handelt es sich bei den „Bilderbergern" nicht einmal um eine Organisation – doch allein die Tatsache, dass diese Konferenz bis Mitte der 1970er-Jahre weltweit geheim gehalten werden konnte, obwohl sie seit 1954 mindestens einmal jährlich stattfindet, löst bereits einiges an Fantasien und Paranoia aus. Dabei meinen viele, „Bilderberg" sei gar nicht so geheim. Was stimmt denn nun?

Tatsächlich handelt es sich um ein exklusives, höchst informelles Treffen hochrangiger Persönlichkeiten aus Politik, Wirtschaft, Militär und Medien, die zum Großteil aus Westeuropa und Nordamerika stammen – den NATO-Vertragsstaaten also. In den Anfangsjahren wurde die dreitägige Konferenz zweimal, später nur noch einmal jährlich veranstaltet.

Zum ersten Mal fand diese Tagung 1954 im niederländischen Hotel „Bilderberg" in Oosterbeck statt, das ihr auch ihren Namen einbrachte. Die Initiative dazu ging auf den damaligen Generalsekretär der Europäischen Liga für Europäische Zusammenarbeit, Joseph Retinger, zurück. Er nutzte seine Kontakte zu europäischen und amerikanischen Politikern und Wirtschaftsmagnaten, um vertrauliche und inoffizielle Treffen zu arrangieren, als es zu Beginn der 1950er-Jahre Spannungen zwischen den Kontinenten gab. Für die geplanten jährlichen Großtreffen gelang es ihm, Prinz Bernhard von den Niederlanden als Schirmherrn und Gastgeber zu gewinnen. Bis zum Jahr 2016 wurden 55 Konferenzen abgehalten.

✳ Exklusiver Teilnehmerkreis

Nach vorbereitender Korrespondenz und Treffen in kleinerem Rahmen konnte die erste Bilderberg-Konferenz am 29. Mai 1954 eröffnet werden. Unter den Teilnehmern waren so klingende Namen wie Alcide de Gasperi oder Antoine Pinay, beide ehemalige italienische bzw. französische Ministerpräsidenten.

Seitdem wird darauf geachtet, dass die im Durchschnitt etwa 115 bis 120 Teilnehmer umfassende Konferenz so zusammengesetzt ist, dass sie die vorherrschende Meinung zu den Tagesordnungsthemen in den teilnehmenden Staaten möglichst gut widerspiegelt und eine ausgeglichene Diskussion

DIE ERSTE KONFERENZ 1954 IM NIEDERLÄNDISCHEN HOTEL BILDERBERG GAB DER KONFERENZ DEN NAMEN.

◄ Der ehemalige deutsche Bundeskanzler Helmut Kohl (1930–2017) bei der Öffnung des Brandenburger Tors 1989. Wurde der Fall der Berliner Mauer auf den Bilderberg-Konferenzen vorbereitet?

der Themen auf hohem Niveau sichergestellt ist. Etwa zwei Drittel der Teilnehmer stammen aus Europa, ein Drittel aus den Vereinigten Staaten und Kanada. In den letzten Jahren dürfte allerdings eine sanfte „Osterweiterung" des Teilnehmerkreises stattgefunden haben.

Die Beteiligten nehmen als Privatpersonen teil, nicht in ihrer offiziellen Funktion oder Position – obwohl Letztere natürlich bei ihrer Auswahl eine Rolle spielen dürfte. Man kann sich nicht freiwillig melden, sondern wird von einem Lenkungskomitee zur Teilnahme eingeladen.

SÄMTLICHE TEILNEHMER NEHMEN ALS PRIVATPERSONEN TEIL, WERDEN JEDOCH AUFGRUND IHRER FUNKTION ODER TÄTIGKEIT AUSGEWÄHLT.

Die Kosten der Anreise sind von jedem Teilnehmer selbst zu tragen – es bleibt natürlich offen, wie viele von ihnen diese Reisen tatsächlich selbst finanzieren und nicht über ein politisches oder Firmenbudget abrechnen. Die Kosten für die Unterbringung und die Tagungsräumlichkeiten trägt das jeweilige Veranstalterland.

Da die Konferenzen stets in abgeschiedenen Luxushotels stattfinden, um sämtliche Ablenkungsmöglichkeiten auf ein Minimum zu reduzieren, kommen hier laut Berechnungen ganz schöne Summen zusammen. Ein komplettes Fünf-Sterne-Hotel bei möglichst vollständiger Abschirmung und garantierter Sicherheit für drei Nächtigungen zu buchen, dürfte auf etwa eine halbe Million Euro kommen. Daher werden gezielt Personen, die Leitungsfunktionen in der Wirtschaft haben, auf Sponsoring angesprochen. Als Gegenleistung winkt die Teilnahme an einem der exklusivsten Zirkel auf dem wirtschaftspolitischen Parkett der westlichen Welt.

EIN KOMPLETTES FÜNF-STERNE-HOTEL ZU BUCHEN IST EINE TEURE ANGELEGENHEIT.

▼ Obwohl sich die Bilderberg-Treffen mittlerweile mit einer eigenen Homepage der Öffentlichkeit präsentieren, löst der Gedanke daran bei manchen eine Art „Verschwörungspanik" aus.

▲ Links der gut bewachte Eingang zum Hotel Nassauer Hof in Wiesbaden, rechts Nato-Generalsekretär Manilo Brosio. Am 25.03.1966 fand die Bilderberg-Konferenz in Wiesbaden statt, ein Treffen führender amerikanischer und europäischer Persönlichkeiten.

❋ Der vertrauliche Teil

Im Anschluss an die jährliche Konferenz erhalten sämtliche Teilnehmer sowie auch alle, die jemals an einer Bilderberg-Konferenz teilgenommen haben, ein Protokoll zugeschickt. Dieses ist nur eine Zusammenfassung, in der die Aussagen keinem bestimmten Redner zugeordnet werden. Das Protokoll ist streng vertraulich.

Die Veranstaltungsorte der Treffen werden der Presse ebenso bekannt gegeben wie die Teilnehmerlisten und die jeweiligen Tagesordnungspunkte. Selten wird jedoch über ein Treffen auch in den Medien berichtet. Das dürfte mit einer Art *Gentlemen's Agreement* zu tun haben, demzufolge sich die Medien auch an jene Regeln halten, die für die Protokolle gelten: Keine Aussage wird einer bestimmten Person zugeordnet. Das schränkt die Möglichkeiten zu einer spannenden Berichterstattung ziemlich ein. Und Interviews werden während der Konferenzen ohnehin keine gegeben.

Anscheinend funktionierte die Übereinkunft jedenfalls über viele Jahre ziemlich lückenlos, denn bis in die 1970er-Jahre blieb der Welt die Existenz einer solchen Konferenz überhaupt verborgen. Heutzutage, wo sämtliche Verschwörungstheoretiker ihre Theorien und Analysen im Internet verbreiten können, wissen immerhin schon ein paar Leute darüber Bescheid. Ob sie auch wirklich korrekt informiert sind, bleibt offen.

DIE PROTOKOLLE DER KONFERENZEN SIND STRENG VERTRAULICH.

DIE WELT WUSSTE BIS IN DIE 1970ER-JAHRE NICHTS VON DER EXISTENZ DER BILDERBERG-KONFERENZ.

❋ Wer lenkt wen wohin?

Bei den Konferenzen selbst sollen gar keine Beschlüsse gefasst, sondern nur Themen eingehend erörtert werden. Natürlich werden dabei hochkarätige Analysen und Informationen als Diskussionsgrundlagen geboten, schließlich stehen den vorbereitenden Herren in den meisten Fällen die besten offiziellen und inoffiziellen Informationsquellen ihrer Länder zur Verfügung. Doch laut Meinung eines ehemaligen österreichischen Bilderberg-Koordinators wäre es stark übertrieben, zu behaupten, dass Bilderberg die Steuerung der westlichen Welt übernommen habe.

ALS DISKUSSIONSGRUNDLAGE DIENEN HOCHKARÄTIGE INFORMATIONEN AUS DEN TEILNEHMERLÄNDERN.

Die Bilderberg-Diskussionen können sehr wohl konkrete Auswirkungen haben. Das ehemalige Mitglied des Lenkungsausschusses, George McGhee, ist sogar der Ansicht, dass die Römischen Verträge, die den gemeinsamen europäischen Markt begründeten, auf diesen Tagungen geboren wurden.

Viele Mitglieder sind Bilderberg bis ins hohe Alter treu: Der legendäre Bankier David Rockefeller (1915 – 2017), der 1960 bis 1981 die Chase Manhattan Bank leitete, an der seine Familie beteiligt war, ließ sich trotz seines fortgeschrittenen Alters zum Beispiel bis 2011 keine Bilderberg-Konferenz entgehen und feierte seinen 100. Geburtstag 2015 sogar auf der Konferenz in Tirol.

◄ Der langjährige österreichische Bundeskanzler Bruno Kreisky (1911–1990), für den die Außenpolitik stets einen sehr hohen Stellenwert hatte, erreichte, dass Österreich einen Sitz im Lenkungsausschuss der Bilderberg-Konferenz erhielt.

Alles, was in Politik oder Wirtschaft Rang und Namen hat, scheint früher oder später bei einer Bilderberg-Konferenz aufzutauchen. Doch das stimmt nicht ganz: Konsequent fehlen auf den Teilnehmerlisten etwa Vertreter des amerikanischen State Departments (Außenministeriums) und ein US-Präsident wäre als Teilnehmer ohnehin völlig undenkbar, wenngleich sich das so manches Mitglied des Lenkungsausschusses auch wünschen würde. Fast ist das allerdings schon gelungen, denn man scheint in diesen Kreisen ein gutes Gespür für „kommende Leute" zu haben: 1991 kam der damalige Gouverneur von Arkansas zur Konferenz, im Jahr darauf wurde er zum Präsidenten der USA gewählt. Sein Name war Bill Clinton.

Durch die Auswahl anderer Teilnehmer machten sich die Bilderberger in den Augen von Verschwörungstheoretikern allerdings erst recht verdächtig: 1988 war der langjährige deutsche Bundeskanzler Helmut Kohl zu Gast bei der Bilderberg-Konferenz in Telfs im österreichischen Tirol, wo er zur deutschen Frage sprach – und im Jahr darauf fiel die Berliner Mauer! Welch ein Zusammentreffen! Hatten die Bilderberger etwa den Fall der Mauer beschlossen, geplant und in die Wege geleitet? Oder hieße das, wie ein ehemaliges österreichisches Mitglied des Lenkungsausschusses betont, die Möglichkeiten selbst der mächtigsten Politiker, Wirtschaftsbosse und Finanzmagnaten zu überschätzen?

Natürlich war es kein Zufall, dass die deutsche Frage auf der Tagesordnung genau jener

IST DER FALL DER BERLINER MAUER AUF DER BILDERBERG-KONFERENZ IN DIE WEGE GELEITET WORDEN?

Konferenz 1988 stand: Wer die weltpolitische Entwicklung genau beobachtet, wie es in Vorbereitung der jährlichen Zusammentreffen ständig geschieht, konnte durchaus bereits 1988 ahnen, dass die deutsche Frage zu den zentralen Themen der Weltpolitik gehörte und gehören würde.

✳ Bilderberger aus dem deutschsprachigen Raum

Bekannte österreichische Bilderberg-Teilnehmer waren Bruno Pittermann, der als damaliger Vorsitzender der Sozialistischen Internationale eingeladen wurde, und Bruno Kreisky, dem es gelang, für Österreich einen Koordinator im Lenkungsausschuss zu erhalten. Diesen Sitz hatte lange Zeit Kreiskys „politischer Ziehsohn", der später von ihm verstoßene ehemalige Finanzminister Hannes Androsch inne, danach unter anderem der ehemalige Bundeskanzler Franz Vranitzky und der ehemalige Minister Rudolf Scholten. 2006 stand Alfred Gusenbauer als *Parliamentary Leader SPÖ* auf der Liste der Teilnehmer neben Martin Bartenstein *(Minister of Economics and Labour)* und Oscar Bronner *(Publisher and Editor*, Der Standard).

Frauen waren bisher bei den Bilderbergern – entsprechend ihrer geringen Vertretung in den internationalen Schaltstellen der Macht – Mangelware, sind aber in den letzten Jahren zahlreicher geworden. In dem exklusiven Kreis vertreten waren bereits Angela Merkel und Ursula von der Leyen.

▼ Bilderberg-Treffen rufen regelmäßig auch Verschwörungsgegner und Demonstranten auf den Plan, gegen die die Behördern vorgehen – wie hier 2010 in Spanien.

GLADIO

Natürlich gibt es nicht nur die „sanften" politischen „Freunderlgesellschaften", die im Hintergrund von Politik und Wirtschaft an den Rädern der Macht drehen – manche Geheimgesellschaften haben es ganz direkt auf gesellschaftlichen Umsturz, notfalls auch mit Waffengewalt, abgesehen. Allein schon das ist genügend Grund, sich bedeckt zu halten.

Jede Regierung hält sich ganz logischerweise zumindest eine, oft sogar mehrere Geheimorganisationen: Von den staatlichen Geheimdiensten und den militärischen Nachrichtendiensten ist zwar bekannt, dass es sie gibt, doch sie wären schlecht beraten, wenn mehr als ein paar Details über sie bekannt wären. Das würde ihre Arbeit nicht nur erschweren, sondern zum großen Teil sogar unmöglich machen. Um diese „offiziellen Geheimorganisationen" geht es hier jedoch nicht. Es geht um deren für gewöhnlich der Öffentlichkeit nicht bekannte Verbindungen und Netzwerke in aller Welt.

Eine dieser Vereinigungen war oder ist Gladio – es lässt sich nicht mit absoluter Sicherheit sagen, dass es sie heute nicht mehr gibt. Gladio war eine von der NATO, dem US-Geheimdienst CIA und dem britischen Geheimdienst MI6 zur Zeit des Kalten Krieges gegründete schnelle Eingreiftruppe. Ihr Name leitet sich vom lateinischen *gladius* für „Schwert" ab.

Gladio wirkte ab Anfang der 1950er-Jahre insbesondere in Italien, doch ihr Netzwerk erstreckte sich über weite Teile Westeuropas bis in die Türkei. Die Mitglieder von Gladio rekrutierten sich aus dem Militär, dem Geheimdienst und rechtsextremen Kreisen. In ganz Europa wurden geheime, natürlich illegale Waffendepots angelegt.

Ziel war es, die Ausbreitung oder gar die Machtübernahme der Kommunisten in den europäischen Staaten

▶ Die Geheimorganisation Gladio wurde nach dem lateinischen Wort für „Schwert" benannt.

GLADIO WAR EIN PRODUKT WESTLICHER GEHEIMDIENSTE.

UM KOMMUNISTI-
SCHE REGIERUN-
GEN IN EUROPA
ZU VERHINDERN,
WAR JEDES MIT-
TEL RECHT.

zu verhindern. Zu diesem Zweck wurden, wie der italienische Untersuchungsrichter Felice Casson 1990 schlüssig nachweisen konnte, in Zusammenarbeit mit den jeweiligen nationalen Geheimdiensten gezielt Terrorakte und Morde verübt, um dann falsche Spuren zu legen und sie linksextremen (Terror-)Organisationen in die Schuhe zu schieben. Das Volk sollte dann von selbst nach mehr Polizei, weniger Freiheitsrechten und mehr Überwachung schreien. Terror ist noch immer eines der wirkungsvollsten Mittel, um Regierungen und Völker zu manipulieren.

Parlamente und Bevölkerung der betroffenen Länder waren über die Existenz, geschweige denn über die Aktivitäten von Gladio in den allermeisten Fällen nicht informiert.

✳ Die Enthüllung

Die Existenz von Gladio wurde erst bekannt, als der italienische Ministerpräsident Giulio Andreotti 1990 im Rahmen einer parlamentarischen Anfrage zugab, dass der italienische Geheimdienst SISMI mit einer „Operation Gladio" kooperiere. Andreottis Aussage zufolge gab es bei Gladio 622 Mitglieder. Außerdem hatte die Organisation 139 geheime Waffenlager angelegt, die in Waldgebieten oder in unterirdischen Bunkern versteckt waren. Der ehemalige SISMI-Chef General Vito Miceli soll sich daraufhin beschwert haben, dass er sogar ins Gefängnis gegangen sei, um die Existenz dieser „supergeheimen Organisation" nicht preiszugeben, und nun erzähle Andreotti dem Parlament davon!

DER ITALIENI-
SCHE MINISTER-
PRÄSIDENT
GIULIO ANDRE-
OTTI GAB 1990
DIE EXISTENZ
VON GLADIO ZU.

Es folgte zwar eine Reihe von Dementis diverser Regierungen in Europa, doch immerhin fanden in den Parlamenten von Italien, der Schweiz und von Belgien Untersuchungen zum Thema Gladio statt. In Deutschland stellten nur die Grünen eine parlamentarische

Anfrage, die jedoch sehr mehrdeutig und unbefriedigend beantwortet wurde. Ursprünglich hatte auch die SPD starkes Interesse an einer Aufklärung gezeigt, doch als klar wurde, dass bei einer solchen auch hohe SPD-Politiker ins Schussfeld geraten würden, ebbte der Wissensdrang rasch ab.

▲ Der Sitz des italienischen Parlaments, Palazzo Montecitorio

✳ Ungeklärte Fälle

Bis heute ungeklärt ist zum Beispiel die Rolle der ehemaligen Freimaurerloge P2 und deren Verwicklungen in die Machenschaften von Gladio (siehe Kapitel Freimaurer). Neueste Forschungsergebnisse legen auch eine Beteiligung von Gladio-Mitgliedern am Bombenanschlag auf das Münchner Oktoberfest 1980 nahe, auch wenn endgültige Beweise noch ausstehen.

Wie viele solcher Organisationen und Netzwerke es heute tatsächlich noch gibt, kann nicht gesagt werden. Doch es ist anzunehmen, dass es im Zeitalter der Globalisierung kaum weniger als früher sein werden …

BIS HEUTE SIND DIE VERWICK-
LUNGEN VON GLADIO IN DIE
P2-AFFÄRE NICHT GEKLÄRT.

NIMMT IM ZEITALTER DER GLO-
BALISIERUNG AUCH DIE ZAHL
DER GEHEIMEN INTERNATIONA-
LEN NETZWERKE ZU?

KRIMINELLE

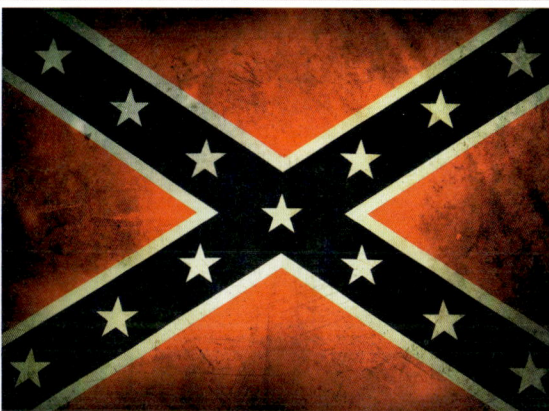

GEHEIM-
GESELLSCHAFTEN

Sowohl bei den philosophischen als auch bei den politischen Geheimgesellschaften sind wir einigen Vereinigungen begegnet, die – zumindest eine Zeit lang oder zu Beginn ihrer Existenz – haarscharf an der Grenze zur Legalität entlangschrammten. In manchen Fällen, wie in dem von Gladio, darf die gesetzeskonforme Existenzberechtigung wohl völlig zu Recht bezweifelt werden. Daher hätte diese Geheimorganisation durchaus auch in dieses Kapitel gepasst; da für ihre Gründung jedoch ausschließlich politische Motive verantwortlich waren – die Verhinderung kommunistischer Regierungen –, wurde sie den politischen Geheimgesellschaften zugeordnet.

GLADIO WAR EINE POLITISCHE GEHEIMORGANISATION, DIE MIT KRIMINELLEN MITTELN ARBEITETE.

Etwas anders verhält es sich bei den hier besprochenen Vereinigungen: Die Motive der sizilianischen Mafia und der mit ihr verwandten Organisationen sind rein gewinnorientiert und „ökonomisch" motiviert. Schon nach relativ kurzer Zeit wurde deutlich, dass die Mafia so gut wie alle Mittel einzusetzen bereit war, um ihre Ziele zu erreichen. Dass dazu natürlich auch Verbindungen in die Politik gehören, um die eigene Machtbasis abzusichern, ist selbstverständlich.

DIE MAFIA IST MEHR ALS EINE BLOSSE VERBRECHERORGANISATION.

Trotzdem sind die Mafia und ihre Abkömmlinge mehr als bloße Verbrecherorganisationen. Aufgrund ihrer streng hierarchischen Struktur, in der man stufenweise aufsteigen kann, durch den strikten Ehrenkodex und durch ihre geheimen Erkennungszeichen weisen sie Merkmale auf, die sie auch in ein Verwandtschaftsverhältnis zu tatsächlich „ehrenwerten" Geheimgesellschaften bringen.

Ähnlich verhält es sich beim Ku-Klux-Klan. Auch dessen Mitglieder nahmen von Anfang an in Kauf, jenseits aller Legalität zu handeln. Dass ihre Verbindungen in höchst „legale" Kreise – von der Polizei bis zur Gerichtsbarkeit – hineinreichen, macht sie nur umso gefährlicher.

AUCH DIE VERBINDUNGEN DES KU-KLUX-KLANS REICHEN IN HÖCHSTE KREISE HINEIN.

DIE MAFIA

DAS WORT *MAFIA*
VERBREITET IN
SÜDITALIEN ANGST
UND SCHRECKEN.

Mit dem Begriff *Mafia* verbindet man alle Arten von Verbrechen, ungeklärte Morde, Schutzgelderpressungen, Fehden um Geld, Drogen, Ehre, auch Menschenhandel und Prostitution. In manchen Gegenden Italiens macht sich nackte Angst breit, wenn das Wort Mafia fällt. Gleichzeitig verfolgt man jedoch gebannt alle Nachrichten, die im Zusammenhang mit der Mafia stehen. Warum fasziniert und erschreckt uns die Mafia gleichzeitig?

Die Ursprünge des Begriffs Mafia liegen mit großer Wahrscheinlichkeit im Arabischen, wo *mahyah* so viel bedeutet wie Prahlerei oder Kühnheit. Seit wann es die Bezeichnung Mafia gibt, ist umstritten. In einem sizilianisch-italienischen Wörterbuch aus dem Jahre 1868 ist das Wort Mafia jedenfalls bereits vorhanden. Doch da das Wort *mafiusu* schon lange zuvor einen mutigen Mann beschrieb und *mafiusedda* ein stolzes Mädchen, nehmen Ethnologen und Etymologen an, dass es den Begriff Mafia schon länger gibt.

Eine andere These besagt, dass M.A.F.I.A. eine Art geheime Parole in sich birgt. Im 13. Jahrhundert gab es Aufstände der Sizilianer gegen die Fremdherrschaft des französischen Adelshauses Anjou. Die Anjou-Dynastie spielte im 13. und 14. Jahrhundert politisch und wirtschaftlich eine tragende Rolle im östlichen Mittelmeerraum. Die Parole der Sizilianer lautete: *„Morte ai francesi, Italia anela"* („Tod den Franzosen, ersehnt Italien"). Das Wort Mafia galt praktisch als Geheimwort für diese Parole. Daher nehmen manche Forscher an, dass das Wort Mafia seinen Ursprung im 13. Jahrhundert hat.

Wie dem auch sei, heute werden landläufig alle kriminellen Organisationen unter dem Begriff Mafia zusammengefasst: Es gibt eine Russenmafia, eine chinesische Mafia usw. Diese jedoch unterscheiden sich zur Gänze von der „Original-Mafia", deren Ursprünge in Sizilien liegen, wo sie in Form eines Geheimbundes ihren Anfang nahm.

Während die meisten Medien mit dem Wort Mafia sehr sorglos umgehen und damit jede Art von organisierter Kriminalität beschreiben, ging es dem sizilianischen Geheimbund in erster Linie um Macht. Seine

▶ Die Insel Sizilien an der Südspitze Italiens ist die Heimat einer der größten Verbrecher-organisationen der Welt, die als Geheimbund begann und bis heute geheime Zeichen und Codices besitzt: der Mafia.

rigide interne Struktur und das Festhalten an den traditionellen sizilianischen Werten verhalfen dem Geheimbund im Laufe der Zeit letztendlich zu großem Einfluss auf Politik, Wirtschaft und Kirche, der unglaubliche Dimensionen erreichte.

Während heute die sizilianische Mafia hauptsächlich durch den Drogenhandel einen wirtschaftlich wichtigen Aspekt darstellt, weil sie das illegal erworbene Geld in den legalen Wirtschaftskreislauf einfließen lässt, waren es im 19. Jahrhundert andere Materialien, die ihr eine Machtbasis ermöglichten.

Wenn man die Entwicklung der Organisation und ihres Netzwerkes über Jahrzehnte hinweg betrachtet, ist es plötzlich gar nicht mehr erstaunlich, dass die Existenz organisierter Kriminalität in Italien erst 1992 durch eine richterliche Entscheidung offiziell bestätigt wurde.

✳ Die Geburt der Cosa Nostra

Es war der sizilianische Feudalismus, der den Stein ins Rollen brachte. Zwischen 1859 und 1870 war Italien im Umbruch begriffen; allein in diesem Zeitraum wurden drei Kriege ausgefochten. Anführer im italienischen Einigungskampf von 1859 bis 1861 war

ITALIEN GESTAND ERST 1992 OFFIZIELL DIE EXISTENZ ORGANISIERTER KRIMINALITÄT EIN.

DIE WEICHEN FÜR DIE ENTWICKLUNG WURDEN IM ITALIENISCHEN EINIGUNGSKAMPF GESTELLT.

▲ Giuseppe Garibaldi (1807–1882), einer der populärsten Protagonisten im italienischen Einigungskampf, besaß die Fähigkeit, die Massen zu manipulieren.

Giuseppe Garibaldi; im März 1861 wurde Vittorio Emanuele II. zum ersten König des geeinten Italien gekrönt.

Im Zuge dieser Kämpfe wurde auch die Leibeigenschaft aufgehoben. Das war ganz und gar nicht im Sinne der Feudalherren, die nun die Bauern, die auf ihrem Grundbesitz lebten und arbeiteten, nicht mehr als ihr Eigentum betrachten konnten. Sie fanden einen Ausweg und vergaben ihre Ländereien in Pacht.

Die Verwalter dieser Pächtereien kamen aus einfachen Verhältnissen, wurden als *Gabellutti* („Steuereintreiber") bezeichnet und verfolgten bald eigene Ziele. Sie verpachteten die Ländereien an die ansässigen Bauern und verlangten extrem hohe Pachtzinsen.

DIE GABELLUTTI VERLANGTEN SCHUTZGELD, DAS SIE DURCH MAFIOSI EINKASSIEREN LIESSEN.

Um die Pächter zu beschützen, stellten sie eigene Schutztruppen auf und eigneten sich im Laufe der Zeit die Gerichtsbarkeit an, die eigentlich der herrschenden Schicht vorenthalten war. Die Bauern blieben weiterhin arm und wirtschaftlich-sozial von einem Herrn, in diesem Fall nun den Gabellutti, abhängig. Die Feudalherren verloren langsam ihre Besitzungen, die Gabellutti wurden immer mächtiger.

Garibaldi hatte dem Volk alles versprochen, was es hören wollte: den Landarbeitern die Aufteilung des Großgrundbesitzes, dem städtischen Proletariat verbesserte Lebensbedingungen. Kaum war er Führer der Freischaren, änderte sich jedoch alles. Es wurden nationale Kriegsparolen ausgerufen, die allzu sehr auf Veränderung hoffenden niederen Schichten wurden zum Kriegsdienst einberufen und mussten hohe Steuern zahlen. Aufstände gegen die neue Regierung wurden erfolgreich niedergeworfen.

Dies erzeugte natürlich Unmut, denn für das einfache Volk hatte sich nichts geändert. Der Großteil der Bauern und Hirten schloss sich den Briganten an. Diese waren Gruppen von ländlichen Bewohnern Italiens, die als Straßenräuber bekannt waren und in den Bergen Zuflucht suchten. Sie waren Illegale, da sie entweder gegen das Gesetz verstoßen hatten oder gegen die soziale Moral, die einen hohen Stellenwert hatte. Sie plünderten und griffen die Bauern genauso an wie die Landbesitzer. Die Truppen der Gabellutti boten jedoch wirksamen Schutz gegen die Briganten an. Um diesen zu gewährleisten, verlangten sie Schutzgeld (*pizzu*), das sie sowohl von den Landherren als auch von den Bauern einnahmen: Der Typ des *Mafiusi*, des Schutzgeldeintreibers, war geboren und der Grundstein für Korruption gelegt.

Zum Schutz vor der Macht des ohnehin sehr fragilen jungen italienischen Staates, der in Süditalien nur schwer Fuß fassen konnte, wurde ein Geheimbund gegründet: die *Cosa Nostra* („unsere Sache") – ein Begriff, der bis heute ein Synonym für Mafia darstellt. Die Sizilianer nannten die Mafiosi eine „ehrenwerte Gesellschaft" (*Onorata società*).

Die Mafiosi waren zwar gefürchtet, doch die neu erworbene Machtposition der Mafia entfachte auch die Bewunderung der Bevölkerung.

DIE BEZEICHNUNG „COSA NOSTRA" WIRD SYNONYM FÜR DIE MAFIA VERWENDET.

▲ Blick auf Castelmezzano in der Basilicata, einer Gegend im armen Süden Italiens

Dieser Zwiespalt zwischen Fürchten und Bewundern ist bis heute geblieben.

Als nun 1861 die im Elend lebende Bevölkerung in der Basilicata (Landstrich südlich von Neapel) einen Aufstand gegen die Herrschenden begann, wurde sie von den Briganten unterstützt. Die blutigen Kämpfe dauerten fünf Jahre, in denen an die 18 000 Süditaliener den Tod fanden. Die Mafia verstand es auch hier, auf der Seite der Gewinner zu stehen. Die Regierung schaute dem Treiben nur zu, das Elend des Südens interessierte sie nicht. Letztendlich schuf dieser Aufstand jene Kluft zwischen dem reichen, zum Großteil bürgerlich-industriellen Norden und dem armen Süden Italiens, in dem hauptsächlich Bauern und Landarbeiter lebten, die bis heute nicht geschlossen ist.

✳ In die Politik!

Mit der Einführung des allgemeinen und gleichen Wahlrechtes begann die Mafia, nun auch politische Machtfäden zu spinnen. Als das Klassenwahlrecht aufgehoben wurde, fürchteten die konservativen Abgeordneten in Rom um ihre Stimmen, denn im alten Klassenwahlsystem wurden die Bürger je nach ihrem Vermögen bzw. der Höhe ihrer Steuerleistung in Klassen eingeteilt und hatten eine dementsprechende Anzahl von Stimmen. Nun aber waren alle gleichgestellt.

Gleichzeitig waren die Sozialisten eine ernst zu nehmende Gruppe geworden, die vor allem bei der Landbevölkerung Anerkennung fand.

Die Mafia erkannte ihre Chance, auch in Rom politisch mitzumischen, indem sie gemeinsame Sache mit den Konservativen machte. Die sizilianische Landbevölkerung wurde damit erpresst, ihr weiterhin Schutz zu versprechen, sie musste dafür „nur" ihre Stimme den Konservativen geben. Das hatte enorme Vorteile für die Mafia: Auf diese Weise hatte sie nicht nur die einfache Bevölkerung unter Kontrolle, sondern auch hochrangige Politiker, die ihrerseits erpresst wurden, Gesetze zu verhindern, die den Mafiosi schaden konnten.

DURCH DIE ABSCHAFFUNG DES KLASSENWAHLRECHTS ERHIELTEN DIE ARMEN LEUTE EINE GLEICHWERTIGE STIMME.

DIE MAFIA BOT SCHUTZ, WENN MAN FÜR DIE KONSERVATIVEN STIMMTE.

Als der Druck der Mafia auf die Bevölkerung immer größer wurde, begann diese, sich vermehrt zu wehren. Die sozialistische Bewegung kam da gerade recht. Der Unmut über die Mafia verschmolz mit der Begeisterung für die sozialistische Ideologie und die Bevölkerung kämpfte gegen die Mafia an, indem sie sich den Sozialisten anschloss. Aus Angst vor den Sozialisten fand sich die konservative Regierung bald als Verbündete der Mafia wieder. Zahlreiche Sizilianer wurden verfolgt und viele ergriffen die Flucht ins Ausland.

◄ Der italienische Diktator Benito Mussolini (1883–1945; im Bild links neben Adolf Hitler) und seine Nationale Faschistische Partei (PNF) wurden anfangs von der Mafia finanziell unterstützt.

Als der Erste Weltkrieg ausbrach, stand die Mafia wieder auf der Seite der Regierung und organisierte die Versorgung des italienischen Heeres. Diese fein kalkulierte Aktion geschah nicht aus reiner Liebe zum Land: Die „ehrenwerte Gesellschaft" schuf sich damit eine unerschütterliche Machtposition und vor allem enormen Reichtum. Viele Mafiosi rückten in den Adelsstand auf.

Als 1922 die Faschisten die Macht in Italien übernahmen, fanden sie auch gleich Helfer in eigener Sache. Zunächst finanzierte die Mafia die faschistische Partei und unterstützte Mussolini. Diese Eintracht hing jedoch an einem dünnen Faden. Mussolini hatte nicht vor, die

▼ Im Ersten Weltkrieg organisierte die Mafia die Versorgung der Truppen.

MUSSOLINI BEKÄMPFTE DIE MAFIA.

Mafia zu unterstützen, im Gegenteil. Er versuchte, die Mafia in Süditalien systematisch auszurotten, und hatte dabei auch einigen Erfolg. Dieser darf allerdings nicht als Sieg irgendeiner Art von Rechtstaatlichkeit gesehen werden; vielmehr traf die Mafia hier auf einen „Rivalen", der ihr mit seinen ebenso kriminellen Methoden das Wasser abzugraben versuchte.

Aufgrund der Verbindungen, die sich die Mafia geschaffen hatte, gelang es ihr jedoch letztendlich, sich auch mit den Faschisten zu einigen. Nach 1945 wurde sie immer mächtiger und schreckte vor nichts mehr zurück. Sie kassierte Schutzgelder um jeden Preis und räumte Konkurrenten aus dem Weg. Blutige Kämpfe verfeindeter Mafia-Gruppierungen (Vendette), in denen auch Kinder der verfeindeten Mafiosi mit ihrem Leben bezahlten, brachen aus.

Als die Alliierten in Süditalien Einzug hielten, verfügte die Mafia über sehr viel Besitz, den sie von den Adeligen übernommen hatte. Der amerikanische Geheimdienst OSS hatte sich bei der Planung der Landungen an die Mafia gewandt, denn da die „ehrenwerte Gesellschaft" während des faschistischen Regimes verfolgt wurde, sahen die Amerikaner in ihr eine Art Verbündeten.

Die Mafia agierte wie gewohnt. Diesmal organisierte sie alles für die Amerikaner, stellte ihnen Räumlichkeiten zur Verfügung, übernahm Geheimdienstaufgaben und kümmerte sich insgesamt um deren Versorgung. Der Vorteil, den die Mafia aus diesem Bündnis zog, war enorm. Sie bekam Einblick in das gesamte Verwaltungssystem Siziliens. Dieser politische Vorteil trug mit dazu bei, dass Sizilien 1946 ein Autonomiestatus eingeräumt wurde, der die zentralstaatlichen Eingriffe stark beschränkte. Jetzt hatte die Mafia in Sizilien endgültig das Sagen.

✳ Der Weg in die Kirche

Nach dem Zweiten Weltkrieg fand die Mafia ihren Weg nach ganz Italien. Sie baute enormes Wissen und die richtigen Verbindungen zur Politik und nach Amerika auf. Jetzt fehlte noch die Kirche. Die katholische Kirche hat in Italien sehr großen Einfluss, sowohl auf die Politik als auch auf das alltägliche Leben. Die christdemokratische Koalitionsbewegung stellte für die Mafia die beste Möglichkeit dar, um sich auch in der Politik Einfluss zu verschaffen und gleichzeitig auch die Kontrolle über diejenigen zu behalten, die der Kirche nahe standen. Die *Democrazia Cristiana* beteiligte sich regelmäßig an Regierungen, daher war die Mafia an der DC besonders interessiert.

DIE CHRISTDEMOKRATEN WAREN FÜR DIE MAFIA EIN INTERESSANTER VERBÜNDETER.

Die Zusammenarbeit mit der korrupten christlichen Bewegung in den 1950er-Jahren führte so weit, dass alle Entscheidungen in der gesamten Regionalpolitik über diese beiden Gruppen liefen. Die Mafia war sozusagen der „Juniorpartner" der Democrazia Cristiana, der sich bald zu einem ausgewachsenen „Seniorpartner" entwickelte. Nun, da ausgewanderte Italiener auch in den USA einen Ableger der Cosa Nostra gegründet hatten, war die Entwicklung der Mafia an einen Punkt gelangt, wo die ursprünglich als Beschützer von Feudalherren entstandene Gruppierung eine kriminelle Organisation mit besten internationalen Verbindungen darstellte.

MIT DER GRÜNDUNG DER *COSA NOSTRA* IN DEN USA WURDE DIE MAFIA ZU EINER ORGANISATION MIT INTERNATIONALEN KONTAKTEN.

✳ Struktur und Werte der Mafia

Der vielleicht größte Unterschied zu anderen organisierten kriminellen Banden besteht darin, dass die sizilianische Mafia aus „Familien" besteht und streng durchstrukturiert ist. Diese Familien bestehen nicht unbedingt aus Blutsverwandten, sondern sind Gruppierungen von Mitgliedern sizilianischer Abstammung. Es gibt strenge Regeln, an die sich jedes Mitglied zu halten hat. Wer sich nicht an den Codex hält, wurde/wird mit Folterungen oder

gar Ermordung bestraft. Die Mafia besteht nur aus Männern, ist also eine patriarchale Organisation (die einzige Ausnahme werden wir noch besprechen). Diese bezeichnen sich als *Uomini d'onore*, als „Männer von Ehre", und sehen sich als festen Bestandteil der sizilianischen Gesellschaft. Jede Familie hat ein Oberhaupt, dem sie streng zu gehorchen hat. Über alle Familien verfügt wiederum ein gemeinsames Oberhaupt, dem alle Familien Gehorsam schulden. Die Schweigepflicht, *omertà*, ist das höchste Gut.

„Gewöhnliche" kriminelle Organisationen sind im Unterschied zur Mafia nicht in Familiengruppen strukturiert. Die Mafia sizilianischen Ursprungs hat zwar ihre Struktur behalten, heute ist der Drogenhandel jedoch genauso ein Geschäftsfeld der Mafia wie die

politischen Machenschaften. Politische und wirtschaftliche Interessen sind mit kriminellen verschmolzen – vermutlich passte sich die Mafia einfach der Zeit an.

Die Familie (*Famiglia* oder *Coscha*) bildet den Kern der traditionellen Strukturen der Mafia. Im Kern der Coscha steht ein *Capo* („Kopf") oder mehrere miteinander freundschaftlich verbundene Mafiosi. Der Kern der Coscha ist nicht groß. Er umfasst zehn bis maximal 20 Personen.

Von diesem Kern aus verlaufen mehrere Beziehungen zu anderen Gruppen oder einzelnen

In der Mafia werden christliche Werte wie Familie und Gottesfurcht hochgehalten; ihre Verbindungen sollen angeblich bis in den Vatikan reichen.

DER KERN DER MAFIA-STRUKTUR IST DIE FAMILIE, DIE *COSCHA*.

▲ Die Mafia achtet auf gute Beziehungen zu Polizei und Staatsanwaltschaft.

verlangt sie als Gegenleistung Schutzgeld und bekommt zusätzlich Geschenke in Form von juristischer Protektion oder politischen Verbindungen usw.

Faktion ist der Überbegriff für alle Beziehungen, die ein Mafiosi hat. Zusätzlich zu Coscha und Partito kommen hier auch die Freunde der Freunde dazu, die *Amici degli amici*. Die Anzahl der Personen in diesem Kreis wechselt ständig.

Die *Cupola* (Kuppel) ist die höchste Instanz und kontrolliert alle Familien. Früher war die oberste Instanz ein Kollegialorgan, heute ist es ein einziger Mann *Capo di tutti capi* (Boss der Bosse).

Personen. Diese wiederum bilden die *Corona* („Kranz"). Die Corona besteht aus Verwandten und Freunden, die bei Bedarf zu bestimmten Aktionen dazugeholt werden. Die eigentlichen Mafiamitglieder aber sind diejenigen, die im Kern der Coscha ihren Platz haben. Sie sind nicht nur Blutsverwandte, auch durch Heirat und Patenschaften dazugekommene Personen zählen zum Kern der Familie. Lang gediente Mitglieder aus der Corona können nach speziellen Prüfungen in den Kern aufgenommen werden. Daher ist es auch nicht sehr verwunderlich, dass der Zusammenhalt der Coscha im Großen und Ganzen außerordentlich gut funktioniert. Dabei spielt natürlich auch das sizilianische Wertesystem eine bedeutende Rolle: Blutsverwandtschaft garantiert Verbundenheit und Verlässlichkeit. Wird ein Capo ermordet oder verhaftet, übernimmt der nächste Verwandte seine Geschäfte.

Das zweite Standbein der Mafia ist der *Partito*. Dieser Begriff beschreibt die Kontakte der Mafia zu offiziellen Stellen, wie zum Beispiel zur Staatsanwaltschaft, zur Polizeipräfektur und zur Polizei vor Ort. Dass Mafiosi oft freigesprochen werden, funktioniert nur aufgrund ihrer guten Beziehungen: Eine Coscha nimmt jemanden unter Schutz, der nicht zur Mafia gehört, und sichert ihm in einem vereinbarten Tätigkeitsbereich freies Agieren zu; dafür

Jede Hierarchieebene hat ihre Oberhäupter: Unter dem *Capo di tutti capi* und der überregionalen *Commissione Interprovinciale* stehen die *Capi Commissione Provinciale* (Provinzoberhäupter), darunter die *Capi mandamento* (Repräsentanten von jeweils drei Cosche), dann folgen die *Capi famiglia* (Familienoberhäupter), die *Consiglieri* (Berater) und die *Capi decina* (Zehnerbosse), die jeweils zehn

▲ Bernardo Provenzano (1933–2016), dem mindestens 50 Morde zur Last gelegt werden, gehörte zur mächtigen Mafia-Familie der Corleonesi und war lange Zeit *Capo di tutti capi* der sizilianischen Cosa Nostra. Bis zu seiner Verhaftung 2006 soll er von hohen Staatsbeamten geschützt worden sein.

Soldati bzw. *Picciotti* (normalen Mitgliedern) direkt vorstehen.

An der Spitze der US-amerikanischen Mafia steht der *Boss*, unter ihm der *Underboss (Acting boss, Street boss)*, danach folgen die *Consiglieri*, darunter die *Capi* bzw. *Captains*, dann die *Soldiers* oder *Men of Honour* (Ehrenmänner, auch *Goodfellas* oder *One of us* genannt).

Um die Mafia verstehen zu können, muss man das sizilianische Wertesystem kennen. Vieles, das für Mitteleuropäer unverständlich und archaisch wirkt, ist ein fester Bestandteil der sizilianischen Kultur. Die Begriffe Ehre und Rache *(Vendetta)* sind für sie genauso selbstverständlich wie das Atmen. Die *Omertà* (Schweigepflicht) hat einen besonderen Stellenwert. Als Mitglied der Mafia verpflichtet man sich dazu, auch unter Todesdrohung nichts über seine Coscha preiszugeben. Aufgrund der Loyalität gegenüber dem Capo funktioniert das fast immer – und wenn nicht, hat der Betreffende keine hohe Lebenserwartung mehr: Ein *Affiliato* (Zugehöriger), der gegen diesen Ehrenkodex verstößt, wird gnadenlos beseitigt.

Der Status des Mafioso als *Uomo d'onore*, also ehrenwerter Mann, garantiert im Übrigen jedem Vertragspartner, dass auf eine Vereinbarung mit ihm Verlass ist. Ein Mafioso steht mit seinem Wort für die Vertragstreue. Allerdings bleibt Leuten, die mit der Mafia Geschäfte machen, ohnehin nur die Möglichkeit, dem gegebenen Wort zu vertrauen. Schließlich kann man sich im Falle eines Betruges oder Konfliktes kaum an das staatliche Rechtssystem wenden.

✳ Die Besonderheiten der Mafia

Die Mafia hat eigene Methoden, um zu garantieren, dass sich ihre „Klienten" auch zuverlässig sicher fühlen können, denn im Falle einer Schutzgelderpressung garantiert die Mafia dem Betroffenen Schutz und Sicherheit

vor anderen Mafia-Familien. Sie informiert sich umfassend über ihren „Partner" und dessen Gegner, über dessen familiäre Situation bis hin zu dessen Freunden. Diese Informationen dienen der Mafia auch als Druckmittel, falls der Vertragspartner nicht zahlen sollte. Verlässlich zahlende Vertragspartner können aber davon ausgehen, dass die Mafia auch über pikante Details Stillschweigen bewahrt.

Der Einsatz von Gewalt ist für die Mafia etwas Alltägliches. Sie benutzt sie zur Abschreckung, bei der Regelung von Nachfolgefragen, über die es innerhalb der Familie Uneinigkeiten gibt, aber auch zur Durchsetzung

▼ Die Mafia nutzt Gewalt in allen Bereichen: zur Abschreckung, zur Durchsetzung von Entscheidungen und zur Regelung der Nachfolge.

von Verträgen zwischen „Partnern" der Mafia und deren Handelspartnern.

Dabei kommt es öfter zu Konflikten zwischen den Schützenden, denn es ist höchst wahrscheinlich, dass auch der Handelspartner an eine Coscha Schutzgeld zahlt. Unstimmigkeiten werden zwischen den jeweiligen Cosche geklärt, denn es geht dabei um deren Glaubwürdigkeit und Ansehen. Das Ansehen ist die Visitenkarte der Coscha. Je größer das Ansehen, desto mächtiger und stabiler ist sie. Bei gut organisierten und stabilen Familien kommt es seltener zu Gewaltakten. In Süditalien soll

Gewaltanwendung kaum mehr nötig sein: Unter den Geschäftsleuten hat sich bereits herumgesprochen, dass nur Zahlen hilft, wenn man einmal in das Blickfeld der Mafia geraten ist.

Sehr wichtig ist es für die Mafia, dass keine Verwandtschaftsbeziehungen zu Gesetzeshütern, Richtern, Polizisten usw. bestehen, denn das würde den Anschein erwecken, dass die Coscha schutzbedürftig ist. Falls es zu einem Prozess kommt, sollte der Angeklagte zu seinen Taten stehen, aber dabei keinesfalls die Schweigepflicht verletzen.

Alle Mafiamitglieder sind streng religiös und zeigen großen Respekt und Ehrfurcht vor der Religion. Das hindert sie aber nicht daran, auch mit der Kirche korrupte Geschäfte einzugehen. Die Mafia legt großen Wert auf eine stabile Familienstruktur. Um diese zu bewahren, dürfen keine Lügen verbreitet werden. Informationen müssen immer genau und präzise weitergegeben werden, auch kleine Details sind erwähnenswert. Genauso wichtig ist ein einwandfreies Familienleben. Es zählt, nach außen hin keine Blöße zu zeigen.

Familien dürfen nicht gewechselt werden. Die Mitgliedschaft in der Mafia währt ein Leben lang, ein Austritt ist nicht möglich.

✳ Mafia und Wirtschaft

Heute ist die Mafia zu einem Wirtschaftsfaktor mutiert. Sie verschafft ihren „Schützlingen" vorteilhafte Positionen und sorgt dafür, dass Aufträge an Personen weitergeleitet werden, die der Mafia nahe stehen. In der Regionalpolitik werden solche Leute groß, die eine Zusammenarbeit mit der Mafia nicht scheuen. Dieser Postenschacher hatte oft zur Folge, dass verwaltungstechnische Probleme nicht sachgemäß geregelt werden konnten und eine Region

◄ Geburtshaus des „Mafia-Jägers" Paolo Borsellini in Palermo. Er wurde 1992 bei einem Attentat ermordet.

POSTENSCHACHER WIRTSCHAFTETE SO MANCHE REGION TOTAL HERUNTER.

wirtschaftlichen Schaden erlitt, was zu Abwanderung führte. Wenn nun von Seiten des Staates versucht wurde, der Abwanderung mit Wirtschaftshilfen entgegenzuwirken, übernahm deren Verwaltung aber wiederum die Mafia und der Teufelskreis ging von vorne los. Durch solche Mechanismen wird die Machtposition der Mafia ungemein gestärkt. Heute gilt die wirtschaftliche Entwicklung der süditalienischen Regionen als einzig und allein vom Wohlwollen der Mafia abhängig.

In jüngster Zeit tritt die Mafia auch „zeitgemäß" auf. Sie setzt weniger auf Brutalität, sondern auf Komplizenschaft. Sie spricht Unternehmen auf eine „Partnerschaft" an und bietet gemeinsame Geschäfte oder bessere Chancen bei öffentlichen Ausschreibungen an. Wenn diese Vorgehensweise nicht gut ankommt, scheut die Mafia allerdings nicht vor ihren traditionellen Einschüchterungsmethoden zurück.

✳ Die Mafia in Bedrängnis

Der Skandal rund um die Mitgliedschaft des ehemaligen Ministerpräsidenten Silvio Berlusconi in der Freimaurerloge P2 Anfang der 1980er-Jahre eröffnete ein neues Kapitel in Sachen Mafia (siehe Kapitel *Die Freimaurer*).

Wie eng Politik und Mafia zusammenarbeiten, wurde danach des Öfteren bestätigt.

Als der ehemalige italienische Ministerpräsident Giulio Andreotti 1993 aufgrund von Anschuldigungen, er stünde in enger Verbindung zur Mafia, verhaftet wurde, glaubten viele an ein Ende der mafiosen Machenschaften. Im Zuge des elf Jahre dauernden Prozesses wurden 42 Kronzeugen angehört, doch als der Prozess im Oktober 2004 endlich zu Ende ging, wurde Andreotti freigesprochen – ein sehr umstrittenes Urteil, denn der Freispruch bestätigte durchaus, dass Andreotti bis 1980 ein Mafioso war. Seine Kontakte zu anderen geheimen Organisationen wie der ehemaligen Freimaurerloge *Propaganda due* (P2) oder dem Orden vom Heiligen Grabe von Jerusalem zeigten, wie eng die italienischen Politiker mit der Kriminalität verbunden sind.

Im Dezember 2004 wurde Marcello Dell'Utri als Unterstützer der Mafia zu neun Jahren Haft verurteilt. Dell'Utri war ein enger Mitarbeiter von Silvio Berlusconi. Auch der Präsident der Region Sizilien, Totò Cuffaro, kam vor Gericht.

Das Volk schwieg bei all diesen Verhaftungen. Die Angst vor der Mafia ist einfach zu groß. Doch die Politiker schrankten ihren Kontakt zu den Mafiosi im letzten Jahrzehnt deutlich ein. Früher feierten Politiker Wahlsiege gemeinsam mit ihren Helfern aus der Mafia, öffentliche Einladungen zum Essen waren ganz normal. Heute leben süditalienische Politiker lieber in Rom und nehmen in Kauf, dass sie für ihre Wähler im Süden nicht präsent sind.

FRÜHER ZEIGTEN SICH POLITIKER UNGENIERT MIT MAFIOSI IN DER ÖFFENTLICHKEIT.

Im Laufe ihrer Entwicklungsgeschichte war die Mafia immer eigenständig. Auch wenn sie sich den Anschein gab, mit dem Staat oder der aktuellen Regierung zusammenzuarbeiten, verfolgte sie immer ihre eigenen Ziele und suchte sich ihre Verbündeten danach aus.

◄ Der ehemalige italienische Ministerpräsident Giulio Andreotti (1919–2013) konnte 28-mal die Aufhebung seiner parlamentarischen Immunität abwehren; erst nach dem 29. Aufhebungsantrag konnte ihm wegen seiner Verbindungen zur Mafia der Prozess gemacht werden – er wurde letztlich wegen Verjährung freigesprochen.

▲ Die Bevölkerung demonstriert gegen die Mafia und ihre Taten am *Giornata della memoria*, dem *Tag der Erinnerung.*

Die Zeit nach 1945 gilt als die Phase der neuen Mafia *(Nuova mafia)*. Die Mafia nutzte ihre Verbindungen in die USA aus dem Zweiten Weltkrieg und entdeckte – nicht zuletzt durch den Kontakt zur amerikanischen Cosa Nostra – den Drogenhandel für sich. Sie übernahm den Heroinhandel der French Connection, angeblich, indem sie dem US-Geheimdienst CIA eine Gewinnbeteiligung anbot. Die CIA wiederum soll versucht haben, damit den Vietnamkrieg zu finanzieren.

DURCH DEN KONTAKT ZUR AMERIKANISCHEN COSA NOSTRA ENTDECKTE DIE SIZILIANISCHE MAFIA DEN DROGENHANDEL.

Diese neuen Einnahmequellen brachten aber auch ein Problem mit sich: Das erworbene Geld war illegal. Doch da Sizilien einen Autonomiestatus genoss, fand die Mafia relativ leicht eine Möglichkeit, das Geld zu waschen. Diese Lösung brachte der Mafia zusätzlich den Vorteil, dass sie die Kontrolle über das sizilianische Bankwesen erhielt. Sie schleuste ihre Mitglieder geschickt in Bankgruppen ein und beherrscht heute einen beträchtlichen Teil des europäischen Finanzmarktes.

1982 wurde in Italien ein Anti-Mafia-Gesetz erlassen, das bereits die Mitgliedschaft bei der Mafia unter Strafe stellt. Nun begann die große Aufklärungswelle. Es wurde eine Anti-Mafia-Kommission gegründet und eine Kronzeugenregelung eingeführt, die geständigen Mafia-Mitgliedern Strafminderung zusprach. Sie erwies sich als die erfolgreichste Art, Informationen zu sammeln. Die so erhaltenen Geständnisse ermöglichten einen Blick hinter die Kulissen.

IN DEN 1980ER-JAHREN WURDE RIGOROS GEGEN DIE MAFIA VORGEGANGEN.

Die berühmtesten Anti-Mafia-Anwälte Italiens, Giovanni Falcone und Paolo Borsellino, kamen im Zuge der Anti-Mafia-Prozesse, die erfolgreich im Sinne der Justiz verliefen, 1992 ums Leben. Sie wurden Opfer von Anschlägen, die von der Mafia organisiert worden waren. Die Morde an den beiden Anwälten, die inzwischen zu Idolen der italienischen Bevölkerung geworden waren, führten dazu, dass sich das Volk vermehrt gegen die Mafia wehrte.

DIE ERFOLGREICHSTEN ANTI-MAFIA-ANWÄLTE ITALIENS WURDEN BEI ATTENTATEN GETÖTET.

Es zeigte seinen Unmut auch bei den Wahlen. Die Democrazia Cristiana verlor in den 1980er-Jahren massiv an Stimmen und 1991 sank auch ihre Mitgliederzahl unter eine Million. Die großen Erfolge bei der gerichtlichen Verfolgung der Mafia in den letzten Jahren ließen überdies ein gewisses Misstrauen in ihren Reihen aufkeimen.

Heute arbeitet die Mafia vermehrt mit kriminellen Organisationen aus Russland und Osteuropa zusammen. Die politische Lage nach dem Zerfall des Ostblocks war für kriminelle Organisationen wie die Mafia höchst förderlich. Sie nutzten die Situation schamlos aus, denn die offensichtliche Schwäche der jeweiligen Staaten eröffnete viele Möglichkeiten. Die Geldwäscherei ging in Osteuropa viel leichter, da die Regierungen labil und die neuen Gesetze noch nicht beschlossen waren. Dadurch war auch die Gründung von Scheinfirmen, über die der Devisen- und Immobilienhandel lief, in Osteuropa kein Problem.

IN OSTEUROPA WAR DIE GELDWÄSCHE UND DIE GRÜNDUNG VON SCHEINFIRMEN EINFACHER.

Die Mafia agiert heute auch der Politik gegenüber mit freundlicheren Methoden. Sie wahrt den Schein einer zur Ruhe gekommenen Organisation. Eine „ruhige Mafia" ist allerdings viel gefährlicher als eine ständig drohende und mordende, denn dadurch baut sie ein sauberes Image auf. So gelingt es ihr, bis in die kleinste Nische vorzudringen.

Insgesamt zog sich die Schutzgelderpressung von den Anfängen der Mafia bis heute kontinuierlich durch ihre Geschichte. Auch heute noch ist die Schutzgelderpressung für die Mafia ein äußerst wichtiges Geschäft. Bernardo Provenzano, der Boss der Bosse, ließ sich von den meisten Unternehmen in Sizilien ein monatliches Schutzgeld von 0,8 % ihrer Einkünfte bezahlen.

HEUTE ZAHLEN DIE MEISTEN SÜDITALIENISCHEN UNTERNEHMEN SCHUTZGELD AN DIE MAFIA.

Bei öffentlichen Ausschreibungen handelt die Mafia mit zwei Methoden: Entweder sie nimmt mit einem eigenen Unternehmen direkt an der Ausschreibung teil oder aber sie erpresst die Firmen, die die Ausschreibung gewonnen haben. Oft steht sie mit Rat und Tat bei der Auftragsausführung zur Seite, indem sie bestimmte Lieferanten und Arbeiter „empfiehlt".

Die drittwichtigste Einnahmequelle der Mafia ist nach wie vor der Drogenhandel; auch mit Produktfälschung und (illegaler) Müllentsorgung werden einträgliche Geschäfte gemacht.

Obwohl die sogenannten „Mafiajäger" – in der Polizei, der Staatsanwaltschaft und der Politik – heute zahlreicher sind denn je, sitzt auch die Mafia nach wie vor fest im Sattel – und nicht selten in Ämtern und Regionalparlamenten. Immer stärker unterwandert sie legale Wirtschaftssektoren wie die Bauwirtschaft, die Gastronomie, das Bank- und Finanzwesen, wobei sie ihre kriminellen Aktivitäten tendenziell immer weiter in den Norden verlagert. Denn im Süden Italiens wird die zunehmende Armut zur immer stärkeren Bedrohung des „Geschäfts": Aufgrund der unsicheren Wirtschaftslage und der korrupten Verwaltung scheuen immer mehr Investoren ein Engagement im „Mezzogiorno". Aber bis sich die Geschäfte für die „ehrenwerte Gesellschaft" dort nicht mehr lohnen, wird es wohl noch lange dauern.

✳ Die Camorra

Die Camorra war ursprünglich eine Organisation, die Neapel von 1830 – 1883 beherrschte. Sie entstand mit großer Wahrscheinlichkeit aus einer von der damaligen Regierung bestellten Überwachungsorganisation. Insofern besteht eine Ähnlichkeit mit den Gabellutti. 1860, als die Garibaldisten herrschten, war die Camorra als Geheimbund gegen die Bourbonen in Einsatz. Sie wurde von höchster Stelle unterstützt.

Zu Beginn sah die Camorra den Staat nicht als ihren Feind und unternahm keine Aktionen gegen ihn. Das unterschied sie von der Mafia, die häufig mit der aktuellen Regierung unter einer Decke steckte, jedoch den Staat stets für ihre eigenen Zwecke missbrauchte und entsprechend unter Druck setzte.

▲ Die Camorra beherrscht Neapel so gut wie lückenlos – nächtlicher Verbrechensschauplatz im April 2016.

▼ Neapel – hier ein Panoramabild der Altstadt – ist seit vielen Jahren Schauplatz heftiger Kämpfe zwischen rivalisierenden Camorra-Familien.

Die Camorra entstand im urbanen Bereich und entwickelte sehr rasch hierarchische Strukturen, da sie doch ursprünglich eine organisierte polizeiähnliche Einheit gewesen war. Erst später wandte sie sich gegen das Gesetz.

In den 1980ern nahm die Macht der Camorra in Neapel unübersehbar zu. Nun mischte sie in der Politik stärker mit und begann, auch international zu agieren, indem sie in den Rauschgift- und Babyhandel einstieg. Heute bestimmt die Camorra in Neapel so gut wie alles. Von den Krankenhäusern bis zur Polizei wird alles von Mitgliedern der Camorra überwacht. Sie nimmt Schutzgelder ein und bewacht Supermärkte, Restaurants, Nachtlokale

usw. Im Falle einer Verzögerung bei der Zahlung des Schutzgeldes kennt sie keine Gnade. Der Säumige bekommt seinen „Fehler" sofort zu spüren, entweder in Form eines Anschlages auf sein Geschäft oder am eigenen Leibe. Der Staat ist angesichts dieser Brutalität und kriminellen Kontrolle machtlos, da er genauso unter dem Druck der Camorra steht.

Die *Omertà* ist auch bei der Camorra oberstes Gebot. So kriminell die Camorra auch ist, sie schafft zugleich in einer Region mit einer hohen Arbeitslosenrate „Arbeitsplätze" für junge Männer. Angesichts der Alternative, selbst zum Opfer zu werden oder betteln gehen zu müssen, wählen viele junge Männer in Neapel lieber die kriminelle Perspektive. Die Angst vor der Camorra ist in Neapel enorm groß, doch sie bietet

ARBEITSLOSEN JUNGEN MÄNNERN ERSCHEINT DIE KRIMINELLE LAUFBAHN ALS BRAUCHBARE ALTERNATIVE.

auch einen großen Anreiz: Auch ein unbedeutender Niemand kann sich profilieren und sich eine gewisse Machtposition aneignen. Dass die Angst der Menschen durchaus berechtigt ist, zeigt sich an den blutigen Kämpfen zwischen Camorra-Familien in Neapel, die immer wieder Opfer fordern.

✳ Nuova famiglia mit Pupetta

Die Nuova famiglia weist starke Ähnlichkeiten mit der Mafia auf und wird noch aus einem weiteren Grund hier beschrieben: Hinter dem Namen *Pupetta* verbirgt sich eine Frau, Assunta Maresca.

Ihr Mann wurde von einem neapolitanischen Mafia-Mitglied umgebracht. Sie schwor Rache und erschoss den Mörder ihres Mannes.

PUPETTA GRÜNDETE ALS EINZIGE FRAU EINE MAFIA-ORGANISATION.

Als sie ins Gefängnis kam, war sie bereits als die „rächende Witwe" bekannt. Sie übernahm die Geschäfte ihres Mannes und gründete eine neue Familie, eine *Nuova famiglia*.

Pupettas Organisation gewann an Macht. Dass es einer Frau gelang, eine Mafiosa zu

werden und sogar ihre eigene Familie zu gründen, war eine einzigartige Ausnahmeerscheinung. Wahrscheinlich verschaffte sie sich den Respekt dadurch, dass sie wie ein Mann entsprechend der sizilianischen Tradition handelte.

❋ 'Ndrangheta

Die 'Ndrangheta ist eine Geheimorganisation, die ihren Sitz in Kalabrien (an der Spitze des italienischen „Stiefels") hat. 'Ndrangheta bedeutet „tapferer Mann" auf Kalabresisch.

Man kennt diese Organisation auch unter dem Namen *Mafia calabrese*. Sie gehört heute zu den mächtigsten Verbrecherorganisationen Europas. Gegründet wurde sie aus den niederen bäuerlichen Schichten heraus, ihr Handeln ähnelte dem der Briganten. Sie erkannte sehr schnell, dass auch in kommunistischen Systemen Platz für Geschäfte ist. Daher betätigt sich die 'Ndrangheta in sozialrevolutionären Projekten. Diese Marktnische des kommunistischen kriminellen Handelns besetzt sie bis heute.

DIE 'NDRANGHETA HAT IHREN SITZ IN KALABRIEN.

Bis zum Ende des Zweiten Weltkrieges kontrollierte die 'Ndrangheta jenen Teil Kalabriens, der sich mit Landwirtschaft beschäftigte und wo Erpressung an der Tagesordnung war. Dann verlagerte sie ihr Geschäft auf den Tourismus, von dem Kalabrien stark abhängig ist. Die Entwicklungen im Bereich des Tourismus gehen heute Hand in Hand mit der Bauwirtschaft. Illegal gebaute Ferienanlagen, Glücksspieltourismus und die dafür benötigten Gebäude bilden heute die stärkste Einnahmequelle der 'Ndrangheta. Daneben mischt sie auch kräftig im Menschenhandel und in der Prostitution mit.

DIE 'NDRANGHETA ZÄHLT HEUTE ZU DEN MÄCHTIGSTEN VERBRECHERORGANISATIONEN IN EUROPA.

❋ Cosa Nostra – USA

Die amerikanische Cosa Nostra wurde von ausgewanderten Italienern in den USA gegründet, darf jedoch nicht mit der italienischen Cosa Nostra – wo dieser Begriff als Synonym für die Mafia verwendet wird – verwechselt werden. Auch die amerikanische Cosa Nostra ist strikt hierarchisch organisiert und hält den Begriff „Ehre" ebenfalls sehr hoch.

WIE DIE SIZILIANISCHE, SO IST AUCH DIE AMERIKANISCHE COSA NOSTRA STRIKT HIERARCHISCH ORGANISIERT.

Die wirtschaftlich labile Lage in Italien zu Beginn des 20. Jahrhunderts führte dazu, dass viele Mafiosi, die von verschiedenen Cosche verfolgt wurden, in die USA auswanderten. In Amerika gründeten sie in den Großstädten eine neue Organisation. Obwohl sich die Cosa-Nostra-Verbände beiderseits des Atlantiks ähneln, gibt es auch Unterschiede. Während die Mafia aus ländlichen Kreisen stammt, ist die Cosa Nostra eine rein städtische Organisation, mit einem entsprechend urbanen Image und zugehörigen Betätigungsfeldern.

▼ Das beschauliche Kalabrien ist stark vom Tourismus abhängig, in dem die 'Ndrangheta nun auch mitmischt.

▶ Frank Costello (1891–1973) war von 1937 bis 1957 Boss der Genovese-Familie in der New Yorker Cosa Nostra; er diente als Vorbild für den „Paten" im gleichnamigen Hollywood-Film.

Vom Erscheinungsbild der Cosa-Nostra-Mafiosi profitierte die gesamte Filmindustrie: Das Klischee der Mafiabosse mit großen, schweren Wagen, Sonnenbrillen und schwer bewaffneten Männern in Anzügen taucht in unzähligen Hollywood-Fimen auf. Der berühmteste davon ist natürlich Francis Ford Coppolas Verfilmung der Geschichte der Familie Corleone nach dem Roman von Mario Puzo. Die Hauptrolle des Don Vito Corleone wurde von Marlon Brando verkörpert, dessen Sohn Michael von Al Pacino. Vielen Cineasten gilt dieser Streifen als bester Film aller Zeiten; ein Experte für organisiertes Verbrechen bezeichnete ihn jedoch als „besten Werbefilm, der je für die Mafia gedreht wurde".

▶ Vito Genovese (1897–1969), Frank Costellos Nachfolger als Boss der Cosa Nostra in New York, wurde 1959 verhaftet und zu 15 Jahren Gefängnis verurteilt.

Ihre größten Gewinne erzielte die Cosa Nostra während der Prohibition 1919–1933 in Amerika, als es verboten war, Alkohol herzustellen und zu konsumieren. Der amerikanische Kongress wollte damit eigentlich nur den Alkoholkonsum unter Kontrolle halten, doch der Cosa Nostra war dieses Gesetz mehr als willkommen. Sie organisierte Alkoholschmuggel in großem Stil, indem sie ihre Kontakte nach Europa nutzte. Die Mafia in Sizilien half der Cosa Nostra beim Schmuggel über den Atlantik mit Schiffen aus und profitierte von dieser Zusammenarbeit in hohem Maß. Sie eignete sich dadurch nicht nur Reichtum an, sondern auch großes Wissen über den illegalen Handel.

DIE PROHIBITION BRACHTE DER COSA NOSTRA DIE HÖCHSTEN GEWINNE EIN.

In den 1980er- und 1990er-Jahren konnte die Justiz nicht zuletzt aufgrund eines neuen einschlägigen Gesetzes *(Racketeer Influenced and Corrupt Organizations Act)* medial groß gefeierte Erfolge gegen die amerikanische Mafia einfahren. Insbesondere der spätere Oberbürgermeister von New York, Rudolph Giuliani, machte sich in seiner Zeit als Distriktsstaatsanwalt mit der Verfolgung des organisierten Verbrechens einen Namen. Die *Omertà* scheint ebenso wie andere sizilianische Werte und Traditionen langsam in Vergessenheit zu geraten. Allerdings ist die Mafia seit den Anschlägen vom 11. September 2001 aus dem Fokus des FBI gerückt, das sich seither mehr auf die Aufdeckung von terroristischen Umtrieben konzentriert und dadurch der Cosa Nostra vielleicht Zeit zur „Erholung" verschafft hat.

✳ Kosher Nostra – USA

Die Kosher Nostra war, wie der Name schon verrät, eine Organisation jüdischer Abstammung, die in den 1930er-Jahren in New York groß wurde. Unschwer zu erraten wurde der Name von „Cosa Nostra" abgeleitet. Mehrere hundert Morde gehen auf ihr Konto. Legendäre Mitglieder waren Dutch Schulz, Meyer Lansky und Bugsy Siegel, doch nach dem Tod ihrer Anführer löste sich die Kosher Nostra auf.

✳ Die chinesischen Triaden

Die chinesischen Triaden sind heute vor allem in Hongkong anzutreffen. Sie sind die wahrscheinlich ältesten Geheimgesellschaften unter denen, die hier in Zusammenhang mit der Mafia behandelt wurden.

AUCH DIE CHINESISCHEN TRIADEN WURDEN AUS AUFLEHNUNG GEGEN EINE ABGELEHNTE OBRIGKEIT INS LEBEN GERUFEN.

Laut Überlieferungen gibt es die Triaden schon seit Christi Geburt. Ihre Entstehungsgeschichte ähnelt jener der Briganten. Mit großer Wahrscheinlichkeit haben sich im 17. Jahrhundert Bauern, Mönche, Räuber und Schmuggler unter der Mandschu-Dynastie im Süden Chinas gegen die Obrigkeit aufgelehnt. Doch während die Mandschu-Herrscher seit Langem abgesetzt sind, gibt es die Triaden auch heute noch. Allerdings widmen sie sich längst nicht mehr politischen Zielen, sondern der Bereicherung durch kriminelle Machenschaften.

Dass die Triaden so lange im Geschäft bleiben konnten, hing auch damit zusammen, dass sie untereinander eine Geheimsprache verwendeten und sich mit Fingercodes verständigten. Diese Techniken waren und sind sowohl als Erkennungsmöglichkeit untereinander als auch zum Schutz der Geheimbruderschaften wichtig.

Heute betreiben die Triaden vor allem Handel mit Opium und das Glücksspielgeschäft. Die brutalen Schauergeschichten, die man im Zusammenhang mit den Triaden oft zu hören bekommt, sind leider auch heute noch bittere Realität. Rivalisierende Banden fechten blutige Kämpfe aus und schrecken auch vor Folter nicht zurück. So ist es durchaus üblich, entführten Mitgliedern feindlicher Banden Daumen oder andere Körperteile abzuschneiden und als Drohung oder Mahnung an das gegnerische Triaden-Oberhaupt zu schicken.

◀ Siegel einer chinesischen Triade aus dem 19. Jahrhundert

✳ Die japanische Yakuza

Die japanische Yakuza ist in ihrer Entwicklungsgeschichte und ihren Werten der Mafia sehr ähnlich, doch ist sie bereits mehrere Jahrhunderte alt. Sie tauchte erstmals im 16./17. Jahrhundert (der sogenannten „Edo-Zeit") auf und bestand ursprünglich ausschließlich aus Angehörigen der niederen sozialen Schichten. Die gesamte Organisation ist streng durchstrukturiert; die Angehörigen der Yakuza organisieren sich wie japanische Familien und leben nach ganz bestimmten Regeln. Diese waren ursprünglich an die strengen Kodizes der Samurai angelehnt, doch die aus niederen sozialen Schichten stammenden Yakuza erhielten nie die gleiche gesellschaftliche Anerkennung wie die ehrenwerten Edelkrieger.

DIE YAKUZA ORGANISIERT SICH NACH DEM MUSTER JAPANISCHER FAMILIEN.

Die Yakuza gehört zu den am besten strukturierten kriminellen Organisationen der Welt. Die Mitglieder schulden den Clanführern absoluten Gehorsam, Loyalität ist oberstes Gebot. Die Mitglieder beherrschen eine Geheimsprache und verfolgen ganz bestimmte Begrüßungsrituale. Als Erkennungsmerkmal ließen sich die Mitglieder früher oft am ganzen Körper tätowieren, sodass in Japan Tätowierungen auch heute noch mit Kriminellen assoziiert werden und Tätowierten in manchen Betrieben kein Zugang gewährt wird. Der tätowierte Yakuza ist heute allerdings eher ein Klischee, denn nach dem offiziellen Verbot der Yakuza – seit 1993 ist bereits die Zugehörigkeit strafbar – fällt keiner mehr gerne auf.

AN IHREN TÄTOWIERUNGEN KONNTEN MITGLIEDER DER YAKUZA IDENTIFIZIERT WERDEN.

Auch jene Mitglieder, die sich dem Ritual gemäß für einen begangenen Fehler ein Fingerglied abgetrennt haben, tragen häufig Prothesen, um nicht sofort als Krimineller identifizierbar zu sein. Der Großteil der Yakuza tarnt sich heute als Geschäftsleute.

Die Yakuza-Gruppen sind aktuell vor allem im ostasiatischen Raum tätig. Sie handeln mit Frauen und Mädchen, das Glücksspiel ist fest in ihren Händen, doch auch nach Europa pflegen sie gute Kontakte: Der Handel mit Weckaminen (z. B. Amphetamin) gehört heute zu den größten Einnahmequellen der Yakuza.

WER EINEN FEHLER BEGING, MUSSTE SICH EIN FINGERGLIED ABSCHNEIDEN.

DER
KU-KLUX
KLAN

Wem sind sie nicht schon längst ein Begriff, die Herren in den weißen Kutten mit den spitzen Kapuzen, durch deren dunkle Öffnungen sie mit hasserfülltem Blick ihre Umgebung mustern? Sie gelten als Inbegriff

GENE
HACKMAN · DAFOE
WILLEM

1964. WHEN AMERICA WAS AT WAR WITH ITSELF.

An ALAN PARKER Film
**MISSISSIPPI
BURNING.**

A FREDERICK ZOLLO Production An ALAN PARKER Film
GENE HACKMAN WILLEM DAFOE "MISSISSIPPI BURNING"
Original Music by TREVOR JONES Edited by GERALD HAMBLING, A.C.E.
Production Designers PHILIP HARRISON GEOFFREY KIRKLAND
Director of Photography PETER BIZIOU, B.S.C. Written by CHRIS GEROLMO
Produced by FREDERICK ZOLLO and ROBERT F. COLESBERRY
Released by
RANK FILM DISTRIBUTORS LTD. Directed by ALAN PARKER   An ORION
PICTURES Release

Exploitation

▶ Vorkommnisse im Zusammenhang mit dem Ku-Klux-Klan inspirierten Hollywood, u. a. 1988 im Oscar-prämierten Film *Mississippi Burning*.

der Rassenfeindlichkeit gegen afroamerikanische US-Bürger, auch wenn sich ihre kriminellen Umtriebe ebenso gegen andere Farbige, Mexikaner, Vietnamesen, Juden, Homosexuelle, Kommunisten und eigentlich gegen jeden richten, der nicht den Idealen des Klans entspricht. Immer wieder wurde das Thema in Büchern und Filmen aufgegriffen, so auch von Hollywood: Der Oscar-prämierte Streifen „Mississippi Burning" thematisierte 1988 die Ermordung von drei (schwarzen) Bürgerrechtlern in den 1960er-Jahren, die auch in der Realität stattgefunden hatte. Einer der Täter, Edgar Ray Killen, wurde erst 2005 wegen der Morde verurteilt; seine beiden Mittäter waren in der Zwischenzeit verstorben.

Wo liegen jedoch die Wurzeln des Klans? Wie kommt es, dass Hunderte weiße Amerikaner glaubten und teilweise bis heute noch glauben, sie könnten das Gesetz selbst in die Hand nehmen und andere Menschen bedrohen, verletzen oder gar ermorden? Und gibt es den Klan heute noch?

DER KU-KLUX-KLAN RICHTETE SICH NICHT NUR GEGEN AFRO-AMERIKANER.

HOLLYWOOD NAHM SICH DES ÖFTEREN DES THEMAS AN.

✳ Vorgeschichte

Zu Beginn des 19. Jahrhunderts waren die soeben erst von England unabhängig gewordenen Vereinigten Staaten von Amerika noch in hohem Maße von der Sklaverei geprägt – und vom Streben dieser Sklaven nach Freiheit. Zu dieser Zeit existierten und entstanden zahlreiche Vereinigungen von Schwarzafrikanern, die nach Freiheit von ihren Ketten strebten. Natürlich hatten sie streng geheim zu sein, denn bereits der Verdacht der Zusammenrottung hätte ausgereicht, um sie dem Tod zu weihen. Gerichtsbarkeit für Schwarze existierte nicht, zu richten hatte allein der Besitzer des Sklaven. Es war zu dieser Zeit völlig gleichgültig, ob ein Farmer seine Sklaven misshandelte, folterte oder auch tötete – der Schaden war ein rein finanzieller für ihn.

NACH FREIHEIT STREBENDE SKLAVEN SCHLOSSEN SICH IM GEHEIMEN ZUSAMMEN.

Diese Situation änderte sich schlagartig durch den amerikanischen Bürgerkrieg (1861–1865) – zumindest auf dem Papier. Nach dem Ende des Sezessionskrieges wurden die farbigen Sklaven frei, sie erhielten das Bürger- und das Wahlrecht. Von Gleichstellung konnte jedoch noch lange nicht die Rede sein, vor allem nicht im tiefen Süden der USA. Dort hatten sich aus Angst vor Sklavenaufständen schon Ende des 18. Jahrhunderts Zusammenschlüsse von Farmern gebildet, die – damals noch folgenlose – Selbstjustiz geübt hatten.

Im Norden hatte die Lage etwas anders ausgesehen. Der freigelassene Sklave Prince Hall hatte dort bereits 1784 eine erste Freimaurerloge für Schwarze gegründet – allerdings erst, nachdem die Vereinigte Großloge von England interveniert hatte, da die Bostoner Großloge ihre Zustimmung zunächst verweigert hatte.

Die Afroamerikaner sprachen der Freimaurerei übrigens noch stärker zu als die Weißen und so gab es bald schon in mehreren Städten

◀ Sklavenfamilie um 1860 bei der Baumwollernte in Savannah

schwarze Logen. Bis heute werden sie allerdings nicht von allen „wei-ßen" amerikanischen Logen aner-kannt. Doch dieser Umstand ver-wundert nicht mehr, wenn man weiß, dass einige Gründungsmitglieder und auch viele spätere Angehörige des Ku-Klux-Klans Frei-maurer waren.

Wie sich das mit den maurerischen Grund-sätzen der Toleranz und der Brüderlichkeit vertrug und verträgt, muss allerdings fraglich bleiben (doch eigentlich nur ebenso fraglich wie die Tatsache, dass einige Logen, darunter auch die führende Loge der Welt, die Vereinig-te Großloge von England, bis heute ihre „Brü-derlichkeit" nicht auf den weiblichen Teil der Menschheit ausgedehnt haben).

Nur zur Verdeutlichung: Man stelle sich Tausende freigelassene Sklaven vor, die nun auf der Suche nach Arbeit den Sü-den durchstreiften, wo die Grundbesit-zer aber nicht so viel Geld hatten, um alle ihre ehemaligen Sklaven anzustellen. Noch dazu lagen viele Plantagen, die Spekulanten aus dem Norden für ein Butterbrot erworben hat-ten, brach, sodass es dort überhaupt keine Ar-beit mehr gab.

Auch innerhalb der afroamerikanischen Gemeinschaft gab es große Spannungen, da sich erst ein neues Sozialgefüge herausbilden musste. Allein schon die Tatsache, dass sie nun ihre/-n Lebenspartner/-in frei wählen durften, wo einem männlichen Sklaven doch früher ein-fach eine Sklavin zugeteilt worden war (im Ge-gensatz zu so manch romantisch verklärter Fernseh- und Filmgeschichte), brachte völlig neue Umgangsformen mit sich.

In dieser Lage rotteten sich einige Skla-ven zu bewaffneten Gruppen zusammen, um sich auf diese Weise ihr Recht auf Ar-beit und Wohnung zu erzwingen. Diese ma-rodierenden Horden rechtfertigten natür-lich nicht das Vorgehen des Ku-Klux-Klans. Denn auch Gruppen aus-gemusterter Soldaten aus dem Bürgerkrieg zogen um-her, weil sie aufgaben-, ziel-oder heimatlos geworden waren.

✳ Namen: mehr als Schall und Rauch

Mit dem Ende der Sklaverei brach auch das aristokrati-sche Gesellschaftssystem im Süden der USA in sich zu-sammen. Aus Grundherren, die sich in ihrer Existenz bedroht sahen, bankrotten Sklavenhaltern, frustrierten Kriegsverlierern und vielen, die einfach ganz allgemein etwas gegen „Neger" und deren Freiheiten, aber auch gegen Juden, Katholiken oder andere Grup-pen hatten, entstand schließlich jener Bund, der für seine Gräueltaten in aller Welt berüch-tigt werden sollte: der Ku-Klux-Klan. Er muss-te nun, da sich die Gesetzeslage grundlegend geändert hatte, im Geheimen wirken.

Der Klan war allerdings nur eine von meh-reren Geheimgesellschaften, die sich unmit-telbar vor, während und nach der Zeit des

◄ Nach dem Amerikanischen Bürgerkrieg schlossen sich ehemalige Sklaven oder heimatlose Soldaten zu marodierenden Gruppen zusammen.

▲ Der Ku-Klux-Klan führt bis heute bei seinen Aktionen oft eine Flagge der Konföderierten (= Süd-)Staaten von Amerika mit.

Sezessionskrieges gebildet hatten, darunter die „Weiße Kamelie" in Louisiana sowie die „Weiße Liga" und die „Rothemden" in North und in South Carolina. Der Ku-Klux-Klan besaß vielleicht nur den attraktivsten Namen mit der größten Verführungskraft.

Die Herkunft der heute wie damals Furcht einflößenden Bezeichnung ist nicht ganz geklärt. Viele Autoren führen ihn auf das griechische *kyklos* für „Kreis, Zirkel" zurück, das verändert wurde, um den Stabreim zu verstärken. Der Zusatz „Klan" soll daher kommen, dass die sechs Gründungsmitglieder – Calvin E. Jones, John B. Kennedy, Frank O. McCord, John C. Lester, Richard R. Reed und James R. Crowe – alle schottischer Abstammung waren. Doch laut der Aussage von Lester war ein Verweis auf ihre Ahnen nicht ihre Absicht; das Wort „Klan" habe einfach plötzlich im Raum gestanden.

Gegründet wurde die kriminelle Organisation am 6. Mai 1866 in Tennessee – auch wenn viele Autoren als Gründungsdatum den 24. Dezember 1865 angeben, das viel symbolträchtiger wirkt, doch nur den Tag bezeichnet, an dem die Idee zur Gründung entstand. Auf seinem ersten Kongress 1867 legte der Ku-Klux-Klan seine Linie fest: Eine Gruppe entschlossener alter Südstaatenkämpfer sollte ihn zu einer Massenbewegung machen, die

DAS GRÜNDUNGS-DATUM DES KU-KLUX-KLAN WAR DER 6. MAI 1866.

systematisch mit Behinderungsaktionen und Terroranschlägen die alten Zustände wiederherstellen sollte.

❋ Schreckensbilanz

Die ersten Ziele des Klans waren politischer Natur: Da die Schwarzen nun wahlberechtigt waren, galt es vor allem, sie an der Ausübung ihrer Bürgerrechte zu hindern. Schließlich war man der Ansicht, dass die Stimme eines analphabetischen Ex-Sklaven nicht genauso viel wiegen konnte wie die eines hoch ehrenwerten Plantagenbesitzers. Als aber nächtliche Aufmärsche in weißen Kutten nicht den gewünschten Einschüchterungseffekt erzielten, griff man zu Waffen und Gewalt.

DER KU-KLUX-KLAN RICHTETE SICH GEGEN DAS WAHLRECHT DER SCHWARZEN BEVÖLKERUNG.

Die Methoden des Klans waren zutiefst grausam und verabscheuungswürdig. Neben Auspeitschen, Teeren und Federn, Aufhängen und Erschießen kam es auch zu Kastrationen, Aufschlitzen schwangerer Frauen, Vierteilen durch Pferde und Verbrennen in Zuckerkesseln. Die Liste der Barbareien, die von den „Rittern" des Ku-Klux-Klans begangen wurden, ließe sich noch fortsetzen. Stets wurde am Gartenzaun oder an der Tür des Opfers das unmissverständliche Zeichen „K.K.K." zurückgelassen, damit kein Zweifel an der Urheberschaft der Gräueltaten bestehen konnte.

◀ Auf diesem Stich aus dem 19. Jahrhundert tragen die Ku-Klux-Klan-Männer noch nicht ganz den „Look", der zum Sinnbild für rassistische Verbrechen wurde.

▲ Die Afroamerikaner hatten allen Grund, die Bedrohung durch den Ku-Klux-Klan zu fürchten.

Der Terror richtete sich nicht nur gegen Afroamerikaner, sondern auch gegen Weiße, die Schwarze in irgendeiner Weise, sei es nun persönlich, beruflich oder politisch, unterstützten. „Beliebte" Opfer waren auch Menschen beiderlei Hautfarbe, die Beziehungen zu Männern oder Frauen der anderen Hautfarbe unterhielten.

▼ Die Zeitungen thematisierten den Ku-Klux-Klan – hier eine Karikatur von Thomas Nast aus dem Jahr 1874.

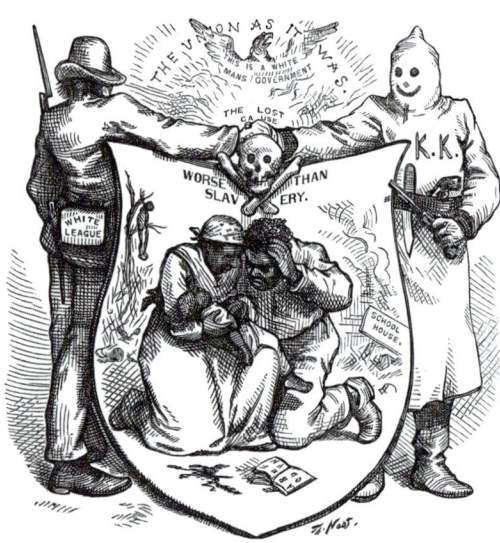

Die Bilanz war furchtbar: In einem einzigen Monat wurden 1871 in New Orleans 297 Schwarze gelyncht, 1874 in Mississippi 200 weitere. Insgesamt ermordeten Mitglieder des Ku-Klux-Klans zwischen 1866 und 1875 rund 3500 Afroamerikaner. Seriösen Schätzungen zufolge zählte der Klan damals an die 500 000 Mitglieder.

Die schrecklichen Taten des Klans riefen vor allem im Norden Empörung hervor. Im April 1871 erließ die Regierung das sogenannte Ku-Klux-Gesetz, demzufolge sich der Klan sofort auflösen musste. Außerdem wurden Truppen in einige Bezirke von South Carolina geschickt, wo die Zustände besonders schlimm waren, und es kam auch zu einigen Prozessen gegen die Täter – doch es fehlte der Wille, mit dem Klan ein für alle Mal Schluss zu machen. Denn selbst dem *Imperial Wizard* („Großer Magier") Nathan Bedford Forrest, dem obersten Leiter des Klans, war die Lage entglitten. Seinem Befehl zur Auflösung wurde nur in Tennessee und Arkansas Folge geleistet. In North und South Carolina, Alabama, Georgia und Mississippi stieg die Zahl der Gewaltdelikte sogar an.

Erst allmählich verschwand der Klan – vor allem deshalb, weil seine Ziele erreicht waren und nicht aufgrund von Einsicht oder öffentlichem Druck. Es wurden sogenannte *Black Codes* eingeführt, Gesetze, die Schwarze vom Wahlrecht ausschlossen, zum Beispiel das „Großvater-Gesetz", demzufolge nur jemand wählen durfte, dessen Vater und Großvater bereits 1861 (also vor dem Sezessionskrieg) gewählt hatten. Dadurch waren sämtliche Afroamerikaner automatisch von der Wahl ausgeschlossen. Außerdem setzte sich nach und nach die Rassentrennung durch: Man wohnte in getrennten Vierteln, besuchte verschiedene Kirchen und Kaufhäuser, benutzte unterschiedliche Verkehrsmittel und begrub seine Angehörigen auf anderen Friedhöfen. Es sollte noch mehr als 80 Jahre dauern, bis neue Gesetze den schwarzen Bürgern in den USA das Wahlrecht zugestanden.

DER KLAN VERSCHWAND, WEIL VIELE SEINER POLITISCHEN ZIELE ERREICHT WAREN.

☀ Riten und Ränge

Der Ku-Klux-Klan ist als Geheimorganisation gegründet worden und bis heute eine solche geblieben – verständlich, schließlich schloss er von Anfang an illegale und kriminelle Methoden zur Erreichung seiner Ziele nie aus,

VON ANFANG AN WAR DER KLAN BEREIT, ILLEGALE METHODEN ANZUWENDEN.

im Gegenteil: Man hat bei der Betrachtung seiner Geschichte vielmehr den Eindruck, dass die gewalttätige Praxis ein unverrückbarer Bestandteil der Identität des Klans ist. Mancherorts mussten Anwärter auf eine Führungsposition im Klan als „Eignungstest" einen Gewaltakt gegen einen Afroamerikaner verüben.

Der Ku-Klux-Klan verstand sich als politische, zutiefst christliche Organisation, die sich über das gesamte Territorium der Vereinigten Staaten erstreckte. Dieses Gebilde wurde das

DER KU-KLUX-KLAN SIEHT SICH SELBST ALS ZUTIEFST CHRISTLICHE VEREINIGUNG.

„Unsichtbare Reich" *(Invisible Empire)* genannt, in dem es vier Ebenen gab: Die unterste Einheit wurde *Den* („Höhle") genannt und später in *Klavern* umbenannt. Danach kamen die *Province* („Provinz"), das *Dominion* (der „Distrikt") und darüber das *Realm* („Königreich").

Die Funktionäre der Organisation hatten noch fantasievollere Bezeichnungen: Der *Imperial Wizard* („Großer Magier") leitet den gesamten Klan. Die *Grand Dragons* („Große Drachen") führen die *Realms* an, die *Great Titans* („Große Titanen") die *Dominions* und die *Grand Cyclopses* („Große Zyklopen") die *Dens*. Einfache Mitglieder wurden *Ghouls* („Ghule"; das sind Leichen schändende Monster) genannt. Auch die diversen Helfer- und Assistentenfunktionen erhielten „blumige" Bezeichnungen.

Erkenntlich sind die „Offiziere" an den unterschiedlichen Kapuzen- und Kuttenfarben – Violett trägt zum Beispiel nur der *Imperial Wizard* –, doch diese werden so gut wie ausschließlich bei rituellen Anlässen getragen. Meistens begnügen sich die Würdenträger mit den weißen Kapuzen und Kutten und tragen bloß Streifen an den Ärmeln, die ihren Rang bezeichnen.

Geheimhaltung wurde im Klan stets großgeschrieben – aus verständlichen Gründen. Die Hierarchie im Klan war so gut abgeschirmt,

DER KLAN HATTE EIN EIGENES VOKABULAR UND EIGENWILLIGE TITEL.

▲ Wo die weißen Kapuzen auftauchten, verbreiteten sie Angst und Schrecken, nicht nur unter der afroamerikanischen Bevölkerung.

▲ Klansmänner in Kutte
und Kapuze 1922 vor
einem Flugzeug

Klonsel. Weitere derartige Begriffe sind *Klaliff* (stellvertretender Vorsitzender), *Klavern* (lokale Organisationseinheit) oder *Kloran* (das heilige Buch). Ohne die Kenntnis solcher Vokabeln bleibt der KKK dem *Alien* (Außenstehenden) verschlossen.

NACH DER NEU-
GRÜNDUNG DES
KLANS ERHIELTEN
VIELE WÖRTER
STATT EINES „C"
EIN „KL".

Um einander auch in Situationen zu erkennen, in denen sie nicht den offiziellen Klangruß – der ausgestreckte linke Arm mit nach innen gelegtem Daumen und gespreizten Fingern – oder offizielle Zeichen des Klans (zum Beispiel ein dreieckiges Emblem mit den Buchstaben AKIA) anwenden können, bedienen sich die Klanbrüder der Kurzfomel „AYAK", die für *„Are you a Klansman?"* („Bist du ein Klansmann?") steht. Der Eingeweihte antwortet darauf mit „AKIA", was *„A Klansman I am"* („Ich bin ein Klansmann") bedeutet. Daneben gibt es noch eine Reihe weiterer interner Abkürzungen und Formeln.

EIN EMBLEM
MIT DEN BUCH-
STABEN „AKIA"
KENNZEICHNET
EIN KLAN-MIT-
GLIED.

dass die einfachen Mitglieder die Führer nicht kannten. Außerdem fanden sich auch hier – wie in jeder Geheimgesellschaft, da geheime Dinge zur Identitätsstiftung beitragen – ein eigenes Vokabular, geheimnisvolle Formeln und hochtrabende Titel.

Dadurch konnten einfache Arbeiter, verarmte Kleinbauern und niedere Angestellte im Klan einen Status erreichen, den ihnen die amerikanische Gesellschaft verweigerte. Im Klan existierte sozusagen eine Gegenwelt zur „bösen Außenwelt"; im Klan konnte man schnell und einfach durch das Überstülpen einer Kapuze eine andere Person werden. Die Anonymität schützte nicht nur vor strafrechtlicher Verfolgung, sondern verlieh auch den eigenen Wünschen und Sehnsüchten, etwas Besonderes zu sein, Raum zur Verwirklichung.

Als der Klan 1915 wieder gegründet wurde, übernahmen die neuen Führer zwar das alte System, überarbeiteten es aber nach ihren Vorstellungen. Auffällig war die Neuerung, dass sämtliche im Englischen mit einem harten „C" gesprochenen Begriffe nun stattdessen ein „Kl" erhielten. So wurde zum Beispiel aus *Convocation* (Zusammenkunft) *Klonvocation*, aus *Council* (Versammlung)

Die Fahne des Klans wies ursprünglich ein gleichschenkeliges Dreieck auf, über dem ein schwarzer Drache schwebte. Sie trug die Aufschrift *„Quod semper, quod ubique, quod ad omnibus"*. Mit diesem alten christlichen Zitat („Was immer und überall von allen geglaubt worden ist") sollte das christliche Bekenntnis des Klans betont werden. Diese Fahne taucht heute allerdings kaum mehr auf.

In aller Welt bekannt wurde dafür das Symbol des brennenden Kreuzes. Das Kreuz steht für das Opfer Christi und für den christlichen Glauben. Das Feuer soll das Licht symbolisieren, das Christus für die Welt darstellt, das die Finsternis vertreibt und die Tugend reinigt. Weitere wichtige Symbole sind die Bibel, die stets beim Römerbrief aufgeschlagen wird, und die

DAS BRENNENDE
KREUZ SYMBOLI-
SIERT FÜR DEN
KLAN DAS LICHT
UND DAS OPFER
CHRISTI.

amerikanische Fahne, wahlweise auch die Fahne der Konföderierten Südstaaten. Nicht selten steht heute übrigens ein Hakenkreuz auf dieser Fahne. Außerdem ist heutzutage vor allem in der rechtsextremen Neonazi-Szene auch das Kürzel „311" gebräuchlich, das für „dreimal den elften Buchstaben im Alphabet" steht, also dreimal „K" = KKK.

Eines der wichtigsten Rituale im Leben eines „Klansmannes" ist die „Einbürgerung". Bei der Zeremonie der Ritter des Ku-Klux-Klans wird der *Klavern* zusammengerufen. Dann müssen die aufnahmewilligen Kandidaten Fragen nach ihrer christlichen, patriotischen und rassistischen Gesinnung beantworten und dann fünf feierliche Schwüre ablegen. Geschworen wird unter anderem Geheimhaltung, Treue, Brüderlichkeit und der Glaube an die Rassentrennung. In Wahrheit ist die Eignung der Bewerber bereits vorher von den höheren Klanoffizieren geprüft worden, sodass es beim Ritual selbst hauptsächlich darum geht, sich mit den neuen Brüdern im Überschwang der aufgeheizten Gefühle bei der mystischen Zeremonie eins zu fühlen.

BEI DER „EINBÜRGERUNG" MUSS DER KANDIDAT SEINE RASSISTISCHE GESINNUNG SCHWÖREN.

✳ Geburt eines neuen Klans

Nach seiner ersten Hochphase in den 60er- und 70er-Jahren des 19. Jahrhunderts und dem anschließenden Niedergang verschwand der Klan jedoch nicht völlig. Die Terrorakte hörten nie ganz auf, bis heute übrigens nicht. Und auch die Lynchjustiz – ein speziell in den USA sehr beliebtes Phänomen – verschwand nicht. Der Ku-Klux-Klan hat die Lynchjustiz zwar vielleicht nicht erfunden, doch er ist mitverantwortlich dafür, dass sich das „Selbst-in-die-Hand-nehmen" von selbstgerechten Anliegen durch rassistische Fanatiker in den USA bis ins 21. Jahrhundert gehalten hat.

So brauchte es eigentlich nur einen Funken, der aus der glimmenden Kohle wieder ein Feuer

LYNCHJUSTIZ IST IN DEN USA BIS HEUTE VERBREITET.

◄ William Joseph Simmons, ein von der Methodistenkirche entlassener Prediger, der fälschlicherweise behauptete, er habe Medizin studiert, erweckte 1915 den Ku-Klux-Klan wieder zum Leben.

entfachte – im wahrsten Sinne des Wortes. Zu Thanksgiving im November 1915 entzündete der methodistische Priester William Joseph Simmons in Anwesenheit von einigen alten Mitgliedern und 15 neuen Anhängern des Klans auf dem Gipfel des Stone Mountain bei Atlanta (Georgia) ein gewaltiges, petroleumgetränktes Kreuz. Damit war der zweite Ku-Klux-Klan geboren und mit ihm ein neues Klan-Symbol: das brennende Kreuz.

Die Neugründung war vor allem aufgrund von zwei Geschehnissen möglich geworden: Zum einen war Amerika an der Wende vom 19. zum 20. Jahrhundert Ziel großer Einwanderungswellen aus dem angelsächsischen Raum, aus Deutschland, Italien, Russland und den slawischen Ländern. Das hatte die Gründung der fremdenfeindlichen „Organisation zum Schutze Amerikas" zur Folge, die bald nach ihrer Gründung 1897 zwei Millionen Mitglieder zählte.

Zum anderen kam Anfang 1915 David Griffiths Film *Birth of a Nation* („Die Geburt einer Nation") in die Kinos, der auf dem Roman *The Clansmen* von Thomas Dixon beruhte und

◄ Der erfolgreichste Langfilm der Stummfilmgeschichte *The Birth of a Nation* ist aufgrund seiner rassistischen, den Ku-Klux-Klan verharmlosenden Inhalte bis heute umstritten.

vom Niedergang des Südens handelte. In epischer Breite unterstützte der Film die Ansicht des Klans, dass der Süden zu Unrecht gelitten hätte und der Ku-Klux-Klan eine patriotische Organisation wäre. Der große Erfolg des Films brachte dem Produzenten 18 Millionen Dollar Profit und dem Klan eine für ihn günstige Stimmung im Land.

Obwohl der neue Klan die Reihen seiner Gegner nun um Katholiken, Juden, Rote, Gewerkschafter, Alkoholiker und „unmoralische" Frauen erweiterte, hatten sich seine Methoden nicht geändert. Viele, die sich durch die erfolgreiche Revolution der Bolschewisten in Russland, durch die Forderungen der schwarzen Veteranen des Ersten Weltkriegs oder die Forderung der Frauen nach dem Wahlrecht in ihren Freiheiten und Rechten bedroht sahen, schlossen sich dem Klan an. Dieser entwickelte sich rasch zu einer gewaltigen Organisation mit rund 5 Millionen Mitgliedern, einer eigenen Zeitung, einem Verlag, einer Textilfabrik (in der die Kutten hergestellt wurden) und diversen Immobilien. Simmons baute den Klan gemeinsam mit dem für die Propaganda

zuständigen Eduard Young Clarke zu einem gewaltigen und sehr profitablen Unternehmen aus, einem „unsichtbaren Reich".

Ob man den Klan zu dieser Zeit noch wirklich als „geheim" bezeichnen konnte, ist zumindest diskutabel: 1924 hielten 40 000 *Clansmen* in ihren bekannten Kutten eine Demonstration auf den Straßen von Washington ab. Zu einer legalen Vereinigung machte ihn das allerdings noch lange nicht.

Schon kurz nach dem Höhepunkt Mitte der 1920er-Jahre kam es zu immer größeren finanziellen Unstimmigkeiten, Fraktionskämpfen und Skandalen. Zunächst verließ Simmons den Klan, später auch Clarke. Unter ihrem Nachfolger Wesley Hiram Evans wurde der Klan eine der einflussreichsten Geheimorganisationen der Welt. Der Klan war so mächtig, dass er in einigen Bundesstaaten wie Colorado, Arkansas oder Indiana Senatoren und Gouverneure nach seinem Gutdünken wählen lassen konnte – von lokalen Sheriffs und Richtern ganz zu

DER KLAN WUCHS NACH DEM ERSTEN WELTKRIEG SEHR RASCH ZU EINER GEWALTIGEN ORGANISATION AN.

▶ Aufmarsch des Ku-Klux-Klan Im Staat New York im Jahr 1924

schweigen. Auch dass der US-Bundesstaat Oklahoma das Kriegsrecht verhängte, um den terroristischen Umtrieben des Klans Herr zu werden, kümmerte denselben wenig.

Es ist eine Ironie des Schicksals, dass der Klan letztlich über seinen eigenen Hochmut stolperte. 1925 misshandelte und vergewaltigte der „Groß-Drache" (Führer eines Klan-Staates) D. C. Stephenson die junge (weiße) Lehrerin Madge Oberholzer, die ein Programm zur Bekämpfung des Analphabetismus geleitet hatte, so bestialisch, dass sie an seinen Misshandlungen starb. Ein Zeitzeuge meinte später, sie hätte ausgesehen, als hätten „Kannibalen an ihr herumgekaut". Doch Stephenson fühlte sich auch noch während des Prozesses sicher, da er drohte, andere Mitglieder des Ku-Klux-Klans zu verraten, und sich außerdem auf seine guten Beziehungen in die Politik verließ. Bezeichnend für seine Geisteshaltung war sein Satz: *„I am the law."* („Ich bin das Gesetz.") Außerdem wird ihm der Ausspruch zugeschrieben: *„Everything is fine in politics as long as you don't get caught in bed with a live man, or a dead woman."* („In der Politik ist alles in Ordnung,

IN DEN 1920ER-JAHREN WAR DER KLAN EINE DER MÄCHTIGSTEN GEHEIMORGANISATIONEN DER WELT.

solange man dich nicht mit einem lebenden Mann oder einer toten Frau im Bett erwischt." Übers. d. Verf.) Diese Einstellung – erlaubt ist (fast) alles, solange man nicht erwischt wird – kennzeichnete auch unzählige andere Mitglieder des Ku-Klux-Klans.

Als Stephenson trotz aller Interventionen zu lebenslanger Haft verurteilt wurde, machte er seine Drohung wahr und denunzierte seine ehemaligen Klan-Brüder tatsächlich. In der Folge mussten zahlreiche Politiker zurücktreten. Viele einfache Mitglieder waren von der Brutalität und Abscheulichkeit nicht nur dieses Klan-Verbrechens erschüttert. Durch die Skandale, die Verschwendungssucht der Klan-Führer in Zeiten der Weltwirtschaftskrise und die Querelen unter den Führungsmitgliedern abgeschreckt, traten binnen weniger Monate an die 60 Prozent seiner Mitglieder aus dem Klan aus.

In weiser Voraussicht übergab Evans den Klan an James H. Colescott und Samuel Green, die nun versuchten, Kontakte zu Nazi-Deutschland zu knüpfen – vergebens, da die USA bald darauf in den Krieg gegen die Deutschen eintraten. Als das Finanzamt dem Klan 1944 mehr als 685 000 Dollar an Steuernachzahlungen vorschrieb, die dieser nicht aufbringen konnte, verkündete Colescott dessen neuerliche Auflösung.

DIE BREITEN MASSEN WURDEN DURCH DIE ABSCHEULICHEN VERBRECHEN DES KLANS ABGESCHRECKT.

✳ Stehaufmännchen

Natürlich war der Klan auch diesmal nicht tot. Bereits kurz nach der offiziellen Auflösung gründeten Mitglieder, die sich mit der Abschaffung des Bundes nicht abfinden wollten, zahlreiche kleinere Nachfolgeorganisationen, etwa das „Bündnis der Klans von Georgia". Diese erhielten aus mehreren Gründen großen Zulauf: Aufgrund der Nazi-Herrschaft in Europa gab es eine jüdische Einwanderungswelle in den USA; schwarze Soldaten, die in Europa die Gleichberechtigung gesehen hatten, traten nun lautstark für selbige im eigenen Land ein; und Gewerkschafter aus dem Norden wurden im Süden aktiv, um den unterbezahlten Arbeitern dort zu besseren Arbeitsbedingungen zu verhelfen. Neuerlich waren brennende Kreuze, Folterungen und Lynchmorde an der Tagesordnung.

DIE JÜDISCHE EINWANDERUNGS-WELLE IN DIE USA IM ZWEITEN WELTKRIEG BRACHTE DEM KLAN VIEL ZULAUF.

Doch die Stimmung im Land hatte sich verändert. Immer mehr Journalisten, Gewerkschafter und jüdische Organisationen beteiligten sich am Kampf um die Gleichstellung und immer mehr Afroamerikaner trugen sich in die Wählerlisten ein, sodass sie zu einem Faktor wurden, der von den Politikern nicht mehr übersehen werden konnte.

Der größte Erfolg dieses Kampfes war die Verfügung des Obersten Gerichtshofes vom 17. Mai 1954, mit der die Rassentrennung an den öffentlichen Schulen abgeschafft wurde. Im Laufe der nächsten Jahre traten immer mehr Gesetze in Kraft, mit denen teils nach wie vor geltende skandalöse Verordnungen der Rassentrennung aufgehoben wurden. Es wurde deutlich: Die schwarze Bevölkerung der Vereinigten Staaten nahm ihre Benachteiligung auf allen Ebenen nicht länger hin. Höhepunkt dieser neu entstandenen schwarzen Bürgerrechtsbewegung war der Marsch auf Washington 1963, an dem 300 000 Menschen unter der Führung von Martin Luther King teilnahmen.

All diese Ereignisse verschärften jedoch auch die Gegnerschaft in der extremistischen Bewegung und auch offizielle Stellen in den Südstaaten sympathisierten teilweise offen mit den Klans. In Alabama verkündete Gouverneur Wallace 1963: „Rassentrennung gestern, Rassentrennung heute, Rassentrennung für immer!", in Anlehnung an das auf seinen Publikationen und Plakaten allgegenwärtige Motto des Ku-Klux-Klans: *„Yesterday, today, forever!"*

DER KU-KLUX-KLAN WAR IN VIELE LOKALE KLANS ZERSPLIT-TERT, DOCH DER TERROR GING WEITER.

Die mancherorts stark zersplitterten Klans überzogen das Land neuerlich mit einer Welle des Terrors: Bei einer Bombenexplosion in einer Kirche in Birmingham starben zum Beispiel vier Kinder und auch Lynchmorde und Folterungen existierten weiterhin. 1957 entführten sechs Klanmitglieder den Afroamerikaner Edward Aaron – weil er gerade auf der Straße unterwegs war, auf der sie fuhren, um nach einem geeigneten Opfer Ausschau zu halten: Bart Floyd, einer dieser sechs, hatte sich um die Führung des örtlichen *Klaverns* beworben und musste sich nun „bewähren", um seine Kandidatur zu bestätigen.

EIN ZUFÄLLIG AUFGEGRIFFENER AFROAMERIKA-NER WURDE 1957 OPFER SCHWERS-TER MISSHAND-LUNGEN.

Im Büro des *Klaverns* angelangt, zogen die Klan-Mitglieder ihre traditionellen Kutten an. Dann misshandelten sie Aaron; „Bewerber" Floyd schnitt ihm die Hoden ab, warf sie in einen Becher, goss Terpentin über die Wunde und ließ sich dann mittels des Bechers von den anderen Anwesenden bestätigen, dass er sich für die angestrebte Funktion eignete. Dann warfen sie Aaron in einen Straßengraben, wo er zum Glück noch in derselben Nacht gefunden wurde. Er wurde notoperiert und blieb nach viertägigem Ringen mit dem Tod doch am Leben – aber für alle Zeit verstümmelt. Die sechs Klanmänner wurden vor Gericht gestellt und verurteilt, doch zwei von ihnen hatten sich als Zeugen der Anklage zur Verfügung gestellt und erhielten ihre Strafe daher auf Bewährung. Die anderen wurden zwar zu bis zu 20 Jahren Zuchthaus verurteilt, wurden aber schon nach kurzer Zeit entlassen. Keiner der Folterknechte saß für sein Verbrechen mehr als sechs Jahre.

Mit ihren Gräueltaten gruben sich die Rassisten jedoch neuerlich ihr eigenes Grab. Angesichts der landesweiten Empörung über die Terrorakte setzte Präsident Lyndon B. Johnson 1965 einen parlamentarischen Untersuchungsausschuss ein, vor den 1966 auch Robert Sheldon, der *Imperial Wizard* der Vereinigten Klans, sowie sechs weitere Klan-Führer geladen wurden. In der Folge saßen mehrere Klan-Führer im Gefängnis. Außerdem gab es ständig interne Querelen zwischen den Klans und finanzielle Unstimmigkeiten, sodass die Mitgliederzahlen weiter zurückgingen. Den niedrigsten Stand erreichten die Klan-Organisationen zwischen 1970 und 1975, wo alle zusammen auf geschätzte drei- bis viertausend Mitglieder kamen. Doch sie erholten sich …

Gemeinsam mit den extremen Rechten in den USA erlebten auch die Klans wieder einen Aufschwung. Bis heute gibt es zwar nach wie vor keinen einheitlichen Ku-Klux-Klan, doch seine Nachfolger – „Vereinigte Klans von Amerika", „Ritter des KKK" und das „Unsichtbare Reich" – sind wieder aktiv. Zu Beginn des 21. Jahrhunderts wurden ihre Mitgliederzahlen auf etwa 7000 geschätzt – wobei solche Zahlen aufgrund der heiklen Natur der Materie immer mit großer Vorsicht genossen werden sollten. Seit Mitte der 1990er-Jahre konzentrierten sich ihre Anschläge auf afroamerikanische Kirchengemeinden, wobei innerhalb von zehn Jahren rund 180 solcher Kirchen durch Brandanschläge zerstört wurden. In vielen Gegenden gibt es starke Kontakte zur extrem rechten Neonazi-Szene.

DIE MITGLIEDERZAHL ALLER KLANS ZUSAMMEN WIRD HEUTE AUF ETWA 7000 GESCHÄTZT.

Die Zahl 7000 mag auf den ersten Blick für eine Nation mit 300 Millionen Einwohnern als nicht wirklich besorgniserregend erscheinen. Gefährlich ist jedoch die Gewaltbereitschaft dieser 7000, die auch heute noch vor Folter und Mord nicht zurückschrecken. Gefährlich ist vor allem aber auch die „Salonfähigkeit" solcher Einstellungen, die eine angeborene Überlegenheit von

AUCH HEUTE SCHRECKT DER KLAN NICHT VOR MORDEN ZURÜCK.

protestantischen Weißen gegenüber allen anderen Völkern und Religionen postulieren.

Gefährlich ist nicht nur dieser manifeste, sondern auch der latente Rassismus, der in den USA wie in Europa seit der Jahrtausendwende erstarkt ist. In einer Umfrage Mitte der 1990er-Jahre konnten sich elf Prozent der Amerikaner in den Idealen des Ku-Klux-Klan wiederfinden (zit. nach Roger Martin, AmeriKKKa, 1996), und bereits zweimal konnte ein bekennendes Klan-Mitglied, der ehemalige *Imperial Wizard* David Duke, der sich selbst nicht als Rassist, sondern als „rassischer Realist" bezeichnet, als Präsident der USA kandidieren. 1988 erreichte er in Louisiana 18 Prozent, 1992 immerhin noch zwölf Prozent der Stimmen. 2016 unterstützte Duke Donald Trumps Präsidentschaftskandidatur, und wie man gesehen hat, sind Trumps Äußerungen gegen Muslime und Einwanderer nicht nur salon-, sondern auch mehrheitsfähig geworden.

EIN RASSIST KONNTE BEREITS ZWEIMAL ALS AMERIKANISCHER PRÄSIDENT KANDIDIEREN.

Seit der Wahl von Barack Obama zum US-Präsidenten 2008 hatte der Ku-Klux-Klan regen Zulauf verzeichnet, und die Wahl Trumps zum mächtigsten Mann Amerikas (2016) trug sicherlich nicht dazu bei, rassistische Ressentiments zu bekämpfen, im Gegenteil: Die Zahl der rassistisch motivierten Übergriffe in den USA ist seit seinem Amtsantritt Anfang des Jahres 2017 gestiegen.

Die heutigen Klans pflegen intensive Kontakte zur Neonazi-Szene in den USA oder gehören ihr direkt an. Viele haben die weißen Kutten und Kapuzen mittlerweile gegen militärische Kampfanzüge oder Uniformen getauscht – so etwa die „Partei des Arischen Weißen Widerstands" (WAR) von Tom Metzger oder die „Weißen Südstaatenritter" von Dave Holland. Und sie stehen noch immer in den Startlöchern, jederzeit bereit, wieder groß hervorzutreten und im wahrsten Sinne des Wortes zuzuschlagen, wenn nur der rechte Ruf ertönt.

▼ Das brennende Kreuz wurde im 20. Jahrhundert zum Schreckenssymbol des Ku-Klux-Klans.

LITERATUR

AWADALLA, Elfriede: Kraftorte – Geldquellen. Österreichischer Sekten- und Esoterikatlas. Wien, Folio, 2000.

BAIGENT, Michael und LEIGH, Richard: Der Tempel und die Loge. Bergisch Gladbach, Lübbe, 1990.
BÉRESNIAK, Daniel: Symbole der Freimaurer. Augsburg, Weltbild, 1999.
BOBERSKI, Heiner et al.: Mächtig. Männlich. Mysteriös. Salzburg, ecowin, 2005.
BUBOLZ, Georg: Religionslexikon. Berlin, Cornelson, 1990.

CAMMANS, Heide-Marie: Sekten – Die neuen Heilsbringer? Düsseldorf, Patmos, 1998.
CARMIN, E.R.: Das schwarze Reich. Hamburg, Nikol, 2006.

DE ROSA, Peter: Gottes erste Diener. Die dunkle Seite des Papsttums. München, Droemer Knaur, 1989.
DEDOPULOS, Tim: Die Welt der Freimaurer. Wien, Tosa, 2006.
DINZELBACHER, Peter und HOGG, James Lester (Hg.): Kulturgeschichte der christlichen Orden. Stuttgart, Kröner, 1997.

FRICK, Karl R.H.: Licht und Finsternis. Okkulte Geheimgesellschaften bis zur Wende des 20. Jahrhunderts. Wiesbaden, Marix Verlag, 2005.

GRÜTER, Thomas: Freimaurer, Illuminaten und andere Verschwörer. Frankfurt/Main, S. Fischer, 2006.

HEMMINGER, Hansjörg: Scientology. Der Kult der Macht. Stuttgart, Quell, 1997.
HOFER, Thomas M.: Gottes rechte Kirche. Wien, Ueberreuter, 1998.

INNES, Brian: Das große Buch der Fälschungen. Wien, Tosa, 2006.

KISCHKE, Horst: Die Freimaurer. Fiktion, Realität und Perspektiven. Wien, Ueberreuter, 1996.
KÖPF, Peter: Stichwort Scientology. München, Heyne, 1995.

LADEMANN-PRIEMER, Gabriele: Warum faszinieren Sekten? München, Claudius, 1998.
LAMER, Reinhard: Freimaurer in Österreich. Innsbruck, Studien-Verlag, 2001.
LINCOLN, Henry, BAIGENT, Michael und LEIGH, Richard: Der Gral. Wien, Tosa, 2005.
LUPO, Salvatore: Die Geschichte der Mafia. Düsseldorf, Patmos, 2005.

MAI, Klaus-Rüdiger: Geheimbünde. Mythos, Macht und Wirklichkeit. Bergisch Gladbach, Lübbe, 2006.
MARTIN, Roger: AmeriKKKa. Hamburg, Rotbuch, 1996.
MODERNE UNIVERSAL-GESCHICHTE der Geheimwissenschaften: Geheimgesellschaften und Geheimbünde. Düsseldorf, Econ, 1979.
MÜLLER-KASPAR, Ulrike (Hg.): Die Welt der Symbole. Wien, Tosa, 2005.

NEUNDLINGER, Ferdinand, und MÜKSCH, Manfred: Die Templer in Österreich. Innsbruck, Studienverlag, 2001.

PADOVANI, Marcelle: Giovanni Falcone. Inside Mafia. Wien – München, Herbig, 1997.
PAPE, Günther: Die Zeugen Jehovas – Ich klage an. Augsburg, Pattloch, 1999.

RAUSCH, Ulrich: Sekten. München, Heyne, 1999.
REINALTER, Helmut: Die Freimaurer. München, C.H. Beck, 2000.
ROBBINS, Alexandra: Bruderschaft des Todes. München, Diederichs, 2003

ROHR, Wulfing von: Geheimbünde. München, Hugendubel, 2002.

SCHREIBER, Hermann und SCHREIBER, Georg: Geheimbünde. Von der Antike bis zur Gegenwart. Wien, tosa, 1986
SCHUSTER, Georg: Geheime Gesellschaften, Verbindungen und Orden. Köln, Komet, 2003.
SIPPEL, Hartwig: Die Templer. Wien – München, Herbig, 1996.

TERHART, Franjo: Tempelritter. München, Hugendubel, 2003.

UNGER, Craig: Die Bushs und die Saudis. München – Zürich, Piper, 2004.

VAILLANT, Bernard: Westliche Einweihungslehren. München, Hugendubel, 1986.
VICTOR, Barbara: Beten im Oval Office. München – Zürich, Pendo, 2005.
VOLFING, Gerhard: Die Macht des Templerordens. Gnas, Weishaupt, 2003.

WADE, Wyn Craig: The Fiery Cross. The Ku Klux Klan in America. New York – Oxford, University Press, 1998.
WOLF, Dieter H.: Internationales Templer-Lexikon. Innsbruck, Studienverlag, 2003.

Herzlichen Dank an die Mitarbeiter/-innen der Städtischen Büchereien in Wien-Donaustadt!